基金项目：国家社科基金“十二五”规划教育学一般课题《教师转型与创业型大学建设研究》（课题批准号：BIA130062）。

教师转型与创业型大学建设

付八军◎著

中国社会科学出版社

图书在版编目(CIP)数据

教师转型与创业型大学建设/付八军著.—北京：中国社会科学出版社，2016.8

ISBN 978-7-5161-8344-1

Ⅰ.①教… Ⅱ.①付… Ⅲ.①高等学校-教育建设-研究 Ⅳ.①G642.0

中国版本图书馆CIP数据核字(2016)第133301号

出 版 人 赵剑英
责任编辑 任 明
特约编辑 乔继堂
责任校对 朱妍洁
责任印制 何 艳

出　　版 中国社会科学出版社
社　　址 北京鼓楼西大街甲158号
邮　　编 100720
网　　址 http://www.csspw.cn
发 行 部 010-84083685
门 市 部 010-84029450
经　　销 新华书店及其他书店

印刷装订 北京市兴怀印刷厂
版　　次 2016年8月第1版
印　　次 2016年8月第1次印刷

开　　本 710×1000 1/16
印　　张 18.25
插　　页 2
字　　数 313千字
定　　价 68.00元

凡购买中国社会科学出版社图书，如有质量问题请与本社营销中心联系调换
电话：010-84083683

序　一

日前，接到付八军教授电话，说其完成了一部有关创业型大学方面的新著，望我作序。欣然从命，原因有二：一是付八军教授是位有思想和趣味的学者。他年岁相对较轻，但著述颇丰。另外，他有一个很好的优点，就是随时把一些好的想法记录下来，写成随笔，之后结集出版，我的一些会议发言观点就曾经进入过他的随笔；二是创业型大学建设是个很有意义的课题。我曾经指导过一个博士生，博士论文专论创业型大学，该博士生非常优秀，2013 年已毕业到国家教育行政学院工作。付八军教授原来所在的浙江农林大学，是浙江省创业型大学建设试点院校，曾经举办过全国创业型大学建设高峰论坛，我有幸参加了该论坛并发言和主持部分发言。论坛前两年，浙江农林大学的党委书记宣勇教授也曾经邀我为学校中层干部作过创业型大学建设的专题学术讲座。

随着“大众创业、万众创新”的提出，创业型大学的概念开始从小众走向更多研究者和办学者的视野。其实，创业型大学走的是一条学术创业的道路，美国的斯坦福大学由研究型大学走创业型大学之路创造了新的奇迹，英国的华威大学由新大学走创业型大学之路而成为世界知名的研究型大学。可见，创业、技术创新、社会服务、应用型高校等概念与研究型大学并不冲突。我在研究中也曾经提出：创业型大学是一般水平高校走向高水平大学的一种路径选择，特指那些脱离传统大学发展模式的新兴大学，通过发展模式和组织模式变革、开创出一体化创业文化，在服务社会的过程中提升自己的学术水平。当然，这主要针对的是华威大学模式，现在看来思路还可拓宽。创业型大学是创业者的孵化器，它们的有关模式、思路、做法对我国当代大学建设很有研究、借鉴价值。

付八军教授曾经根据论坛发言录音，按照口语化的方式整理出版了一本《纵论创业型大学建设》。这本新作《教师转型与创业型大学建设》，是他进一步深入研究思考的结果。

从书名来看，本书是在探讨教师转型与创业型大学建设的关系。看了正文发现，本书不只是揭示两者的关系，更主要是想从教师转型的视角，来探索创业型大学建设的路径。确实，教师转型与大学转型具有天然关系，只有教师的转型才能带来大学的转型。如果一所标榜为创业型大学的高校，教师仍与原来一样，并没有从整体上实现相应的转型，那么，我们无论如何都不能将之冠为创业型大学，至多只能说是正在向创业型大学迈进的高校。而且，从教师转型这个视角切入，以小见大，由点及面，从具体到抽象，一步一步推导过来，最后寻找创业型大学建设的有效路径，远比笼统地从宏观层面直接论述创业型大学建设的路径，要有效得多。可见，该书选择教师视角来研究创业型大学，可谓一种理论创新，这对其他类型高校的战略发展实践，如当前正在进行的部分地方高校转型发展，也是非常具有借鉴作用的。

当前不少专著，各章之间属于一种并列关系，在某些时候，多一章少一章，没有太大的问题。但是，本书的五章，属于一种递进关系，仔细品读，才发现各章之间的内在逻辑。例如，本书第一章，主要揭示了一种现象：发达国家创业型大学获得蓬勃发展，而中国推进创业型大学建设举步维艰。要分析这种现象，并寻找中国建设创业型大学的有效路径，作者试图寻找一种简捷有效的理论视角，那便出现了第二章。该章的研究任务，就是探讨教师转型与高校转型的高度依存，肯定两者完全一致的相关性，以便奠定从教师转型来研究创业型大学建设的学理基础。在第三章，作者首先分析了创业型大学的建设目标，由此推导出创业型大学教师转型的方向，为后面分析中国创业型大学教师转型困难以及转型路径提供了靶子。第四章主要通过实证的方式来调研创业型大学教师转型困难的诸种因素，亦即推动创业型大学建设之所以艰难的原因所在。在前文分析的基础上，第五章从有利于推动教师转型的角度出发，来探寻创业大学建设的有效举措，似乎又回到第一章，以此来解答中外创业型大学的南橘北枳现象。在结语部分，该书进行了较好的亮点概括、问题剖析与前景展望。可见，该书条理分明，逻辑严密，就像一座精心修筑的城堡，需要我们顺着既定的套路，一步一步地迈进。

深入正文，本书确实有不少可圈可点的新锐观点。对此，不少观点亦在该书的后记中进行了梳理与概括，在此不再赘述。在我看来，最让我欣慰的是，本书指出：学界关于创业型大学的各种争论都不重要，甚至这个概念都不重要，重要的是我们要知道大学需要承担这样的历史使命与社会责任，要从贡献的角度、高度与气度上贴上自己的标签，彰显自己的个性。从全书的论述来看，作者完成了对自己预设的目标和要求，既肯定了创业型大学理论提出者的概念贡献，也避免了创业型大学学理纷争的旋涡，还有利于指引创业型大学建设的正确方向，那就是推动学术成果转化与培养创造性人才。这一点，也正如我在创业型大学建设高峰论坛上所说的：我们需要弘扬创业型大学的时代价值，而无须纠结它的名称，它不仅引领了社会的发展，而且也引领了高等教育的发展。创业型大学，是我国目前迫切需要的一类大学模式。

总之，本书在众多高等教育理论著作中是较有特色的一本，也是国内近来研究创业型大学不乏新见的佳作。对于一本著作，每位读者所处的立场不尽一致，获取的信息各不相同。因此，无论是本书的亮点发掘，还是缺憾分析，都是要留给读者自己去品读的。我特别关心的是，作者从高举创业型大学大旗的浙江农林大学调往绍兴文理学院，从管理岗位的“幕僚”身份转变为教师岗位的“学者”身份，在完成“教师转型与创业型大学建设研究”这个国家课题之后，是否继续研究创业型大学，能否更好地研究创业型大学。收到作者寄给我的“理想”系列丛书，我感觉到，他与该书中倡导的创业大学理念一样，正在从一种使命与责任的角度来实现转型。

祝付八军教授再取得新的成就！

教育部教育发展研究中心　马陆亭

2015年10月30日于北京西单

序　二

有一次，通过我的朋友，付八军教授找到我来采访。他问我，针对大学鼓励师生创业，我有什么看法。这个问题很大，从哪个方面都可回答。于是，从师生创业的优势劣势，聊到了大学生入职初始的种种不适。那次交流，与其说我给他提供了什么答案，不如说他让我知道了一个现象：过去那种埋头治学的大学教师与天之骄子们，现在开始走出校园，关注社会与市场，积极投身创业大潮。这也让我进一步理解了李克强总理在今年的政府工作报告中提出的，“大众创业，万众创新”。近日，付八军教授请我为他的新作《教师转型与创业型大学建设》写个序。不过，我只能从“创业”角度，谈谈我的创业故事，说说我的创业感受。

1977 年，我初中毕业。由于家庭生活窘迫，我不得不辍学做工，后来拜师学会了打船锚，并且建立了一个打铁小作坊。在打铁铺一锤一锤地敲打灼热的铁块，一打就是 15 年。1990 年，我在杭州无意中发现齿轮的销量和利润比船锚更好。于是，我用积蓄购买了专业车床和齿轮样品，准备生产齿轮。刚开始，我不会用车床，看不懂图纸，理不顺货单成本，而且还要放弃短期内尚有薄利的船锚生意，连家人都反对我的选择。但是，我认为，不懂可学，只要坚持，就有收获。1992 年，打铁小作坊终于改成了绍兴县齐贤镇梅林机械齿轮厂。两年后，我与韩国驻上海电梯厂达成合作意向，经过多次磨合调试，开始为电梯厂大批量生产齿轮零部件。历经商海沉浮，2003 年，我正式成立了浙江梅轮电扶梯成套有限公司，以生产电（扶）梯为主，为全国各电梯厂做贴牌。2006 年，我开发出了自主品牌——“富士力”电（扶）梯，并且成功打入了欧美等国家的市场。2007 年，我在江苏淮安购买土地，又成立了江苏施塔德电梯有限公司，于 2009 年投入生产。今年，浙江梅轮电扶梯成套有限公司正式完成股份改制，成为浙江梅轮电梯股份有限公司。

从一位打铁汉子，到两个现代企业的董事长，我深感创业的艰辛。从付八军教授介绍的大学师生创业角度而言，我觉得，一个现代企业的成长与发展，以下三点尤其重要，这也是我在几十年的商战中悟出的结论：

其一，善于抓住机会。从打铁开始，我并不知道未来会怎么样，更没有想到自己会创造目前年销售量近十个亿的现代企业。但是，自从当一名打铁匠开始，我就兢兢业业，任劳任怨，并且不断学习，努力将手上的工作做得最好。这种性格，让我在人生道路上，踩着一点一点的小成绩，一步一步地往上爬。但是，无论如何，最终能够走到今天，还是得益于几次偶然的转机，例如由生产船锚转向齿轮、与电梯厂合作生产零部件等。在我看来，努力很重要，方向更重要。但是，这种方向，需要机缘。许多成功的企业，往往就是一个偶然的机会，让他发现并抓住了商机。大学教师要教学，高校学生要读书，他们创业更需要机缘。

其二，致力于科技创新。我的企业能够走到今天，并且取得如此业绩，完全离不开现代科技文化。2014 年年初，我投入 3000 多万元的门板全自动化流水线，使得正品率由 93% 提升到了 99% 以上，而且不足 10 人就可以搞定原来需要 70 多人干的活。当前，我已经拥有 60 多人组成的研发团队，还与浙江大学、上海交通大学等多所高校合作，又与通力电梯、默纳克等国内外先进同行“牵手”。现代大学师生创业，更是高科技创业，离开了科技文化的创新，或许这种创业也就失却了灵魂。

其三，勇挑社会责任。付八军教授告诉我，“如果我说大学就是企业，必定遭到许多学者的批判”。言外之意，大学与企业是不一样的：大学是公益事业；企业是盈利行业。对于大学，我不敢断言。但是，对于企业，我觉得，同样要履行使命，承担责任，服务社会。试想，我生产的产品，不是满足了人们的需要吗？我创办的企业，不是解决了这么多人的就业吗？不少企业家的捐赠行为，不是给世界带来了温暖吗？因此，我觉得，真正的企业家，应以承担社会责任作为自己的光荣使命。我仍处在创业的荆棘之路上，但是，我一直奉行以优秀产品奉献社会、尽我所能投身慈善事业、以家的文化关爱每一位员工。一所私人企业的创业如此，一所公立大学的创业更是如此。只有在承担社会责任的过程中，才能最大限度地体现创业的价值。只不过，大学创业的最高价值点，或许不像我们这种企业一样，只是满足人类某种需要的产品，而是为某种产品注入更新更优的科技、文化或者思想。

最后，我希望大学师生们，能够走出校园，对接市场，接通理论与实践的桥梁。到了那一天，大家要创业，也就是非常自然而然的事情了。

浙江梅轮电梯股份有限公司 江苏施塔德电梯有限公司 钱雪林

2015 年 11 月 30 日

目　录

引　言

创业型大学，就像那辽阔草原上的一只雄狮，让人神往却又略带畏忌。不少勇敢者，喊着嗓子，迈开步子，手握相机，试图观摩她，视她为重建草原逻辑的新生力量；还有一些安于现状者，伫立原地，怒目横眉，挥舞拳头，力图驱逐她，视她为破坏草原生态的罪魁祸首。如此一个颇具争议的概念或者组织，仅仅研究其本身都相当困难，更不用说去研究其与教师转型的关系。可是，《教师转型与创业型大学建设》这个书名，就决定了本书必须从教师转型这个视角来研究创业型大学，揭示两者内在的固有的必然的本质联系。那么，本书为何要迎难而上，探索这么一个狭窄而又棘手的问题呢？怎样去化险为夷，去繁就简，有条不紊地研究这个话题呢？这些研究，又有什么理论价值与实践意义呢？

一

从教师转型的视角来研究创业型大学，直接原因是笔者要完成一项国家课题。2013 年，笔者主持的国家社科基金（教育学）《教师转型与创业型大学建设研究》（课题批准号：BIA130062）获得立项，该课题最初的设计思路，正是从教师转型视角切入，来探讨在中国建设创业型大学为何这么艰难的原因，以及分析如何推进创业型大学建设。2014 年，笔者从行政岗位转为教师岗位，自由研究的时间大大增加。于是，笔者决定，撰写这样的一本著作，不只是完成这个课题，而是力争揭示两者的本质联系，并且深入浅出地呈现出来。

从教师转型的视角来研究创业型大学，根本原因还是在于两者之间本身就具有紧密的相关性，并且学界对此关注甚少。这是一个真问题、真命题，也是一个偏课题、冷话题。当前，学界对于创业型大学的研究，更多的是从宏观层面，探讨创业型大学的内涵及建设路径，而很少关注中国建设创业型大学为什么这么困难的原因。即使有个别学者分析了创业型大学在中国为何难以发展壮大，更多的也是从笼统的管理体制、评价机制、学术水平等宏观层面全面而又系统地分析，看起来颇有理论建树，实质上很难抓住牛鼻子。本书仅从教师转型这个点切入，由点及面，可以清晰地理顺出创业型大学建设艰难的原因所在，以及顺其自然地发现创业型大学建设的出路在哪。这是因为，教师转型与大学转型具有天然关系，只有教师的转型才能带来大学的转型。有什么样的大学教师，就有什么样的大学。有什么层次与水平的教师，就有什么层次与水平的大学；有什么类型与形式的教师，就有什么类型与形式的大学。大学教师是大学使命的主要履行者，大学所有改革最终的依靠力量还在教师。因此，从教师这个点切入，远比宏大的全面论述，要可信得多，有效得多，也有趣得多。虽然这同样要涉及管理体制、评价机制等宏观问题，但是，这让我们感到有主线、有基石、有依据，全而不散，散而不乱。

从教师转型的视角来研究创业型大学，主观原因是笔者的前期成果主要在大学教师领域。在博士研究生阶段，我主要关注形而上的高等教育理论研究；在参加工作之后，我转而关注形而下的高等教育实践问题。作为一位研究高等教育的人员，尤其处在高校的管理岗位上，我很快抓住"大学教师"这个终身课题。因为在我看来，办大学，其实就是抓师资。可以说，如果你能吸引、激励并稳定一大批优秀的大学教师，你就能办好一所大学。于是，从自己踏入管理岗位的那一刻起，我就一直在研究大学教师，并产出了一批成果。2013 年申报这个国家课题之际，我所在的高校高举创业型大学大旗，作为该校的一位中层"幕僚"，自然要从创业型大学角度来开展研究。想来想去，我便决定从教师转型视角来研究创业型大学，既依托了自己较有优势的研究基础，又对接了自己必须要面对的现实课题。幸运的是，这个课题成功立项了。今天，当开展该课题的研究之际，我便能自然而然地抓住"大学教师"这个关键词，从这里切入，从这里展开，从这里延伸。

二

创业型大学是将知识生产、传承与应用融为一体的大学，代表了高等教育改革与发展的重要方向。① 从而，选择创业型大学作为研究对象，选

① 付八军：《创业型大学研究述评》，《黑龙江高教研究》2012 年第 7 期。

题是不错的。教师转型既是推进创业型大学建设的重点与难点，也是创业型大学理论研究的薄弱学术点与理想切入点。从而，从教师视角来研究创业型大学，切题也是不错的。但是，如何开展具体的研究呢？自以为，谋篇布局、设计框架，是本人的一个强项。最宏大的论题，在几分钟以内，本人都能拟出一个漂亮且合理的架构。但是，对于“教师转型与创业型大学建设研究”这个论题，本人断断续续地思考了许多天，都没有构思出一个自己满意的框架。有的构思，似乎仅仅只是笼统地研究创业型大学；有的构思，虽然体现从教师视角切入，却又陷入那种让人雾里看花的谜团，有点深入深出。我觉得，无论是文学创作，还是学术论著，都应该力争深入浅出。而且，一部学术著作，没有必要变成理论文献的堆砌，而应该在自己吃透领会的基础上，尽可能用自己的话表达出来。为此，我又继续思索，再而阅读，力争想出一个好的框架。最后，本书终于有了以下的体例。

全书遵从认知规律与阅读逻辑，从现象出发，让我们看到创业型大学在中西发展现状的迥异，继而寻找现象分析的钥匙，从教师转型与大学转型的一致性，确定从大学教师这个视角切入，以小见大，由点及面，一步一步推导过来，最后寻找创业型大学建设的有效对策。具体而言，该书主体部分共分五章以及结语。

第一章“南橘北枳现象：中西创业型大学的不同命运”，不事先进行概念辨析与理论探寻，首先从身边明确冠之为创业型大学的代表性高校出发，分析其确立此种办学定位之后的发展过程。分析发现，中国的创业型大学建设非常艰难，甚至有些高校偃旗息鼓，半途而废。然后，本书再来分析西方创业型大学的发展脉络，从中可以看出，在西方虽有讨伐创业型大学的声音，但那些代表性的创业型大学显示出了巨大的生命力，有如复旦大学副校长杨玉良院士所言，“创业型大学”这个提法“名字可能不是最好听”，但这将是大学未来发展的一个重要阶段。[①] 显然，创业型大学在中西土壤上的不同命运，这个现象非常值得关注，成为本书开启创业型大学研究的海上明灯，激励我们不畏艰难，欣然前行。

第二章“高校教师转型：创业型大学建设的唯一通道”，从学理的角

---

① 陈统奎：《复旦：又一次华丽转身》，2005 年 9 月 21 日，http：//news. sohu. com/20050921/n227021310. shtml（2012 年 3 月 1 日）。

度，寻找到研究创业型大学最佳的切入点。本章研究指出，只有实现了教师转型，传统高校才有可能转向创业型大学；创业型大学发展到什么样的程度，亦看该校教师在多大程度上实现了转型。教师转型与高校转型高度依存，具有完全一致的相关性。这是从教师视角开展创业型大学研究的理论前提，是全书的一个重要理论基石。只要这个命题成立，本书从教师转型切入，由近及远，见微知著，这条主线就是非常科学且有效的，远远比从宏观到宏观的研究要容易掌控得多，也有趣得多。

第三章“教师转型方向：创业型大学建设的基本目标”，是在分析与概括创业型大学建设目标的基础上推导到教师转型的方向。从而，本章要系统地梳理与深入地分析创业型大学理论研究现状，并力争使其实现本土化的对接与落地，然后再在与其他类型高校比较的基础上提炼出创业型大学建设的基本目标，最后由此明确创业型大学教师转型的方向。

第四章“教师转型障碍：创业型大学建设的发展桎梏”，主要通过实证的方式来调查创业型大学教师转型困难的诸种因素，并进行梳理与分析。国内创业型大学建设，目前大多处在“有口号没行动”或者“有行动没实效”的状态，深层次的原因，就在于教师转型毫无进展。一所高举创业型大学大旗的高校，在此战略目标确定前后，教师的观念、职责与行为，并没有太多的改变。对于数位身处这种大学氛围的课题组成员来说，这是一个不需要调研的事实，我们的调研，主要在寻找教师转型困难的原因所在。在这个调研中，本章将提升出一些理论，例如，创业型大学不是一个更高的层次，只是高等教育的一种类型，等等。

第五章“教师转型路径：创业型大学建设的有效举措”，主要是在前期分析的基础上，从有利于推动教师转型的角度出发，来探寻创业型大学建设的有效举措。本书认为，促进教师转型的路径千万种，但最关键的路径主要有三条：创业观念、评价机制与平台建设。评价机制，既有方向引领，还有激励作用，是三条路径中最为关键的。评价机制之所以如此重要，是因为如果创业型教师的贡献得不到应有的重视，那么他们完全可以放弃大学教职，转而全力以赴地做自己的科技产业。至于其他推动教师转型的路径，或者说各种推进创业型大学建设的举措，基本上都围绕这三条路径而发动、展开或者延伸。

本书从现象与实践出发，最后又落脚在具体的路径与举措上，这种带有浪漫主义色彩的研究范式，使得许多学术观点形成于论述的过程中，并且出现内涵的细微变化与不断明确。因此，本书需要在结语中进一步总结，并对创业型大学的未来进行展望。在对概念明晰之后，我们才能理解，学术创业是大学教师的重要使命之一。从而，推进创业型大学建设，不只是大学寻找组织创新的重要途径，更是大学服务社会的时代选择。创业型大学作为高等教育的一种重要类型，必将引发整个高等教育系统的变革，推动大学与社会两者进一步走向融合、互动与共存。

三

当前学术论著，大多从概念辨析、研究述评开始；本书则是将一个现象提升为一个问题，并由此逐步展开。当前学术论著，在探讨某个主题时，大多从多角度多层面进行全面论述；本书则是选择一个视角，从点切入，在肯定其为真命题的前提下，由此单线条地深入到主题中来。当前学术论著，不少非常注重文献拼盘与理论援引，力争体现深入深出；本书则是在吃透研究现状的基础上，尽量采用自己的语言，力争做到深入浅出。当前学术论著，不少要么哲学化，沉浸在自己的思辨世界里，要么数学化，以为只有数字、表格、模型、实证等才是科学的；本书认为，思辨与实证均为研究手段，力争做到，哪种手段最能把研究对象阐述得准确与清楚，就选择哪种手段。可以说，在那些完全可以通过思辨就能让人明白的研究上，盲目采用实证，为了实证而实证，那叫多此一举，浪费智慧；在那些需要通过现实调查才能揭示问题的研究上，仅仅依靠思辨，忽略实证环节，那叫闭门造车，主观臆断……由此可见，本书具有自己的风格。那么，本书为何要以这种风格来研究一个颇具争议的论题呢？这种研究有何价值与意义呢？本人觉得，这在引言中是有必要交代的。因为，这既是本人创作此书的情感基调，也是读者阅读此书的情感动力。

其一，在自己这个年龄阶段以及发展阶段，有机会相对自由地撰写这样一部学术论著，该体现自己的学术风格。每个人都有自己的风格与个性，表现到论著中，应该不只是观点的迥异，还有文风的差别。可是，如今的学术论著，大体都差不多了，格式化、规范化与程序化，与以前的八股文没有太多区别。这种同一的文风，也很难体现出作者本来就不一样的见解。笔者最初撰写这部著作时，本来也想按照通常体例，较为保守地写一本书，完成一个课题。但现如今，自己不再从事行政管理工作，这也不是那种限制甚多的学位论文，自由创作的风险系数要小得多，从而决定撰写一部体现自己风格的学术论著。这样的一部论著，秉持三个原则，那就是力争发现真问题，力争探索好路径，力争做到易阅读。

其二，文字符号只是一种工具，工具越为人们所利用便越有价值，学者们的学术创作，就应该在思想深度上下功夫的同时，特别注重在让尽可能多的人津津乐道的文风上下功夫。不少学术论文著作，写得晦涩难懂，给别人高深莫测之感。可是，当我们一遍又一遍地啃了几次之后，有时会豁然开朗：原来观点就是这么简单。你有时甚至会觉得，自己再将其观点同样表达出来，要简洁得多，有趣得多，而且清晰得多。当前那些真正的学术大师，他们的学术论著，不仅富有思想，让我们反复咀嚼，而且大多文风清新，可读性强，同样让我们流连忘返。毫无疑问，某些论题就是那么抽象，那么深奥，那么复杂，需要一定的学术涵养以及思维素质才能读得下去，读出兴趣。但是，我们有太多的学术论著，往往在一味地追求雾里看花、故弄玄虚以及标准样式，甚至因此失去了思想也在所不惜。本人认为，学术论著应该向文学创作借鉴文风，去除其文体中允许存在的夸张、虚构、修饰等成分，积极吸收其亲近读者、面向市场等因素。不管此种文风能否成为未来学术创作的重要方向，但本人坚持认为，这种文风有益于学术，有益于社会，也有益于学者，本身就是有价值的。只要有价值，不管环境如何、前程如何，本人就会坚持不懈地做下去。因而，当能按自己的学术风格来撰写这部论著的时候，本人就会采取这样的创作手法，从容易感知的现象入手来研究创业型大学，从小而具体的教师视角来剖析创业型大学，从便于阅读的角度来撰写创业型大学。

其三，越是意见分歧颇大且极具实践指向的论题，越要寻找到可靠且易懂的方法来论述，以便让人们心悦诚服地统一某些见解。高等教育理论界与实践界，对于创业型大学的态度，极力推崇者甚众，强烈讨伐者不少，这在很大程度上影响到国内创业型大学的推进。本书认为，并不是所有的大学教师都要转型为创业型教师，并不是所有的大学都要转型为创业型大学，但是许多大学教师就应该成为创业型教师，不少大学就应该成为学术创业的重要主体。试想，什么样的大学教师，对学生最有帮助？如今大学应该履行的使命，有多少真正圆满完成？……那么，如何将这样的一些观点，深入浅出地表达出来，让人们乐于阅读、易于理解，更能深信不疑，就不能移用当前一般的写作套路，需要寻找特别的创作手法。从而，本书选择教师视角，运用这种体例，采用这种文风，权当一次尝试。

第一章

南橘北枳现象：中西创业型大学的不同命运

形成概念，揭示规律，建立理论体系，这是科学研究的三个发展阶段。可是，对于创业型大学来说，学界对其概念都莫衷一是，难以统一，更何况揭示规律、建立理论体系了。与其纠缠于一个众说纷纭、言人人殊的概念辨析，不如从具体的实践世界出发，看看那些高举创业型大学大旗的高校，如何运作，发展怎样。或许由此能够悟出，什么是创业型大学，创业型大学是什么。

第一节　中国创业型大学的艰难跋涉

20 世纪末期，美国学者伯顿·克拉克和亨利·埃兹科维茨不约而同地提出了“创业型大学”这个概念。这个概念一经问世，我国学者就将此介绍到了国内。可见，在信息时代，我国对于西方先进理念的学习，并不落伍。可是，两位美国学者在研究创业型大学时，他们观测的对象并不一样，对于创业型大学内涵与外延的理解也不一致。克拉克更多地基于教学型院校，从教学服务的层面来看待学术创业；埃兹科维茨主要基于研究型大学，从科技成果转化的角度来看待学术创业。作为创业型大学理论的两位鼻祖，他们的分歧对于我国创业型大学的理论研究与实践改革，都产生了重要影响。从理论上来看，连一个被广泛认同的概念都尚且难以确立；从实践上来看，高校领导者们按照自己的理解建立了形形色色的创业型大学。例如，不少寄望超常规发展的高等职业技术院校，旗帜鲜明地提出要建成一流的创业型大学；一些教学研究型的普通本科院校，为寻找差异发展、特色发展或者跨越发展，明确地提出了创业型大学的战略定位；那些居高临下的国内研究型大学，极少标榜自己是创业型大学，却在实践运行中紧紧瞄准他们理念中的创业型大学。这样五彩缤纷的实践世界，要让我们来观测国内创业型大学的建设情况，实在并不容易。为此，本章只分析那些曾经明确提出过建设创业型大学的普通本科院校，如实记述这些大学的转型与努力，客观评述他们的成绩与不足，寻找创业型大学理念与现实的距离，以此来观测国内创业型大学建设的成效。

一 福州大学：国内第一所正式提出创业型大学战略目标的普通本科院校

福州大学，国家“211 工程”重点建设高校，福建省人民政府与国家教育部共建高校，创建于 1958 年，现已成为一所以工为主、理工结合，理、工、经、管、文、法、艺等多学科协调发展的重点大学。该校于 2008 年年初确立了创业型大学的战略目标定位，当前新的一届学校领导班子，仍然高举创业型大学大旗①，挺进在蜿蜒曲折的创业之路上。但是，在创业型大学的推进过程中，该校的战略重点已由学校层面的学术创业转向学生层面的创业教育。

（一）创业型大学战略目标的提出

高校的任何一次重大变革，往往是在某位重要领导的运筹帷幄之下出现的。对于中国高校的改革与发展来说，需要学校书记与校长两人达成共识、通力合作，方可大刀阔斧，迈上转型之路。福州大学走上创业型大学的道路，正是缘于时任党委书记陈笃彬（2007—2011 年在岗）与校长吴敏生（2002—2010 年在岗）两人的志同道合，一拍即合。陈先生长期从事高等教育研究与实践，乐于学习与思考，善于捕捉时代气息，富有教育理论修养，既能抓全面又能抓重点。在阅读陈先生的报告中，我时时为他那学术型的工作报告啧啧称赞，既有理论深度，高屋建瓴，又有现实视野，顺接地气。吴校长工科背景，在清华大学担任过教务长，这种学习与工作经历，造就了一位务实的校长。当这样的两人一旦接触并商讨创业型大学，在面对共同的现实背景下，那种热切创建创业型大学的想法，便能一触即燃。在许多历史文献中，还能够看到两位主要领导的同心同德，深

---

① 2007 年，该校的办学定位是：建设成为具有较强学科相对优势，体现教学研究型办学特色和开放型办学格局的我国东南强校。2008 年，该校的办学定位是：确立创业型大学理念，走区域特色创业型强校之路，全面推进东南强校建设。此后，该办学定位至今没有改变。到了 2015 年，学校仍然坚持走区域特色创业型强校之路的办学理念，提出正朝着建设具有较强学科相对优势，体现教学研究型办学特色和开放式办学格局的我国东南强校的奋斗目标大步迈进。

谋远虑，矢志将福州大学建设成为创业型的东南强校。例如，2008 年 4 月 1 日《福建日报》刊登了陈笃彬与吴敏生两人署名的文章，指出“创业型大学是与传统象牙塔式大学相对应的全新办学模式……是适应我国和我省经济社会发展新要求的需要……是适应我国高等教育发展新趋势的战略选择……是实现福州大学奋斗目标的客观需要……”①

查阅《福州大学年鉴》，从两位主要领导的讲话报告中，可以看出该校当年吹响“创业型大学”号角的内外部原因。至于外部原因，这与学者们呼吁建立创业型大学的各种理由并无太多区别。但是，这些内部原因，却深刻体现了两位主要领导力推该校转型为创业型大学的初始动因。这对于分析以后创业型大学的建设成效，具有极为重要的参考作用。具体而言，这些内因主要有四点：一是学校办学经费紧张。政府财政投入不足，学费增长空间有限，可支配性资源短缺，基础建设投入不菲，发展性资金缺口巨大，可是学校还处在高额负债运行期。二是科研效益太低。科研没有走出“论文、论著、课题、获奖、专利”的传统范式，纵横向课题经费比例严重失衡，科技成果转化率和社会贡献率低，同时，高水平的学科带头人、科技标志性成果偏少。三是人才培养模式改革成效不显著。学生的实践能力和创新能力提升不明显，创业意识和能力有待提高，人才培养特色尚未形成。四是学校整体精神面貌有待改观。正如陈笃彬书记在福州大学 2008 年寒假工作会议上所讲的：学校内部存在许多矛盾，变革的力量和雄心不足，观念滞后和制度建设滞后等。在两位主要领导看来，攻克这些问题的重要法宝，正是推进创业型大学建设。

应该说，这些问题在许多其他地方本科院校同样存在，甚至更加严重。但是，为何只有福州大学较早率先提出创业型大学的战略目标定位呢？显然，福州大学走上创业型大学之路，最关键的还是在于两位主要领导。可见，人是改革与发展的第一决定性因素。

（二）创业型大学建设路径的探索

同样的战略目标，两所高校的发展基础不一样，改革的路径必定不一样。对于福州大学来说，归纳起来，那个时候该校主要在以下几个方面进行了努力：

---

① 陈笃彬、吴敏生：《创建创业型大学　服务海峡西岸经济区》，《福建日报》（求是版）2008 年 4 月 1 日。

第一，更新教育观念，开展关于创业型大学的大讨论。国内公办高校每次重大的变革，往往都会事先或者同时展开教育思想大讨论。福州大学确立别树一帜的办学理念，尤其需要搅动思想，达成共识。2008 年，该校紧紧围绕“什么是创业型大学”“为什么要建设创业型大学”以及“如何建设创业型大学”三个命题，在全校教职员工中展开了深入的思想大讨论。其目的就是要转变和更新教育观念，树立起创业价值观和实践观，形成全校师生自主创业的文化氛围。

第二，深化体制改革，建立与创业型大学相适应的校内管理体制。首先，通过简政放权，形成校院两级管理体制，使管理重心向学院下移，充分调动学院办学的积极性和主动性，使二级学院真正成为相对独立的办学实体与创业主体。其次，转变科研机构的“纯管理型”模式，加强整合，使其成为科学技术转移中心，成为成果转化的“中介机构”；同时增强这些机构的服务功能，建立科技成果转化的活动及其经济影响的信息采集和公布系统。最后，是推进跨学科研究，建立以跨学科研究项目为重点的研究中心和实验室，努力推出产业化、市场化的应用性研究成果。

第三，开展制度设计，构建创业型大学发展的政策环境。制定和实施鼓励学校科研人员从事科技创新创业的政策，以激励制度为抓手，对师生的创业行为予以支持和启动资助，并对在创业创新方面有突出贡献的师生予以单独业绩评定，以强化师生从事科技成果转化的动力机制。建立创业的内在动力机制，强化师生的创业意识，通过激励制度的重新设计，重新定义学术服务的内容（包括校企合作、技术转移、参与经济发展以及其他联系与合作行为等），建构学校科技成果的“科研价值”“商业价值”和“创新价值”三结合评价体系。

第四，加强创业教育，培养学生的创业意识、创业精神与创业能力。推进教育教学改革，形成创业型大学基本要求的课程体系，通过开设创业教育课程等，扎实推进创业教育，努力培养更多的学生成为创业者；加大对现有师资的创业教育与培训，努力提高师资队伍的创业和创业教育水平；重视吸收社会上一些既有创业经验又有一定学术背景的人士来校从事兼职教学和研究，特别是聘请成功的企业家作为创业教育的兼职教师，实现创业教育师资队伍的多元化；充分发挥党政工团队伍在人才培养中的重要作用，课内外结合，广泛开展创业教育，形成浓厚的创业氛围，培养大学生创业意识，提高创业能力；以训练大学生的创业能力为核心，改革和完善大学生科研训练制度，积极开展有特色的校园创业活动，训练大学生的创业能力；努力建设大学生实践基地，依托专业实践基地，理论与实践相结合，加强创业实践，提高创业能力。

第五，拓宽发展外围，积极推进政产学研合作。以自己的独特学术产业服务社会发展，力争成为政产学研合作的三螺旋结构的推进器，成为区域创新活动与经济发展的重要组织者。通过与社会建立广泛的外部联系网络，包括各种孵化器和科技园、风险投资机构、创业培训机构、创业资质评定机构、小企业开发中心、校友会、创业者协会等，形成学校、社区与企业良性互动发展的创业教育生态系统，有效地开发和整合社会各类创业资源，推动学术成果转化，培养创新创业人才。

从以上举措可以看出，该校为推进创业型大学建设，采取了全方位的改革策略，当前学界探讨的关于推进创业型大学的各种路径，基本上都被囊括进来了。在这些举措中，第三点的实施与业绩，是一所创业型大学区别于其他高校的重要标志之一，最能从一个组织层面体现创业型大学的建设成效。这对于破解启动创业型大学建设的初始动因，是一把秘而不宣的钥匙，是一个含而不露的答案。作为正处在这些转型大学中的课题组成员来说，在分析创业型大学建设成效时，必须特别注意把动因与相应举措两者联系起来，以此来印证我们“身在此山中”的主观感受。

（三）创业型大学建设成效的评析

自2008年年初正式确立创业型大学的战略目标定位至2015年年底，福州大学高举创业型大学大旗将近8年时间了。或许我们用理想化的创业型大学标准来评判一个相当于8岁儿童的创业型大学，未免要求过高，因为“转型成为创业型大学，不是一朝一夕、一蹴而就的，而是需要长时期量变的积累，产生质的飞跃”①，但是，我们可以从建设业绩以及创建体会，感知创业型大学在中国的发展状态。总体而言，福州大学在推进创业型大学上进行了不懈的努力，在某些方面取得了一些成绩，尤其在创业教育的策划、宣传与推动上，融入度与显示度较明显，但是，从最初寄望创业型大学解决的现实问题来看，仍然任重而道远。可以说，福州大学还没有触及创业型大学建设最关键的环节，只是处在“仅仅营造氛围，难

① 林锈戎：《我国地方高校实践创业型大学之路的若干探索》，《福建教育学院学报》2012年第5期。

以实质推进”的发展阶段。对此，我们可以从以下几个方面来分析：

第一，创业型大学远没有达到缓解办学经费压力的目的。福州大学推进创业型大学建设，如前所述，重要动因之一是为了扩大财源，走出负债经营的窘境，其路径正是通过学术创业来实现。可是，无论是解决经费瓶颈，还是转化学术成果，8 年来，仍然显得非常疲软，甚至没有起色。例如，在 2008 年提出创业型大学战略目标之际，福州大学负债 10 多亿元，此后化解债务的途径不是通过创业型大学的学术创业来实现，而是通过学校产业置换以及政府奖补来完成；在高举创业型大学大旗之前，福州大学的科研成果转化率低，纵横课题经费比例失调，现如今仍没有改观，正如现任校长付智贤在对《福州大学中长期发展规划纲要（2010—2020 年）》《福州大学“十二五”发展规划纲要（2011—2015 年）》等文件的制定进行说明的报告中指出的，“科技自主创新能力相对薄弱……在直接反映以工为主的学校定位和服务于地方经济社会发展的横向科研工作方面，严重滞后，纵向与横向项目的经费比例严重失调”。以上基于事实，从创业型大学建设理想与现实的对比来说明，体现了福州大学在推进创业型大学建设上，并没有实现突破。从目前理论层面来看，创业型大学必定要利用自己的所长，抑或是科研转化，抑或是教学服务，以达到扩大办学资金、优化办学条件的目的。这被视为创业型大学最为关键的要素之一，也是评价创业型大学建设实效的重要标准之一。但是，福州大学在目前很难依靠学术创业来赢得办学资本，甚至还需要学校单独开辟经费渠道，以鼓励与资助师生创业，尤其是奖励横向课题。应该说，这种现象可谓古今中外高等教育史上的奇葩。

第二，创业型大学对于扭转原有观念滞后与制度建设滞后的问题仍然没有得到根本改善。福州大学启动创业型大学建设，是想寄望通过创业型大学的强劲东风，一扫学校观念滞后与制度建设滞后的积弊。但是，从实际情况来看，依靠创业型大学号角来扭转这种状况在短期内非常艰难。无论是专任教师还是行政管理队伍，依然缺乏活力，市场适应性差。付智贤校长在对《福州大学中长期发展规划纲要（2010—2020 年）》等文件的制定进行说明的报告中，针对学校存在的问题进行了全面而又深刻的剖析。这个报告，非常务实，从问题切入，篇幅较多，有别于当前高校较为通用的那些主要谈成绩、对问题一带而过的报告。在该报告中，付校长指出，“体现创业型大学特征的创新创业教育体系尚未形成；教师的数量、质量和水平与在校生规模及其需求不相协调，具有博士学位和高级职称的教师不仅拥有量少，而且对教学投入不足，工程实践教学能力较弱……校、院两级管理体制改革需要进一步深化与完善；学术权力和行政权力的关系尚未完全理顺；部分行政管理部门存在服务与责任意识差、工作和责任相互推诿、管理水平与效能低下、工作作风疲沓和不深入实际调查研究、行政执行力弱甚至行政不作为等问题；部分学院领导和学科带头人的学术责任意识薄弱，对本学院、本学科的发展没有深入思考和长远规划；尚未建立健全行政工作的绩效考核制度、问责制度、行政人员的管理与激励约束机制；依法办学、民主治校有待进一步加强……”应该说，这些问题不只是福州大学的个案现象，而是当前国内高校较为普遍的现象。由此也可以看出，要在短期内通过创业型大学建设来解决这些问题，是非常艰难的。

第三，轰轰烈烈的创业教育没有也不可能从根本上解救创业型大学。近年来，福州大学不遗余力地抓创业教育，力争把创业教育做成学校的办学特色，甚至成为学校办学的“亮点”。[①] 例如，强调创业教育工作做到全员参与、全面覆盖、全程服务；在二级学院“三加一”（创业专家、创业人才、创业教材＋创就业基地）创业教育模式的基础上，推出体现学校特色的以“八驱动”模块为核心的创业教育模式[②]；设立创业类学分，将创业教育融入教育教学全过程，每年下拨专项经费，开设创业基础班、提升班、精英班等，形成“创业通识—创业技能—创业实战”培训体系；[③] 等等。福州大学党委2015年第1号文件“关于做好2015年毕业生就业创业工作的实施意见”（福大委〔2015〕1号），特别强调要加大政策扶持，推进创新创业教育和大学生自主创业工作，并将分解的工作任务落实到相应部门。但是，创业型大学不等于创业教育，创业教育成功的高校不等于就是创业型大学。可以说，创业教育只是创业型大学的一部分，

---

① 高建进：《福州大学：创业教育成为学生发展助推器》，《光明日报》2014年12月10日。

② 八个驱动要素分别为：突出社会责任价值观、明确区域化特色定位、建设系统化课程体系、培养双师型素养教师、以科技创新引领创业、共创多元化实践平台、进行开放型资源整合和营造创业型校园文化。

③ 周玲玲：《福州大学以建设“创业型大学”为引领促进大学生高质量就业》，2014年12月18日，http://www.jyb.cn/high/zjzz/201412/t20141218_607932.html（2015年4月20日）。

而且不是最显创业型大学特性的部分。更重要的是，创业教育的成功不体现在轰轰烈烈的宣传与全力支持的政策上，而是学生实实在在的创业成效。然而，这个过程周期长，见效慢，推进工作也不可能一帆风顺。例如，在学生创业工作大会上，该校党委书记陈永正指出，在“建设‘创业型大学’，强化创业工作顶层设计”“融入人才培养，培育学生创新精神和创业能力”“整合校内外资源，提升学生创业工作内涵”等方面已经取得了一定的成绩，但同时也存在一些不足，具体表现在对创业工作的认识存在误区、学生的创业综合素质有待加强、“双师型”素养的创新创业师资匮乏、创业教育课程建设不完善、创业资源整合不够等方面。①

二 南京工业大学：国内第一所正式更换创业型大学战略目标的普通本科院校

南京工业大学，国家首批“2011 计划”和“卓越工程师教育培养计划”重点建设大学，省部共建和江苏综合改革试点的省属重点建设大学。该校于 2001 年由原化工部南京化工大学与原建设部南京建筑工程学院合并组建而成，现发展成为跨工、理、管、经、文、法、医、艺八个学科门类的多科性大学。2010 年，该校正式提出：努力走出一条美国斯坦福和加拿大滑铁卢式的创新创业大学发展之路，打造最适宜创新创业的高校品牌，在推动区域经济发展方式转变的同时，努力将学校建设成为以工为主，多学科协调发展，国内一流、国际有影响的有特色高水平创新创业大学。但是，在 2013 年，该校的办学定位正式确定为：学校将面向国家急需，世界一流，解放思想，凝心聚力，协同创新，开拓进取，向着“综合性、研究型、全球化”高水平大学稳步迈进，谱写更加辉煌的篇章。在访谈调研中，该校认为他们的办学定位一直没有改变，仍然走在学术创业的道路上，只是到了新的发展阶段，学校有了新的战略重点。或许学校仍然坚持创业型大学的办学定位与实践道路，但是，这至少表明创业型大学这面尚未在全国范围内广泛树立起来的大旗，已经不再在南京工业大学的校园上空高高飘扬。在高等教育实践中，曲高和寡的创业型大学乐章

① 王忆希：《福大要闻：福大召开 2014 年大学生创业工作会议》，2014 年 11 月 26 日，http://news.fzu.edu.cn/html/fdyw/2014/11/26/fd49f807 - 8538 - 458a - 8634 - f1d70bbe4c78.html（2015 年 4 月 20 日）。

上，又少了一道强劲的音符。

（一）创业型大学战略目标的提出

与福州大学一样，南京工业大学提出创业型大学的战略目标，既有客观的外部因素，又有大学自身的特殊需要，更与当时的主要领导密不可分。可以说，对于这两所以工科为主的高校来说，它们走上创业型大学道路，有着相似的内外部原因，有着相似的发起动因。因此，本书不再对这些内外部因素进行分析，转而关注创业型大学道路的选择者、推动者——南京工业大学校长欧阳平凯教授。

一本探讨创业型大学的学术专著，似乎不应该过多地介绍个人。可是，在梳理南京工业大学走上创业型大学道路的文献中，有一种特别强烈的力量，驱使本人要去关注、学习甚至研究欧阳平凯先生的故事。思考得越久越深，越觉得这所大学那个时候在江苏省率先举起创业型大学大旗，最终都要追溯到欧阳平凯校长那里。如果换成另一位校长，或许南京工业大学会走另一条不同的道路，至少不会那么早就抛出创业型大学的战略目标。他的经历、思想与魄力，铸成了南工大的道路选择。

欧阳平凯于 1945 年出生于湖南湘潭，1957 年父亲被打成右派，母亲靠着父亲 40 元的工资拉扯 7 个孩子，这使得欧阳平凯饱受了失学的痛苦。1963 年，他以优异的成绩考上清华大学化学工程专业，依靠微薄的助学金顺利完成了学业。1968 年，从清华大学毕业的他来到河北石家庄的一个企业，当了一名小工人。别人的不断请教，促使他不断钻研，进而让他不断进步。这 10 年基层一线的锻炼，为他日后走上领导岗位乃至走向学术高峰奠定了坚实的基础。1978 年，他再次进入清华大学化工系，成为“文化大革命”后第一批研究生。他的硕士毕业论文获得了北京市科技进步一等奖，并成为那个年代清华化工系提前毕业的首位研究生。1981 年，他被分配到南京化工学院任教。两年后，当他正准备出国攻读化工博士学位时，时钧院士找他谈话，“学校要成立生物化工专业，学校准备送你出国进修生物技术。”在出国读博抑或进修、继续坚持原来的化学工程还是转而专攻崭新的生物化工等问题上，他感到挺为难，最终服从学校安排，出国进修生物化工。1985—1987 年，作为高级访问学者先后赴加拿大滑铁卢大学和美国普度大学进修生物化工。回国后，他白手起家创建了全国第一个生物化工专业，第一家工业生物技术研究所。在创建之初，南京化工学院的生物化工专业，师资力量极为薄弱，资金设备严重匮乏，并且遭受外界的冷遇。但是，他没有被客观困难所阻挡，反而积极寻找对策，破解各种难题。在比较国内外生化发展的现状后，他提出了以工程化、产业化为主攻方向的“工业生物技术”概念，并成立了全国首家集产学研为一体的工业生物技术研究所。在他的领导下，团队成员不争一两篇论文之优势，而争科研成果转化之短长。在他看来，只有这样，民族工业才能站起来，学校发展也有了经济支撑点。他认同这种理念就是正确的，从而在担任学校领导之后，不畏艰险，不惧阻力，大刀阔斧，雷厉风行，在南京化工大学以及其后组建的南京工业大学，掀起了一个又一个巨浪，并且产生了巨大的效益，不仅使自己这个学科走在全国前列，建成了学科高峰，个人入选了中国工程院院士，而且使学校快速发展，变成高校强校之林中的一道亮丽风景线。

欧阳平凯于1994年担任原南京化工学院副校长之后，率先提出学校发展要抓两个“QIAN”（学科前沿和学校钱财）和两个“CAI”（师资人才和办学财力）。在政府投入不足、办学经费紧张的情况下，主张主动出击，力争有所作为。1996年担任校长之后，他摒弃了“等靠要”的陈旧观念，力排众议，大胆决策，通过盘活资产等途径，分期启动江浦新校区建设。在不到十年时间内，占地3400余亩的荒山秃岭，建成了集生态、园林、数字化于一体的浦口校区，被誉为“江苏省最美的校园”之一，一扫过去那种占地仅243亩的部属小校旧貌。担任新组建的南京工业大学校长之后，他紧紧瞄准学科高地与成果落地，积极推动高新科研成果的有效转化。为此，他采取了一系列的大手笔，获得了一个又一个大业绩。例如，建设国家级大学科技园，引导教师创新创业；开辟绿色通道，鼓励教授创办学科型公司；成立高技术研究院和工业技术研究院，把企业的研发机构引入市场，把高校的“借资”与企业的“借脑”有机结合起来；等等。正确且果敢的决策，再加上不懈的努力与拼搏，南京工业大学在短期发展迅速，很快赢得了江苏省属高校的五个“唯一”：唯一拥有两院院士，唯一获得国家杰出青年科学基金，唯一获得单独主持的国家自然科学基金重点项目，唯一拥有国家级工程中心，唯一获得国家奖励等级最高、科研到款额第一。在内外部环境成熟的条件下，他便提出要走一条美国斯坦福和加拿大滑铁卢式的创新创业大学发展之路，将南京工业大学推向创新创业的新征途。

（二）创业型大学战略定位的演变

欧阳平凯于1996年起任校长，到2012年才从南京工业大学校长岗位上退休。此时，他已经67岁了，在一所高校的校长岗位上任职16年了。在一所地方大学，这种年龄退休，且担任如此长时间的校长，恐怕在全国并不多见。但是，南京工业大学提出建设创业型大学的战略目标，并不是自欧阳平凯先生担任校长之初就抛出来的，而是在长期的工作实践中，就如建设浦口校区一样，一步一步走出来的。笔者赴南京工业大学查阅了该校档案馆历年年鉴，发现这种战略目标的演变，有这样的一个不断推进过程。

第一个阶段：研究教学型大学。作为一所2001年合建成立的南京工业大学，2002年年鉴可谓该校的第一份正式年鉴。在该年鉴中提出：新的南京工业大学将立足江苏，面向全国，放眼世界，服务于社会主义的现代化建设，以集成创新的理念和“生态型、园林式、数字化”校园的特色，争取在不太长的时间内把学校建成在国内同类大学中名列前茅、某些学科在国内领先、在国际上有相当地位的一流的以工科为主的多科性的研究教学型大学。

第二个阶段：研究型理工大学。从2003年至2007年，该校年鉴对于学校的办学定位，描述一致。例如，该校2007年的办学定位是：南京工业大学将立足江苏，面向全国，放眼世界，服务于社会主义的现代化建设，以集成创新的理念和“生态型、园林式、数字化”校园的特色，将创建“国内有重要影响、国际上有一定地位的研究型理工大学”作为自己的基本定位。大力推进教育创新、机制创新和制度创新，继续深化教育教学改革，善于借鉴其他院校的办学经验，坚持巩固、深化、提高、发展的方针，坚定不移地把提高质量、水平和效益放在首位，合理控制事业规模，优化结构、突出重点，保持特色，以服务求支持，以贡献求发展，充分发挥人才和知识高地的优势，为全面建成小康社会，实现中华民族的伟大复兴，为江苏省实现“两个率先”做出更大的贡献。从这里可以看出，相较于2002年的办学定位来说，该校已经从研究教学型走向研究型，已经从以工科为主的多科性走向更加明确的理工特色。

第三个阶段：创新型工业大学。从2008年至2009年，该校年鉴对于学校的办学定位，描述一致。例如，该校2009年的办学定位是：学校将立足江苏，面向全国，放眼世界，坚持科学发展，和谐发展，服务于社会主义的现代化建设。大力推进教育创新、机制创新和制度创新，继续深化教育教学改革，善于借鉴其他院校的办学经验，坚持巩固、深化、提高、发展的方针，坚定不移地把提高质量、水平和效益放在首位，合理控制事业规模，优化结构、突出重点，保持特色，充分发挥人才和知识高地的优势，争取到2020年把学校建成为能主动适应国家经济和社会发展需求，以工为主、多学科协调发展，优势更加明显，特色更加鲜明，一流的创新型工业大学。从这里可以看出，相较于2007年的办学定位来说，该校已经从研究型走向创新型，已经从理工协调发展走向更加明确的工科特色。

第四个阶段：创新创业大学。从2010年年鉴来看，该校的办学定位是：在新的发展时期，学校将面向国家战略需求和区域经济社会发展的重点问题，抢抓江苏省高等教育综合改革试验区的建设机遇，进一步整合优质资源，创新体制机制，提高人才培养质量，提升社会服务功能，彰显产学研结合特色，努力走出一条美国斯坦福和加拿大滑铁卢式的创新创业大学发展之路，打造最适宜创新创业的高校品牌，在推动区域经济发展方式转变的同时，努力将学校建设成为以工为主，多学科协调发展，国内一流、国际有影响的有特色、高水平创新创业大学。可见，虽然在2008年第二次党代会上，该校提出了建设教学与研究并重创新型一流工业大学的奋斗目标，但是，直到2010年，才将创业型大学的办学定位纳入学校的战略号角中。

第五个阶段：创业创新型大学。从2011年至2012年，该校年鉴对于学校的办学定位，描述一致。例如，该校2011年的办学定位是：学校将立足江苏，面向全国，放眼世界，坚持科学发展，和谐发展，争取把学校建成为能主动适应国家经济和社会发展需求，以工为主、多学科协调发展，有特色、高水平的创业创新型大学。相较于第四个阶段"创新创业大学"的战略目标来看，创业创新型大学远远不只是字词顺序的变化，更反映出深层办学理念的变化。在新的发展阶段，将以社会需要引导科学研究、以学术创业带动成果创新，进一步加快与强化创业型大学建设。

从前面几个阶段来看，南京工业大学迈向创业型高校战略目标，不是一蹴而就，而是逐步推进的。首先，加快学术资本的积累，从研究教学型走向研究型；其次，调整学科发展方向，力争从理工并重转向更加直面市场的工科特色；再次，在内外部环境较为成熟的条件下，举起了创业型大学大旗；最后，为了加快创业型大学建设步伐，更加突出创业在学校的重要地位与作用，进一步将众多高校沿用的"创新创业"变成"创业创新"，使得学校的创业文化进一步高涨。

第六个阶段："综合性、研究型、全球化"高水平大学。2013 年，在南京工业大学第三次党代会上，明确了以协同创新为主线，以跨越发展为主题，建设"综合性、研究型、全球化"高水平大学的办学目标。那么，这是否意味着南京工业大学的战略目标改弦易辙了？对此，本书在此不作评论，只能视为南京工业大学战略定位的又一个新阶段。

（三）创业型大学建设成效的评析

在推进创业型大学建设的路径探索上，前文在分析福州大学时已经进行了梳理与总结。相较于福州大学而言，南京工业大学同样采取了这些措施，只不过在程度、力度与热度上有所不同而已。因此，本书不再对南京工业大学探索创业型大学建设的路径进行系统论述。但是，南京工业大学某些具体而又富有特色的做法，会在本书前后文中结合探讨主题适时提及。例如，该校教师学术创业的成果收益分成，就较有影响，也带来实效。早在 2004 年，该校就出台《科技成果产业化管理办法》，规定技术入股 70% 股权归成果完成人所有，在政策层面为科技创新创业扫除障碍，极大激发了科技人员转化成果的热情。到了 2012 年，该校以南京"科技九条"为契机，出台了南京工业大学"科技 19 条"，制定了更为优惠的知识产权政策，规定技术入股的 90% 股权归成果完成人所有，进一步解除了科研人员创业的后顾之忧。那么，南京工业大学多年来贯彻的创业型大学战略目标，成效如何？命运怎样？

一方面，创业型大学战略目标已经为南京工业大学带来了巨大的声誉与效益。该校依靠科技创新、管理创新双轮驱动，构建从基础研究、技术开发到成果转化与产业化的完整创新链，形成了广泛的创新创业的思潮。据报道，截至 2014 年年底，南京工业大学控股、参股的学科型公司已达 100 多家，其中 4 家已经上市，校内参与学科型公司创立的教师 50 多位，占全校专任教师比例的 3% ……①在学科平台建设上，该校同样取得了傲人的成绩。例如，2013 年，南京工业大学成功跻身首批 14 个"2011 计划"国家级协同创新中心之一，支撑国家级协同创新的 4 个分中心也相继获得了省级协同创新中心的支持，为学校实现快速发展提供了全新的、更高的起点。2013 年，在该校第三次党代会上，自 2008 年起任该校党委

① 李向光：《南京工业大学的"斯坦福之路"》，2014 年 12 月 22 日，http：//cqt. njtech. edu. cn/xcb/Artcle_ view. asp？ id = 16673（2015 年 5 月 4 日）。

书记的王德明先生指出，“过去五年……紧紧围绕建设有特色高水平创新创业型大学的战略目标，抓大事，谋长远，保稳定，促和谐，学校发展取得了令人瞩目的成就……”总结以往的工作，王先生认为主要有以下几点经验和体会：（1）坚持自力更生，抢抓战略机遇是学校事业快速发展的关键所在；（2）坚持育人为本，提高人才培养质量是学校事业快速发展的坚实基础；（3）坚持集成创新，集中力量实现重点突破是学校事业快速发展的重要举措；（4）坚持开放办学，推进政产学研结合是学校事业快速发展的特色之路。[①] 可见，尽管这次会议确立了“综合性、研究型、全球化”九字战略目标，但同样肯定了创业型大学战略目标所取得的“令人瞩目的成就”以及由此带来的“特色之路”。

另一方面，学校更换战略目标无不表明“创业型大学”不适宜成为指引南京工业大学更上新台阶的号角。2014 年 2 月 28 日，中国科学院院士、南京工业大学校长黄维（2012 年起任南京工业大学校长）在新学期全校工作会议上发表了一番热情洋溢、激情澎湃的讲话，既肯定了过去确立创业型大学战略目标所取得的成绩，又毫无保留地指出了确定新的九字战略目标的必要性与紧迫性。黄校长指出：在服务地方经济方面，学校曾创造性地提出“教师在岗创业、成果在园转化、人才在校成长”，取得了令世人瞩目的成就，也赢得了南工的声誉。在相当长的时间内支撑了学校的建设与发展。但随着发展阶段的提升，特别是九字战略目标的提出，南京工业大学应当适时回归大学本源，从过去的成功中走出来，重新审视大学的精神、使命、宗旨和价值观。在黄校长看来，“南京九条”鼓励教授“在岗创业”，相较于近来北京市“京校十条”推行“离岗创业”而言，固然有其积极和激励意义，但仍有不足和缺憾。南京工业大学将会出台相关政策，改“在岗创业”为“离岗创业”，以与国际通行模式诸如斯坦福大学的做法相接轨；同时鼓励教授做企业的技术顾问、CTO、CSO，转让专利技术成果，学校也会单列专门从事科技成果转化的编制和岗位、强化技术转移中心的职能，让创新成果与社会更完美嫁接。也就是说，如果教授要直接参与企业经营，就要退出学校的行政职务。唯有如此，大学才有

① 王德明：《解放思想凝心聚力协同创新跨越发展开启建设“综合性、研究型、全球化”高水平大学的新征程——在中国共产党南京工业大学第三次党员代表大会上的报告》，2013 年 9 月 1 日，http：//njut. cuepa. cn/show_ more. php? doc_ id = 845307（2015 年 5 月 4 日）。

望成为思想的高地、创新的摇篮，才能拒绝浮躁、回归宁静，我们的师生才能更加优雅从容。在报告中，黄校长甚至言辞激烈地指出：在众多激励政策、人才项目的驱使下，我们痛心地看到“金陵之大，已经难以安放一间平静的教室和平静的实验室”①。

三　浙江农林大学：国内第一所明确制定创业型大学阶段目标的普通本科院校

浙江农林大学，创建于1958年，时称天目学院，1966年更名为浙江林学院，2010年3月更名为浙江农林大学。2014年，浙江省人民政府与国家林业局签订共建协议，学校进入省部共建高校行列。经过50余年的建设，学校已经发展成为一所以农林学科为特色，涵盖农、工、管、文、理、法、经、医、艺九大学科门类的多科性大学。2010年7月，在浙江农林大学第一次党代会上，提出“到2020年把学校初步建设成为国内知名的生态性创业型大学”的发展战略目标。时至今日，该校对于创业型大学的推动主要还体现在宣传策动、组织架构、体制改革、制度建设等方面，远远没有达到科研转向、学术创业、学校转型甚至创业文化形成的目的。作为在该校中层干部岗位上工作过3年的一位高等教育研究者，本人特别感受到，创业型大学在中国还有很长的路要走，当前或许我们还只能说仅仅提出了这个口号或者说举起了这面大旗。

（一）创业型大学战略目标的解读

与福州大学一样，浙江农林大学提出创业型大学战略目标，同样有着相同的内外部因素。例如，在内部上，需要化解新校区建设的贷款压力、解决办学经费不足的瓶颈问题等；在外部上，进一步推进政产学研用结合，紧密对接地方经济社会发展，加快科技成果转化，在科学普及、文化传播、决策咨询等方面发挥更大作为，达成国家、社会与民众在新的历史时期对高等教育的迫切希望和要求。与南京工业大学一样，浙江农林大学提出创业型大学的战略目标，同样有着那么一位主要的学校领导。2010年5月，宣勇从浙江工业大学副校长的岗位上来到浙江农林大学，担任党

---

① 黄维：《改革统领全局　以创新推动发展　以团结凝聚力量　以实干成就事业——在2014年新学期全校工作会议上的讲话》，2014年3月5日，http://tyb.njtech.edu.cn/view.asp?id=5735&class=929（2015年5月4日）。

委书记，随后开启了他在浙江农林大学大刀阔斧的一系列改革。2010 年 7 月，在学校的第一次党代会上正式提出建设创业型大学战略目标。此后，将生态性创业型大学的战略定位写入《浙江农林大学中长期发展规划纲要（2011—2020 年）》（以下简称《浙农林规划纲要》）、《浙江农林大学章程》。与福州大学、南京工业大学不一样的地方在于，浙江农林大学提出创业型大学的战略目标，不仅明确了具体的阶段目标，还特别说明了创业内涵。对于这些内容，学校已经将它们写进《浙农林规划纲要》，从而本文在此不再对这些内容作更多的阐释，可以直接援引过来。

在《浙农林规划纲要》中，明确了创业型大学战略目标的阶段目标。通过 10 年左右时间的努力，学校将分两个阶段完成既定目标，最终实现战略目标。两个阶段的发展目标如下：第一阶段，到 2015 年，把学校建设成为具有较强综合实力的生态性创业型大学；第二个阶段，到 2020 年，把学校初步建设成为国内知名的生态性创业型大学。虽然“较强综合实力”与“初步国内知名”较为含糊，但是，明确哪一年学校发展到什么阶段，这样的战略目标定位并不多见。在宣勇书记的解读中，这种分阶段式的战略步骤，正是这样的两步：在“十二五”期间，主要是学术资本的积累，亦即做好科学研究，扩充学术资本，也就是说要下好蛋；在“十三五”期间，我们的重点，就是要全面推进学术创业。[①] 这种清晰具体的战略目标，不仅达到强有力的激励作用，而且还可起到重要的评价功能。

在《浙农林规划纲要》中，对于这个战略目标的几个关键词，进行了具体解读。国内知名：名教授、名校友、名学科、名成果、名事件、名校园等是大学声誉的标志。其内涵体现在学校核心竞争力：在不同学科领域，拥有若干国内领先水平的学科，甚至是国际先进水平的学科；拥有一批国内领先水平的标志性成果；拥有若干走在国内前沿的学术和学科带头人，为政府决策提供咨询的智囊人物。生态性：一是表明学校将致力于生态文明、生态科技、生态产品领域的人才培养与科学研究，并以此服务社会、引领社会的办学使命与学科专业属性；二是指生态化理念、生态化教育、生态化管理与生态化校园的办学特色；三是指开放的、竞争的、和谐

① 宣勇：《创业型大学的本土化探索与实践》，付八军《纵论创业型大学建设》，浙江工商大学出版社 2014 年版，第 49—56 页。

的、兼容并包的校园文化。创业型：其内涵表现在学校办学精神上，强调传承“坚韧不拔，不断超越”的学校精神，注重经世致用的创新与创业文化的培育。在学校组织与管理上，强调组织对外部关系的反应性、适应性，注重办学经费来源的多元化；强调知识生产的效率，注重办学资源配置的效益。在人才培养上，强调生态化教育理念，构建以社会需要为导向、学生发展为目标的多样化人才培养体系，注重培养学生的“生态文明意识，创新精神与创业能力”。在科学研究上，强调科学研究的现实问题导向，注重科技成果的转化与应用。在社会服务上，强调面向“三农”，服务浙江，注重为经济社会发展和生态文明建设做出贡献。

（二）创业型大学建设路径的探索

福州大学、南京工业大学推进创业型大学建设的路径，浙江农林大学或多或少，或强或弱都在推进。只不过，相对于这些学校乃至其他兄弟院校而言，浙江农林大学在这几个方面，表现较为突出。

第一，在体制改革的基础上设立三个新的部门。2011 年，被学校确立为管理改革年，其目的是为了激活学术心脏地带，也就是要激活基层学术组织，尤其是学科。为此，学校采取了许多措施。例如，建立了学校—学院—学科“二级机构三级管理”的模式，这是一种基于学科的二级管理，主要是为了赋予基层学术组织更多的管理自主权，以便激发出更大的积极性与创造力。但是，最显改革成效、最能体现改革本色的还是新成立的三个部门：发展战略管理处、创业管理处与社会合作处。当前，不少高校均设有社会合作处。但是，浙江农林大学最初设立该处，远远不只是加强学校与社会各界的学术联系，更具有创业型大学推进科技成果转化的重要职责。只不过在后来的发展过程中，与公共事务管理处、创业管理处甚至科技处的相关科室等，存在职责边界模糊等问题，更缘于高校学术创业的大环境并不成熟，最后难以达到机构设置预期。就国内高校最早设立的发展战略管理处来看，实际上相当于大学中普遍设立的发展规划处，只不过这里更加强调宏观的战略规划、战略管理与战略宣传。至于全国独一无二的创业管理处，经过该处两届领导几年的运作，时至 2015 年，大体确立了如此的工作内容：制订并实施创业发展规划；开展创业宣传工作；制订并实施创业政策；开展创业技能培训；搭建教师创业平台。其目的非常明确，那就是营造创业氛围，引导或者说更多的是鼓励教职员工开展学术创业。

第二，在强化激励的指导下大幅度调整中层干部。一流的大学，需要一流的师资，也需要一流的管理。尤其在一所后发高校，欲建成一流大学，必先有一流的管理，然后才有一流的师资，最后成就一流的大学。浙江农林大学雄心勃勃地推进创业型大学建设，必然要建立一支能干、实干与苦干的创业型管理队伍，从而大幅度调整中层干部。应该说，这是非常必要且紧迫的，但也是最为棘手与困难的。因为中国高校的中层干部，普遍被视为一种身份，同时也是一种能上难下的终身岗位。但是，浙江农林大学在 2011 年中层干部的大调整中，实现了较为平稳的过渡。那次，在 120 位左右的中层干部中，约有 20 人落聘或者转岗。2014 年中层干部换届中，学校再次大幅度调整干部，又约有 30 人落聘、低聘或者转岗。在短短 4 年时间内，连续两次大幅度调整中层干部，这在国内高校应该算第一次。这种调整，从理论上来说，可以大大激励中层干部，瞄准学校战略发展目标，瞄准领导指引的前进方向，将全校拧成一股绳，盯住一个目标，不断开拓创新。

第三，在外塑形象的指引下着力描绘学校蓝图。在一所大学的发展史上，总有那么至少一位主要领导，产生了至关重要的作用。从该校中层干部的访谈来看，陈敬佑书记（1998 年 8 月到 2009 年 9 月在位）在浙江农林大学发展史上做出了巨大贡献。确实，一所地方院校没有规模，就没有财源没有影响没有前途；当前创办一流的大学，必须有一流的校园；任何一所大学，都应该有一个最适合自己且最有发展前途的办学使命；等等。而这些，在陈书记那里都得以实现了。在他主政期间，建设了生态化的新校区、扩大办学规模、提出生态大学战略目标等。但是，应该说，陈敬佑书记主要完成了学校外延式发展，而宣勇书记则在学校的内涵发展上不遗余力、轰轰烈烈地做了许多努力。例如，确立了到 2020 年将学校建设成为国内知名的生态性创业型大学的战略目标；绘制了一个由学校中长期发展规划和 11 个子规划组成的学校整体发展蓝图；制订了“1030”战略，亦即确定 10 个优先发展的重点领域，每个领域确定 3 个优先主题，形成“1030”重点学科领域发展战略；对接“1030”战略，学校积极推进十大中心建设，让这些中心围绕十大战略重点开展跨学科的协同创新，力争在研究上有所突破；等等。在绘制蓝图的同时，学校加大宣传力度，营造学术创业氛围。例如，2013 年，学校举行第一次全国性的创业型大学建设高峰论坛，邀请了国内研究创业型大学的学者、高举创业型大学大旗的高校领导以及关注创业型大学建设的媒体，共同研讨创业型大学建设的理论与实践问题，产生了较大的社会反响。从此以后，任何一位关注创业型大学在中国实践的人士，都会首先想到浙江农林大学。

第四，在营造氛围的前提下出台系列创业政策。建设创业型大学，需要推进学术创业，自然需要出台政策。这一点，三所高校都是一样的。只不过，浙江农林大学不仅付出了更大的努力，而且出台了更多的政策。为了推进教职员工的创业工作，浙江农林大学第一任创业管理处处长刘志坤，带领部门同志学习了几个层面的种种政策法规和制度文件，实地调研了国内大陆的 13 所高校以及台湾大学、中兴大学等 5 所台湾高校，然后集中时间组织研讨、学习，最后形成创业政策文本。几年来，创业管理处推出了《浙江农林大学“十二五”创业发展规划》和《浙江农林大学关于鼓励和扶持创业的若干意见（试行）》（浙农林〔2012〕89 号，简称“创业 15 条”）等。为了贯彻与落实“创业 15 条”，该处制定了许多相关的配套政策，例如《浙江农林大学学术创业业绩评价与计算办法》《浙江农林大学知识产权作价入股开展创业的实施办法》《浙江农林大学院校两级创业团队组建及认定方案》《浙江农林大学创业孵化园管理办法（讨论稿）》等。① 如此努力地探索学术创业，如此集中地出台创业政策，这在国内其他创业型大学是难得一见的。

（三）创业型大学建设成效的评析

从 2010 年高举创业型大学大旗至今，浙江农林大学才走了几年时间。在这么短的时间内来评价创业型大学建设成效，未免尚早。但是，作为身在创业型大学中的一名推动者、见证者与研究者，本人已经感受到阻力重重。从某种角度来说，外在轰轰烈烈的创业型大学建设形象与内在扎扎实实的传统型大学顽固不化的矛盾冲突越厉害，就越让那些身在其中研究与践行创业型大学的人士感到恐慌。北宋诗人苏轼的经典诗篇“不识庐山真面目，只缘身在此山中”，用在这里应该改为“识得庐山真面目，只缘身在此山中”。当然，这远远不只是浙江农林大学的个案。可以说，浙江农林大学建设创业型大学有多难，国内其他公办的普通本科院校建设创业型大学就有多难。

---

① 刘志坤：《学术创业的探索与实践》，付八军《纵论创业型大学建设》，浙江工商大学出版社 2014 年版，第 81—87 页。

前文在评析福州大学建设创业型大学成效时，从三个方面进行了分析。例如，当前创业型大学不仅没有达到缓解办学经费压力的目的，在某种程度上甚至加大了办学成本；创业型大学不仅难以从根本上扭转原有的滞后观念与制度建设，甚至滋生了学术文化与商业文化的冲突；创业型大学不等于创业教育，成功的创业教育不代表建成了一所成功的创业型大学。对于浙江农林大学来说，这三个方面的问题同样存在，甚至浙江农林大学在创业教育方面，远远达不到作为“国家大学生创新创业训练计划”实施高校的福州大学。为避免重复研究，本章不再对类似的问题进行描绘，转而重点从座谈调研中的情况来论述。

2013 年 10 月，浙江农林大学开展广泛的调研与巡讲活动，本人与学校相关部门负责人在多个二级学院进行调研，听取教师对学校改革与发展的意见、困惑与希望。原以为，教师会对学校如此宏伟与热烈的战略蓝图各抒己见、讨论热烈。没想到，30 多位专任教师，不但没有一位教师提及创业型大学以及相应的各种政策，而且当我们主动问及此事时，大部分教师都认为他们的主要工作还是教书育人、申报课题、发表论著、争取奖项、申报专利等，并没有去考虑学术创业的事情，甚至还有少数教师认为他们根本不知道也不想去知道什么是创业型大学。这次调研，让本人极为震惊。本人当时作为该校的一位中层干部，在行政管理的上传下达过程中，虽然已经感受到了学术创业的任重道远，但是，原本以为，学校在宣传策动以及政策文本上已经做了大量工作，在全校师生员工中应该产生了巨大反响。没有想到，专任教师根本没有什么变化，甚至无动于衷，过去怎样，他们现在还是怎样。这就像大学中不少的课堂教学一样，教师在讲台上激情四射、妙趣横生，自以为所讲内容对学生们极有价值且让他们听起来趣味盎然，没想到台下的学生自己做着自己的事情，既不关注，也不领情。传统型大学转型为创业型大学，最后依靠的力量还是专任教师。本人坚信，创业型大学的方向选择是正确的。可是，3 年多时间过去了，创业型大学战略目标的第一阶段马上就要结束了，教师却既没有行动变化，也没有热情迸发，这样的创业型大学建设，肯定还谈不上富有成效。

第二节 西方创业型大学的蓬勃发展

没有比较，就没有鉴别。无论是个体的成长，还是组织的发展，只有在比较中，才知道快慢、高低、好坏与优劣。当中国在推进创业型大学建设步履维艰之际，西方的创业型大学发展如何？它们是怎样走过来的？尽管不时听到西方学者对创业型大学的讥讽、唾弃乃至直接的抵制，但是，毕竟这些国家走出来了那么多卓越的创业型大学，而且被众多大学追随，获得社会极大赞誉。从这一点来看，西方的创业型大学建设，成就辉煌，功不可没。为此，我们不妨来梳理一下，在创业型大学建设上极为典型的三所院校，它们是如何走上创业型大学的，是怎样建设创业型大学的。

一　MIT：世界上第一所成功的创业型大学

MIT，麻省理工学院（Massachusetts Institute of Technology）的简称，一所位于美国马萨诸塞州剑桥市的私立大学。从正确的汉译来说，应该称为马萨诸塞理工学院。但麻省理工学院的译名起自清朝时期，后人沿用至今。另外，当前不少人常把 MIT 称为麻省大学。事实上，这是两所完全不同的高校。麻省大学是马萨诸塞大学（University of Massachusetts，简称 UMass），是马萨诸塞州的一所大型多校区公立大学。现如今，MIT 已经发展成为“世界理工大学之最”，甚至美国人常讲：“美国可以没有任何一所大学，但不可以没有麻省理工学院。”① 这样的一所大学，被人们冠之为创业型大学。作为创业型大学理念的奠基者之一，美国学者埃兹科维茨给予了极高的评价，指出 MIT“在美国学术界发挥着独特的作用，它开创了大学与企业联合的模式并且将其推广到其他院校……将基础研究和教学与产业创新结合在一起的 MIT 模式，正在取代哈佛模式成为学术界的榜样”②。因此，研究西方的创业型大学，不得不研究 MIT。

（一）创业型大学发展道路的演进

MIT 从未给自己贴上创业型大学的标签，但是，该校创建伊始，就深深地烙下创业型大学的文化气息，随着时代的变化，慢慢演化成为一所与传统型大学战略定位有所不同的高校，而且以突出的业绩傲立世界强校之林。在这个时候，那些关注高等教育实践的理论家，赋予了这些高校一个特别的名称——创业型大学。此后，人们普遍认为，正因为 MIT 选择了创业型大学战

① 张森：《MIT 创业型大学发展史研究》，博士学位论文，河北大学，2012 年。

② ［美］亨利·埃兹科维茨：《麻省理工学院与创业科学的兴起》，王孙禺、袁本涛等译，清华大学出版社 2007 年版，第 1 页。

略定位，使得该校在短短100来年的时间内，从一所默默无闻的技术学校，发展成为一所扬名海外的世界一流高等学府。从学理角度来梳理其发展历程，本书认为，MIT登上创业型大学之冠，经历了这么三个阶段。

第一个阶段：艰难探索期。为了应对快速变革与发展的美国，1861年，毕业于南方名校威廉玛丽学院的著名科学家威廉·巴顿·罗杰斯创立了MIT。在MIT的成立宪章中，就明确指出：协助科技进步，发展和实践科学研究的商业应用。[①] 这种办学定位，在MIT成立之初，就奠定了其学术创业的价值取向。而且，作为一位具有远见卓识的教育家，罗杰斯并不只希望将MIT办成一所局限于实用科技的高校，而是主张摒弃仅仅关注科学技术实用价值的旧观念，更加注重培养学生独立思考的能力，同时重视学生人文精神的培育。罗杰斯提出的“Mind and Hand”（手脑并重），最后成为MIT的校训。从今天回过头来再看看罗杰斯的办学理念，可以说，MIT被世人极为推崇的战略方针，例如迈上创业型大学之路、在以工立校的基础上先后发展理学与文科，等等，都可以从罗杰斯这里找到思想源头。但是，在创办初期，MIT的发展并不顺利。作为一所赠地大学，MIT于1861年取得马萨诸塞州的办学许可，并在两年后获得赠地，但直到1865年才迎来第一批学生。直到“二战”前，MIT一直处在艰难的发展过程中，主要的困难正是资金短缺、师资薄弱。而这些，正是一所大学最为关键的发展要素。在这段时间，MIT一直存在被哈佛大学吞并的危险。在大萧条时，MIT曾一度被认为会同哈佛大学合并，但在该校学生的抗议之下，被迫取消了这一计划。可见，在创建初期乃至到了“二战”前夕，尽管MIT进行了富有成效的改革，取得了一定的成绩，但仍然困难重重，处在生存发展期。

第二个阶段：发展机遇期。发展机遇期并不是从严格的时间节点来设定，而是在综合时间因素的基础上，特别强调在MIT发展史上重要的发展机遇，使得她为国家所企盼，为世人所瞩目，让全校看到了既定战略定位的光辉，从而更加执着地坚持自己的办学理念，最后走向全面而又耀眼的辉煌。这个发展机遇期，主要是指两次世界大战之际。1916年，MIT从波士顿市迁往查尔斯河对面的剑桥市。1917年，美国宣布加入“一战”，MIT的校史也翻开新的一页。MIT抢抓机遇，承接了国防部大量的

---

① 转引自胡微微《解构美国大学技术转移的MIT模式》，《高等工程教育研究》2012年第3期。

业务工作，包括飞行员培训、航空工程培训、无线电工师培训、开发军工产品等。而且，积极响应国家号召，师生员工直接奔赴前线。“一战”中，MIT 有近 5000 名学生和校友在军队中供职或服役，其中半数是军官。此外，至少有 2300 名 MIT 人在政府部门担任文职官员。[①] “二战”期间，MIT 与军方的合作领域进一步扩大，收获的资助也更大。例如，承接或者参与了包括雷达、航空设备以及核武器等“二战”中标志性的军工研究项目。“二战”结束时，MIT 已经成为全美最大的非工业界国防工程承包商，其承担多达 75 项军工合同，总价值达到 11700 万美元，远远超过排名第二和第三的加州理工学院和哈佛大学（分别为 8300 万美元和 3100 万美元）。[②] 正因如此，MIT 赢得了“战争学府”之美誉。

第三个阶段：全面转型期。MIT 的发展，与美国的历史颇有相似之处。经历两次世界大战，MIT 从一所以教学为主要职能的高校，一跃发展成为名副其实的研究型大学。而且，这种强调学术创业的办学理念，在新的时代气息下，进一步发扬光大。拥有了雄厚的办学实力，又形成了良好的学术声誉，MIT 以崭新的姿态，开始了全面转型。例如，勇挑历史使命，服务社会发展，全面推进战时“大学—企业—政府”的三方合作发展模式；重视人文和艺术学科的发展，实现了 MIT 从理工大学向综合性大学的转化，提高学生的人文社会科学素质，力求培养学生更高的领导才能[③]；自 20 世纪 70 年代以来，加大本科教育改革力度，逐步在教育理念、教育目标、教育方式和课程设置等方面，MIT 形成了独具特色的本科教育风格，UROP、IAP、EIP 等一系列本科教学和科研方案的实施大大提高了该校的本科教育质量[④]；等等。可以说，正是在“二战”以后，MIT 凭借良好的学术声誉与办学实力，进一步发掘与提升学校的办学理念，进一步推进科研成果的应用，进一步深化教育教学改革，使得该校一跃成为世界顶尖高校。

（二）创业型大学建设路径的探索

分析 MIT 推进创业型大学建设的路径，远远要比国内创业型大学复

---

① 张森：《MIT 创业型大学发展史研究》，博士学位论文，河北大学，2012 年。

② Stuart W. Leslie, *The Cold War and American Science: The Military - Industrial - Academic Complex at MIT and Stanford*, New York: Columbia University Press, 1994: 14 - 15.

③ 别敦荣、李晓婷：《麻省理工学院的发展历程、教育理念及其启示》，《高等理科教育》2011 年第 2 期。

④ 何振海、杨桂梅：《MIT 本科教育特色及其启示》，《比较教育研究》2013 年第 7 期。

杂得多。重要原因之一在于，国内走上创业型大学道路的高校，不少已经高高举起了创业型大学大旗，那些为推进创业型大学建设而采取的举措，很容易将它们与传统高校区别开来。可是，MIT 从未标榜自己属于创业型大学，甚至在分析该校多位校领导的办学理念中，我们都很难断定，该校是否属于创业型大学，或者他们心目中的创业型大学应该是一个什么样子，从而难以全面而又准确地圈定该校推进创业型大学的路径。例如，从就职演说、公开论文等文本分析，20 世纪上半叶 MIT 的校长们认为：理想的大学教育首先是培养公民，因而首先是公民教育；同时，现代大学教育必须开展良好的科学教育，并且科学教育的首要目的不是培养科学家和工程师，而是为民主社会培养现代公民。[①] 但是，从学术成果转化的视角来分析，MIT 确定具有许多创新而又成功的举措。从两大机构的设置，便可看出 MIT 具有健全的学术创业服务与运行机制。

一是创业服务机构，这些机构既注重理论教育，又注重实践锻炼，还为企业家与创业者提供交流平台，通过资金、提供咨询等服务催生新企业。[②] 例如，10 万美元创业计划大赛（$ 100K Entrepreneurship Competition）是一项鼓励学生以未来企业领导者的身份发展他们的才华、思想和能力的教育计划。从 1990 年创办计划以来，大约由此成立了 120 家公司，其中有十几家公司的总盈利额超过了 1 亿美元。[③] 又如，企业论坛（Enterprise Forum）为全球范围里的创业者提供网络平台、知识分享平台和财富创造平台，推动科技企业和教育机构合作，形成一系列创业教育方案，并通过网络实现共享。如今，该论坛已成为全球范围内最有影响力的创业网络。再如，莱梅尔逊计划（Lemelson - MIT Program）通过奖励并宣传那些通过发明创造改善我们生活的英雄，激励创新者在重大项目上取得突出成就。该计划于 1994 年由世界上最多产的发明家之一杰罗姆·莱梅尔逊（Jerome Lemelson）在 MIT 创立，分设研究生创新奖（奖金 3 万美元）、重大贡献奖（奖金 5 万美元）、可持续性发展奖（奖金 10 万美元）。

---

① 王孙禺等：《20 世纪上半叶 MIT 校长们的教育与人才培养观念》，《高等工程教育研究》2013 年第 4 期。

② 杨聚鹏、王志强：《创业型大学校企合作模式及其经验借鉴》，《职业技术教育》2012 年第 34 期。

③ 转引自胡微微《解构美国大学技术转移的 MIT 模式》，《高等工程教育研究》2012 年第 3 期。

除此以外，MIT 还有各种各样的创业服务机构，例如创业辅导服务（Venture Mentoring Service）、企业家俱乐部（Entrepreneurs Club）、创业创新俱乐部（Entrepreneurship Review）、科学工程和商务俱乐部（Science Engineering and Business Club）、提供创业教育和培训的斯隆管理学院（Sloan）以及风险投资与私募股权投资俱乐部（Venture Capital and Private Equity Club）等。

二是科技成果转化机构，最主要的是技术许可办公室（the Office of Technology Licensing，OTL）。早在“二战”前，MIT 就开展了专利申请活动。1986 年，“专利申请办公室”更名为“技术许可办公室”。OTL 的主要目标是促进新技术、新药品、新设备的开发与应用，基础工作是帮助教师进行发明披露，每年约有 500 项发明披露。同时，OTL 通过对大学研究的初级产品的知识产权保护，吸引产业管理者、风险投资家和天使投资家①投资大学研究。在长期的实践中，OTL 总结出科研成果转化的十个步骤，可称之为十步商业化：①研究、②预披露（指导、谈话）、③披露（正式的书面登记）、④评估、⑤保护、⑥营销、⑦现有的或新创公司业务、⑧授权、⑨商业化、⑩收入结算。在每年申请商业化开发的科研成果中，OTL 从中挑选出大约 1/10 具有市场开发潜力的成果进入市场。在整个运作过程中，MIT 的教师仍然以教学育人与科学研究为天职，具有丰富经验的 OTL 职员们，以饱满的热情、专业的水准负责完成科技成果的应用转化与市场推广。

（三）创业型大学建设成效的评析

从一所濒临被兼并的技术学院发展成为世界一流的综合性大学，无论从哪个角度来说，MIT 的建设成效都不容置疑。尤其将 MIT 冠之以创业型大学之后，其取得的所有成绩，都可以归入到创业型大学建设成效中来。在此，本书主要从经济效益与学术效应两个方面来分析。

一方面，MIT 为社会创造了巨大的财富。几乎每位研究 MIT 创业业绩的学者，都会提到美国波士顿银行的一个报告。1997 年，该银行发表题为《MIT：冲击创新》（*MIT The Impact of Innovation*）的报告。该报告公

---

① “天使投资”一词源于纽约百老汇，特指富人出资资助一些具有社会意义演出的公益行动。对于那些充满理想的演员来说，这些赞助者就像天使一样从天而降。后来，天使投资被引申为一种高风险、高收益的新兴企业的早期投资。相应地，这些投资的富人们被称为投资天使，用于投资的资本就叫天使资本。

布了一组惊人的数字：MIT 毕业生在全球创办了 4230 家公司，准确的叫法是“麻省理工联营公司”——MIT - related - companies，其中有 3998 家还继续存在，包括 8500 多个工厂和办事处。仅 1994 年，公司的师生们就创造了 110 万个工作岗位，年均销售额 2320 亿美元。如果把这些公司看作一个独立的国家，这个“国家”1994 年将名列全球最大经济体第 24 位，“国内”生产总值达 1160 亿美元，略低于南非，略高于泰国。这些公司一般都成为社会经济发展的典范，绝大部分都是知识公司，1990—1997 年平均每年诞生 150 家。

另一方面，MIT 登上了学术世界的巅峰。传统型大学的科学研究，注重从理论出发，最后提升到一个更高深的理论，力争与社会保持一定的距离。MIT 却特别注重从实践出发，解决现实中的问题，随着办学实力的增长，再逐渐发展理学与人文学科，其方向就是一个：“在把研究、学习和行动整合成一体的新模式中处于领先地位”，“致力于学术、探究和批判精神，并擅长把工业、政府和学术界联合起来，共同探索、解决世界面临的主要问题”。这种手脑并用、学以致力的治学理念，不仅为社会创造了巨大的财富，同时也让 MIT 登上了学术世界的巅峰。综合《世界大学学术排名》《泰晤士高等教育排名》《QS 排名》以及《万维网排名》四大权威机构各自发起的所有世界范围排名，在总平均排名上，能压倒麻省理工学院的，只有哈佛大学。MIT 不仅在国际自然科学及工程学领域享有极佳声誉，而且其管理学、经济学、哲学、政治学、语言学等人文社科也同样优秀。截至 2015 年，先后有 84 位诺贝尔奖得主曾在 MIT 学习或工作，在全球和全美高校中分别列第五名和第四名。这样的一所创业型大学，不仅对我国推进创业型大学建设极为鼓舞，而且对我国建设应用型大学颇为受益。在许多情况下，技术可以在自己的独立王国内获得同样的腾飞。达至一个更高的发展阶段，技术与科学、理工与人文、自然与社会，等等，就会自然实现新的联姻与融合。

二 斯坦福大学：世界上第一所成功创造并且成就于工业园区的创业型大学

斯坦福大学创建于 1891 年，坐落于美国加利福尼亚州斯坦福市，被公认为世界最杰出的大学之一，与哈佛大学、MIT、加州大学伯克利分校并称为“美国社会不朽的学术脊梁”。同时，斯坦福大学的发展史，正是一部创业史，与 MIT 一样，被誉为创业型大学的典范。在创业上，她比 MIT 更引人注目的地方之一在于，斯坦福大学创造了全世界第一个大学科技工业园。而这个工业园，在很大程度上塑造了硅谷。随后，斯坦福大学与硅谷相互影响、相得益彰，大大促进了斯坦福大学学术创业的步伐。正如对硅谷历史进行过专门研究的科学史学者伦奥尔所言，如果说在 1965 年以前，是斯坦福影响和塑造了硅谷，那么，1965 年后，硅谷实际上也在塑造着斯坦福。①

（一）创业型大学发展道路的演进

与 MIT 一样，斯坦福大学也从未给自己贴上创业型大学的标签。但是，当创业型大学理念引入中国后，国内学者们一致认为，斯坦福是世界上最为成功的创业型大学之一。南京工业大学曾经的战略定位，就明确提出要走出一条美国斯坦福和加拿大滑铁卢式的创新创业大学发展之路。事实上，埃兹科维茨提出创业型大学的概念，正是基于 MIT、斯坦福等研究型大学学术成果转化的显著特色与巨大业绩。不过，大学的转型与飞跃，从来都不是平坦的。斯坦福的创业型大学之路，同样经历了千难万险。

建校初期的艰难探索。关于斯坦福大学创建的故事，版本非常多。但有一点是确定的，那就是时任加州参议员及州长的铁路大亨利兰·斯坦福与他的妻子，为纪念他们因伤寒去世的唯一儿子，于 1891 年 10 月 1 日正式建立了小利兰·斯坦福大学，常直称斯坦福大学。该大学占地 8180 英亩，相当于那时 40 多所大学的占地面积，是当时世界上校园最大的大学。利兰·斯坦福曾告诉他的妻子，“以后所有加利福尼亚的小孩，都是我们的孩子”。作为一个实业家，利兰·斯坦福在学校首次开学典礼上向学生指出：生活归根到底是指向实用的，你们到此是为了让自己谋求一个有用的职业。② 但是，他未能成功聘请到时任康奈尔大学校长并致力于实用高等教育的安德鲁·迪克森·怀特担任斯坦福的校长，而是接受了安德鲁的推荐，由伯明顿印第安纳大学校长大卫·斯塔尔·佐敦担任首任校长。佐敦为斯坦福大学延揽了许多优秀的教授，在创建初期为学校的发展做出了巨大贡献。只不过，他亲自从德语格言中挑选出来的“Die Luft der

① 肖玲等：《高校科技创新创业的典范——美国斯坦福大学案例分析》，《淮阴师范学院学报》（哲学社会科学版）2005 年第 4 期。

② 徐旭东：《斯坦福大学成为世界一流大学的形成研究》，《现代教育科学》2005 年第 1 期。

Freiheit weht”（让自由之风劲吹），作为斯坦福大学的校训，远远没有MIT校训“Mind and Hand”（手脑并重）那样，在办学上体现出鲜明的实用取向。在“一战”期间，该校训甚至因反德情绪的高涨而引来争议及怀疑。1893年，利兰·斯坦福逝世，加上政府对斯坦福房地产税收的诉讼以及1893年经济恐慌，大学一度陷入经济困境，不少大学受托人建议暂停办学。但是，简·斯坦福坚持大学继续运作。在简·斯坦福（1905年逝世）掌管斯坦福大学期间，她被指责在某些行为上偏心。例如，禁止任何车辆在校园内行驶，不允许运用资金在校园建立医院，禁止在艺术课上进行裸体素描等。不过，她对学校的贡献功不可没。在极度困难的情况下，她变卖自己的私人珠宝来保证学校的正常运作。从斯坦福夫妻总共的投入来看，他们为学校前后捐助约四千万美元（相当于2010年的10亿美元）。从这些历史可以看出，斯坦福大学创建初期，办学定位处在不断探索过程中，经费短缺时常影响学校的正常运转。

转型时期的重重阻力。斯坦福大学的华丽转身，与几位关键人物密切相关，其中弗兰德里克·特曼是最有影响的一位。特曼本科与硕士均毕业于斯坦福大学，后于1924年在MIT获得博士学位。他原本已经受聘到MIT，但在他正式执教回家乡探亲的路上，患了肺结核，卧床1年。加上波士顿阴冷的天气，不适合他那从小体弱多病的身体。于是，他便留在斯坦福，当了一位“无线电工程学”教授。虽然没在斯坦福担任过校长，但在他担任系主任、教务长以及副校长期间，对斯坦福大学乃至世界做出了不可磨灭的贡献。例如，创办电子通信实验室，在“二战”之前一直是美国西海岸技术革命的中心；借款538美元给他的两位学生戴维·帕卡德和威廉·休利特，成立了HP，成为硅谷史上最感人的插曲之一①；推动了世界上第一个高校工业园区的产生，并且奠定了硅谷电子产业的基础；与特里西德、戴维斯一道，为加强大学为地区工业服务而进行了艰苦卓绝的努力；等等。但是，改革招致了极度的惊慌与阻力，激起了不少教师的强烈反对。例如，在特曼的建议下，特里西德校长发出的改革信号，引起了校内许多教授的声讨，其中以布莱克韦尔德鼓动召开的教授讨论会最有代表性。这次讨论会，约有60位教授参加，他们指出特里西德的行

① 1977年，两人向斯坦福大学捐赠920万美元，建造了最现代化的弗德里克·特曼工程学中心，作为40年前538美元的回赠。

为“动摇了作为教师的基础，难道办大学像办公司——董事会决策，雇员执行！……”并认为斯坦福管理者是“一帮最坏的从不放下长矛的流氓”，教授会到了“维护其权利”的时候了。[①] 在他担任教务长期间，他还大力削减甚至砍掉那些不能获取外部资助却只能单纯消耗学校资金的院系，倡导大班教学，主张向包括政府在内的各方获取赞助等。例如，他在古典学系大谈学校资源消耗说，并告知该系他要削掉它的两个教授职位；由于意见不合，致使地质学家、矿物科学学院院长查尔斯·帕克（Charles Park）两度辞职。总之，在十来年的教务长岗位上，他受到的阻碍与斥责，比他想象中的多得多，但他一如既往，坚持不懈，使斯坦福大学依靠外部资金、教师角色中增加一个“企业家”的新内容等，在某种程度上从排斥走向统一，从认识层面转化为制度安排。

腾飞时期的激烈竞争。与 MIT 一样，“二战”期间斯坦福大学接受了大量的军工项目。战后，斯坦福大学迅速转向全面的社会服务。特别关键的一步，即利用学校广阔的土地资源，在 1951 年由特曼推动建立的斯坦福工业园区，被特曼称为“斯坦福的秘密武器”。斯坦福的目的很明确，那就是通过土地出租，为学校提供人才引进、条件改善的办学资金。后来，工业区改为研究区，成为美国和全世界纷起效仿的高技术产业区楷模。在此基础上发展而来的硅谷，更为斯坦福大学带来巨大财富。斯坦福靠“出租”硅谷工业园区土地，每年坐收的批租就相当可观，更不用说产学研的文化氛围和办学模式。但是，在信息技术日新月异的世界里，硅谷不断面临着挑战。就美国来说，修建于 1951 年的 128 模式，即波士顿 128 公路模式，以 MIT 作为重要的智力支持，也是世界上知名的电子工业中心，与硅谷一直存在着各种资源和市场份额的较量。还有文章指出，正在面临创新疲软和资金不足困扰的硅谷，其竞争优势可能会丧失给新兴的美国科技温床，如亚拉巴马州亨茨维尔市（Huntsville）和华盛顿特区。[②] 硅谷被誉为 IT 业的圣地麦加，但 IT 行业瞬息万变，如何在未来的激烈竞争中保持领先地位，那是硅谷面临的巨大挑战，也关系到斯坦福师生创业的前途与命运。

---

① ［美］丽贝卡·S. 洛温：《创建冷战大学——斯坦福大学的转型》，叶赋桂、罗燕译，清华大学出版社 2007 年版，第 112—113 页。

② 佚名：《研究称硅谷的竞争优势正在被取而代之》，2010 年 2 月 11 日，http：//tech.163.com/10/0211/20/5V92R1J7000915BD.html（2015 年 5 月 9 日）。

（二）创业型大学建设路径的探索

纵观斯坦福大学的改革与发展历程，从推进创业型大学建设的战略目标出发，该校进行了不少富有成效的改革。例如前文所述的建立大学科技工业园区、压缩甚至砍掉那些不能带来经济效益的学科等，都在很大程度上推动了斯坦福大学向创业型大学的转型。除此以外，斯坦福大学在以下两个方面，鲜明地彰显了其作为创业型大学的标签。

一是首创技术许可办公室。长期以来，大学内部设置的技术管理机构往往基于知识产权的常规保护，极少注重其成果转化乃至创造现实价值的功利取向。1968 年，尼尔斯·赖默斯（Niels J. Reimers）出任斯坦福大学“资助项目办公室”副主任，计划建立一个致力于追踪、发明、披露、制定营销策略，向潜在感兴趣的公司营销、收取许可费等活动的校内营销机构。经赖默斯的实验性努力，1970 年 1 月 1 日，“技术许可办公室”在斯坦福大学设立。赖默斯在创立 OTL 之初就为其确立了核心使命：帮助把科技进步转化为有形产品造福社会，同时也为发明人和校方带来收入回报以支持进一步的研究。在各类知识产权中，发明专利成为 OTL 的主要管理对象，而发明专利的营销则成为 OTL 的主要工作。除此以外，OTL 积极资助成果转化，增进与产业界的联络。对于收入的分配以及使用，OTL 基于“转化成果造福社会而非为学校创收”的目的，形成了较为成熟的机制，能够实现多方共赢。1985—1986 年，赖默斯受邀前往 MIT，帮其重整技术转化工作并迅速取得积极效果；接着，他又受邀前往加州大学伯克利分校，创立了该校的“技术许可办公室”。此后，该校内机构被越来越多的高校效仿，被誉为知识产权管理模式的“黄金标准”。

二是极力鼓励在校师生创业。国内对于斯坦福大学创业教育的介绍与研究，其热烈程度远远高于 MIT 等众多的创业型大学。在推进创业工作上，斯坦福大学确实做到了以浓厚的创业文化感染学生创业、以完善的创业课程指导学生创业、以优厚的创业政策吸引学生创业、以丰富的创业资源引领学生创业，[①] 形成了独特且完善的创业教育生态系统[②]。在宽松的创业政策上，允许学生每周有 1 天到公司兼职，允许学生有 1—2 年时间

① 熊华军、岳芩：《斯坦福大学创业教育的内涵及启示》，《比较教育研究》2011 年第 11 期。

② 郑刚、郭艳婷：《世界一流大学如何打造创业教育生态系统——斯坦福大学的经验与启示》，《比较教育研究》2014 年第 9 期。

脱离学校到硅谷创办科技公司或者到公司兼职，等等。在校获得的科技成果，由学校负责向公司转移的，学校只提取10%—15%的知识产权收益，其余的归学生所有；如果学校在1年内未成功地把科技成果转移到企业，学生可自主向企业转移，学校一般不再收取任何费用，所有收益归学生所有。[①] 浓厚的创业文化，不仅激励学生创业，学校也大力鼓励教师在岗或者离岗创业。例如，斯坦福大学校长约翰·汉纳森（John Hennessy）作为一位计算机专家，曾两次保留教授席位去参与创办高科技企业，当企业度过初创期以后他又回校任教。这样的经历，对于他推动学校的创业教育亦是大有裨益的。

（三）创业型大学建设成效的评析

在评价MIT的学术创业成效时，我们从财富创造以及学术影响两个方面进行了分析。在评价斯坦福大学的学术创业成效时，我们同样可以从这两个方面进行分析。可以说，无论哪一个方面，斯坦福大学都称得上创业型大学的典范。

从学术声誉来说，斯坦福大学成为名副其实的世界一流大学。斯坦福大学，在多个国内外大学排名中均在十强之列，在某些较有影响力度的大学排行榜中甚至名列第二、第三。在2003年发表的盖洛普投票显示，斯坦福是美国普罗大众眼中第二最久负盛名的学府。她还被誉为“硅谷的心脏”“加州的发电站”“数字时代的智慧孵化器”，取得了许多令世人瞩目的成就。这样一所大学，当我们将其定性为创业型大学之后，所有的业绩就都与创业型大学挂上了钩。确实，她超常规的跨越式发展，都离不开其对创新创业领域的开拓。正如东南大学校长易红说，20世纪初，斯坦福还是一个农村俱乐部式的学校，但其探寻到了将国家和区域产业、企业发展，与大学人才培养、科技创新紧密结合的创新发展道路，使自己成功跻身美国一流研究型大学，并直接催生了思科、惠普、雅虎等一批国际知名高科技企业，造就了硅谷的传奇式发展。[②]

从经济效益来看，斯坦福大学首创的OTL，在1970—2010年的40年时间里，共收到约8300件发明披露，产生约2700件专利，完成近3000

① 赵淑梅：《斯坦福大学的创业教育及其启示》，《现代教育科学》（高教研究）2004年第6期。

② 毛庆等：《探寻“斯坦福式”创业型大学建设之路》，《南京日报》2012年2月22日。

项许可，累计获得超过13亿美元的许可收入。[①] 2012年，斯坦福大学工程学院管理科学与工程系查尔斯·埃斯利（Charles Eesley）助理教授与商学院威廉（William F. Miller）教授合作开展的一项大规模校友创新创业教育调查显示，当前约39900家活跃企业的根源都能追溯到斯坦福大学，如果这些公司组成一个国家，该经济体将成为世界十强。这些企业创造了约540万个工作岗位和每年约2.7万亿美元的收益。[②]

除了以上两点外，其显著的创业文化与校友捐赠同样引人注目。据一份针对所有在世斯坦福校友创业情况的官方调查显示，有29%的校友表示曾创办过企业。“因创业环境而选择就读斯坦福大学”的创业校友人数比例在最近60年以来一直呈上升趋势。在20世纪40年代，只有不到20%的创业校友因为创业环境而选择就读斯坦福大学。而到了最近10年，这一人数的比例则升到了55%。[③] 难怪连哈佛大学的一些教授们也在说，“有太多的哈佛的学生，在给斯坦福的学生打工”。[④] 广大师生的成功创业，使得斯坦福大学捐赠办学的传统进一步发扬光大。例如，在1991年百年校庆活动，斯坦福校友们的募捐就达到了126亿美元的天文数字，这在整个高等教育史上都是绝无仅有的，甚至连豪华世家哈佛大学也望尘莫及。[⑤] 2011年，美国高校的社会捐赠总额达到303亿美元，其中斯坦福大学7.094亿美元排在首位，哈佛大学6.39亿美元排在次位，耶鲁大学排第三，为5.8亿美元。[⑥]

三　华威大学：英国首批将商业运作模式引入高等教育的大学之一

华威大学（The University of Warwick），又称为沃里克大学，位于英国英格兰中部考文垂市和华威郡交界处，是一所稳居英国前十、世界百强

① 顾征、李文：《创业型大学知识产权管理经典模式》，《高等工程教育研究》2011年第6期。

② 郑刚、郭艳婷：《世界一流大学如何打造创业教育生态系统——斯坦福大学的经验与启示》，《比较教育研究》2014年第9期。

③ 钟小彬：《美国斯坦福大学创业教育研究》，硕士学位论文，华南理工大学，2013年。

④ 郑宇明：《斯坦福大学的创业分析》，《经济研究导刊》2011年第12期。

⑤ 肖玲等：《高校科技创新创业的典范——美国斯坦福大学案例分析》，《淮阴师范学院学报》（哲学社会科学版）2005年第4期。

⑥ 李菊容：《高校筹资的重要来源——社会捐赠》，2012年12月4日，http：//www.xzbu.com/1/view-3731189.htm（2015年5月19日）。

的顶尖研究型大学。该校创建于20世纪60年代，只用了30多年的时间，就跃入世界名校。这种超常规、跨越式的发展，获得过“以敢为天下先的姿态成为欧洲前摄性大学的唯一范例”[①]之美誉，被美国学者伯顿·克拉克冠之为创业型大学。此后，华威大学作为教学型大学成功走向创业型大学的典范，进入到高等教育理论与实践工作者的视野，广为传颂，大力推崇，掀起了一股研究与借鉴华威大学的热潮。

（一）创业型大学发展道路的演进

关于华威大学建校的具体时间，学界有不同的说法。有的认为应以批准建立时间1961年作为创校时间。[②] 1961年，政府批准了包括华威大学在内的七所大学，俗称“七姊妹”。由于这七所大学均建在郊区，四周都是农田，故又称“绿地大学”或“草坪大学”，以区别于19世纪上半叶到“一战”以前建立起来的“红砖大学”（例如伯明翰大学、布里斯托尔大学、利兹大学、利物浦大学、曼彻斯特大学和谢菲尔德大学等）。有的认为应该以开始招收研究生的1964年作为建校时间。[③] 确实，华威大学是先于1964年招收了小部分研究生，在1965年10月才开始招收第一批总计450人的本科生。更多的学者认为华威大学的建校时间应为1965年，即以获得英国皇家特许状为准。理由在于，根据英国高等教育认证体系中的认定，要想成为一所大学，首先要长时间作为一所受老牌大学指导的学院，只有当被英国皇家宪章认定其达到国家标准时，才能被“提升”为大学的地位。[④] 事实上，华威大学没有“学院”的办学传统，故而本书同样将华威大学的建校时间确定为1965年。直到1965年，华威大学才完成了第一个主体建筑。从1965年至今，短短几十年时间，华威大学却从一个名不见经传的“草坪大学”，迅速跻身于世界一流学府之列，把与它同样环境同样时期建立的“六姊妹”很快远远地甩在后面，不得不让世人

---

① 周群英、王美琳：《制度创新：大学提升办学水平的有效路径——以英国沃里克大学为例》，王小梅《教育理念创新与建设高等教育强国——2010年高等教育国际论坛文集》，苏州大学出版社2011年版，第144—149页。

② 朱艳、王晓玲：《华威大学的办学理念及其启示》，《煤炭高等教育》2011年第3期。

③ 罗丹：《突出“课程”要素保障教学质量——华威大学教学质量内部保障体系研究》，《高等工程教育研究》2007年第2期。

④ ［美］伯顿·克拉克：《建立创业型大学：组织上转型的途径》，王承绪译，人民教育出版社2003年版，第10页。

惊叹。这样的发展速度，在许多人看来，似乎一帆风顺。其实不然，华威大学成功走上创业型大学，并取得巨大成就，同样经受过抵制与唾弃，是在斗争与探索中坚持过来的。将其短暂的历史略作分期，大体可以划分为三个阶段。

1965—1979 年，可谓艰难创业期。建校初期，英国大学委员会希望华威大学以美国社区学院作为参照，但华威大学首任副校长巴特沃斯（Jack Butterworth）却固执己见，力争建成一所“以教学和研究为导向且适应时代需要的研究型大学”。这就表明，巴特沃斯先生不仅希望华威大学走上研究型大学之路，而且还要推行“亲工商界”的办学政策。可是，在 20 世纪 60 年代，英国大学中的“多尼思想”（Donnish）仍然根深蒂固，作为一种传统办学理念，该思想强调学院派的学术研究，鄙视工商业的需求，故又称“学究思想”。显然，巴特沃斯先生的办学理念与英国高等教育传统办学思想格格不入，自然会招来社会各种保守势力包括华威大学校内师生的强烈反对。1969 年，华威大学的学生占领了学校行政大楼，焚烧了学校与工商界签订的所有文书，甚至殴打了巴特沃斯先生及其身边的管理人员，相当于将巴特沃斯赶下了台，形成了英国高教史上最严重的一次学生骚乱。与学生的过激行为相呼应，华威大学还遭受到舆论界的大肆抨击。一些右派人士认为沃里克被工商界收买了，拜倒在资本家的“石榴裙下”；甚至还有一些左派人士将此上升到意识形态层面，将华威大学贬为“土丘上的克里姆林宫”（意为红色苏维埃）。学生骚乱平息后，再度执掌华威大学的巴特沃斯并没有改变原有的办学理念，而是继续推行“亲工商界”的发展思路。总之，在这个时期，不仅面临资金短缺的困境，而且在推行亲工商政策上阻力重重，处在一个艰难奋进的创业阶段。

1980 年到 1994 年，可谓转型发展期。应该说，华威大学在建校初期，虽然确立了既要致力于高水平的研究又要加强与工商业界联姻的双轮发展政策，但是，该校并没有明确的发展规划，“在七姊妹中，华威大学是最缺乏总体规划的”①。例如，在选聘师资上，只要学术优异，不管什么学科领域，都可以获得聘任，并且全可以由他们自主决策专业规划。1965 年秋季开学之初，巴特沃斯邀请的 10 位创始教授，甚至还包括反对

① ［美］伯顿·克拉克：《建立创业型大学：组织上转型的途径》，王承绪译，人民教育出版社 2003 年版，第 11 页。

走亲工商业界路线的领头人、英国历史学家汤普森（E. P. Thompson）。可见，在第一个发展阶段，华威大学并没有形成自己明确且统一的发展道路。1973 年，英国政府开始缩减大学经费预算，1979 年，保守党执政的英国政府更是提出了 3 年削减高等教育拨款 17% 的一揽子计划，大学拨款委员会对华威大学的拨款削减比例为 10% 。在众多高校资金严重短缺的背景下，华威大学通过各种形式的社会服务，相对而言比他们更安全地走出了困境。慢慢地，华威大学的亲工商路线在全校得到了统一与巩固。到了 20 世纪 70 年代末 80 年代初，以企业家的经营理念来建设大学，已经成为华威大学的指导思想，指引着学校方方面面的改革与发展，表明了学校正式迈进了创业型大学行列。1980 年，工程系教授马尔·巴塔查理亚（Kumar Bhattacharyya）创立了华威制造集团，逐渐成为华威大学重要的经费来源之一。1984 年，由华威大学、考文垂市议会、英国中西部企业和华威郡议会共同兴办华威大学科学园，为推进政产学研用提供了重要平台。

1995 年至今，可谓全面发展期。经过了第一个阶段的艰难摸索，再经过第二个阶段的转型发展，到了 20 世纪 90 年代中期，华威大学已经成为英国高等教育中一颗璀璨的明星，甚至跻身世界名校之列。在这样的发展平台上，华威大学没有骄傲自满，而是奋发图强，加大改革与发展步伐，推行全面的创新创业计划。1995 年，华威制造集团已经是“欧洲最大的从事工程研究与开发的研究生教育中心”；1998 年，华威大学创办了自己的网上在线电视广播站，为校内外学者的学术交流提供更加快捷的服务；2000 年，成立医学院，成为英国政府“国家健康服务体系”（NHSU）计划中首个与政府机构合作的大学；2007 年，提出了“2015 愿景”，以加强研究生教育和基础教育，希望 2015 年在全球排行榜中进入前 50 名；2014 年，华威大学的经济学和商科在英国媒体发布的 2014 年大学指南中排名第一，首次排名位于伦敦政治经济学院、牛津大学和剑桥大学之上……

（二）创业型大学建设路径的探索

在分析华威大学推进创业型大学建设的路径上，我们很容易想到伯顿·克拉克介绍的关于创业型大学转型的五条途径。确实，从这五点来分析，亦可以找到华威大学的探索之路。例如，在强有力的驾驭核心上，华威大学改变了英国传统的分权管理模式，借鉴企业管理理念，加强了学校的中心控制能力，保证华威大学作为“一个整体”① 而运行；在一个拓宽的发展外围上，华威大学设置的各个学院属于虚体，学系才是实体，而且在学系下面可以因任务而自由设立各种跨学科性质的研究中心，大大拓宽了学术向社会延伸的触角，华威制造集团就是“学术疆界拓展”② 的范例；在多元化的资助基地上，作为一所公立大学，华威大学争取但并不依赖政府的财政拨款，而是积极拓宽经费渠道，想尽一切办法采取各种途径筹措办学经费，然后大力发展学校软硬件建设，在笔者看来，这是华威大学能够在短期里迅速崛起的最重要因素之一；在激活的学术心脏地带上，华威大学建立了一个强调科研以学科为中心的学术基地，并且一直鼓励学术服务社会，大大激发了院系下面各个中心的研究活力；在整合的创业文化上，自 20 世纪 80 年代开始，以企业家精神来办学的理念已经深入人心，植根到华威大学的改革与发展中，成为华威大学强劲而又独特的校园文化。

伯顿·克拉克提出的五条途径，成为国内众多学者分析创业型大学转型的金科玉律。不过，除了这种分析方法外，本书更要从比较的角度，发掘华威大学在推进创业型大学建设的路径上，与 MIT、斯坦福大学等明星创业型大学有什么区别。MIT、斯坦福大学办学历史悠久，且经历两次世界大战，在战争中大大提升了科研成果转化为生产力的能力，进入 20 世纪 60 年代以后，能够以一种高水平的研究型大学姿态，推进科研成果转化，服务社会经济发展。但是，华威大学办学历史短暂，从一所教学型院校起步，缺乏先进的应用性科研成果，从而在开展社会服务上，注重整体的学校经营以及多样的教学服务。例如，除了创办企业、服务企业外，华威大学还在校园内创办服务行业，与地方社区建立了长期合作关系，通过公开艺术表演、出租剧院和学生宿舍、开办银行、美容室、书店和新闻社等，服务社区，拓宽办学经费。③ 在创业反哺学术取得成功并迈入研究型大学之后，华威大学同样建立了科学园、注重学术成果转化等，但从总体来看，仍然偏重学校的整体经营以及多样的教学服务。对此，我们从华威

---

① 周江林：《英国华威大学成功的内在“基因”及启示》，《井冈山大学学报》（社会科学版）2011 年第 3 期。

② 洪成文：《企业家精神与沃里克大学的崛起》，《比较教育研究》2001 年第 2 期。

③ 刘叶：《创业型大学的发展之道：以沃里克大学为例》，《高教发展与评估》2010 年第 5 期。

大学的学科设置亦可发现，该校传统的人文社会科学以及自然科学所占比重较大，这些学科可以在教学服务以及学术前沿上做出重大成就，但要在创业创收上或许难有很大的贡献。可见，尽管当前都成为研究型大学，都被誉为创业型大学之典范，但是，这三所高校推进创业型大学建设，在发展路径上略有偏重：MIT、斯坦福大学注重学术成果转化，华威大学注重学校整体经营。

（三）创业型大学建设成效的评析

从创业型大学的角度来评析华威大学的建设成效并不困难，我们同样可以从财富创造以及学术影响两个方面进行分析。从财富创造来看，该校从建校伊始，就注重亲工商路线，注重学校的社会服务，从而能够在20世纪70年代英国财政紧缩时期顺利走出困境，并在全面转型之后为创业型大学奠定良好的文化氛围；利用雄厚的办学资金，打造一流的校园、一流的硬件并且吸引一流的学者；在经费收入来源上，常规性的拨款收入比重不断下降，而包括研究经费在内的创收收入不断提高，近几年超过70%。从学术影响来看，早在20世纪90年代中期，华威大学就进入英国高校前十强，迈入世界名校之列，并且不断稳步发展。在2014—2015年QS世界大学排名中，位列第61名；在2014—2015年QS年轻大学（建校50周年以内）排名中，位列世界第三，欧洲第一；泰晤士高等教育（THE）2015年全球进步最快年轻大学排名中，位列世界第三①。在2015年《泰晤士报》排名中，位居全英第八，并荣获“英国年度大学”称号；有五个单科高居全英第一，分别是：会计与金融、经济学、创意写作、戏剧以及传媒。

但是，华威大学的建设成效，最主要的体现在：在如此短的时间内，它就能够稳固英国前十且进入世界百强。那么，其成功的秘密武器是什么呢？这是国内学者最为关注也是研究最多的话题。例如，有文分析指出：办学理念是华威大学不断进步的动力；多元化的筹资途径是华威大学不断进步的物质保障；共同治理模式是华威大学不断进步的制度保障；激活的

① 建于1991年的南洋理工学院（新加坡）排名第一；建于1976年的马斯特里赫特大学（荷兰）排名第二；建于1971年的韩国先进科技学院排名第四；建于1990年的庞培发布拉大学（西班牙）排名第五；建于1969年的洛桑联邦高等理工学院（瑞士）排名第六；建于1991年的香港科技大学排名第七。其依据标准，主要根据大学论文被引用程度、来自企业的收入情况以及国际视野三个方面。

学术心脏地带是华威大学不断进步的条件；企业家式的创业文化是华威不断进步的核心灵魂。① 更有文章指出，与其他世界一流大学的办学范例进行比较，在沃里克大学的成功之路上，最为突出的一条，就是用经营的理念去办大学，即用企业的精神办大学。② 显然，其成功的秘密，正是华威大学采取伯顿·克拉克所谓的创业型大学道路，使其在短短几十年时间内迅速崛起，跃入世界百强高校之列。

第三节 中西创业型大学的命运比较

无论作为一种概念，还是一种理论，创业型大学是一个舶来品。提出并论证这个概念的两位学者伯顿·克拉克和亨利·埃兹科维茨，他们所依托的高校在推进创业型大学建设上，各自都取得了巨大成效。然而，将同样的概念与理念移植过来，并且高举创业型大学大旗的几所中国高校，在转型之初就整体表现疲软，很难向关键领域或者说最体现创业型大学精神实质的关键环节迈进，甚至有些高校在战略定位上改弦易辙。尽管中国高校迈上创业型大学的时间并不长，但是，前面有这么多不同性质与类型的创业型大学已经取得了举世瞩目的成就，提供了丰富且宝贵的经验，大大缩短了国内高校的徘徊期与探索期，理应不能再从时间上寻找理由，而要从深层次的问题上发掘答案。那么，西方创业型大学取得成功的内在原因是什么呢？中国高校推进创业型大学建设之所以如此艰难的原因又是什么呢？我们能从中西创业型大学发展命运的比较中得出什么启示呢？

一 西方创业型大学走向辉煌的共同原因

分析一所创业型大学成功的原因并不困难，要比较分析几所创业型大学成功的共同原因就不容易；分析一个国家一种性质的创业型大学为什么能够走向成功略有难度；分析不同国家不同性质的创业型大学为什么能够走向成功就难上加难了。MIT、斯坦福大学与华威大学，处在不同的国家，有私立也有公立，发展起点也不尽一致，要探寻他们成功走向创业型

① 樊亚明：《英国华威大学走向卓越的内因分析》，硕士学位论文，沈阳师范大学，2014 年。

② 雷茹：《经营大学：一个新的大学管理理念——以英国沃里克大学为例》，硕士学位论文，西北师范大学，2007 年。

大学的共同原因，实属不易。但是，在对这三所大学的发展脉络、突出业绩以及背后动因进行系统梳理后，我们会发现，无论哪一所大学走上创业型大学，都必须关注到以下几个方面。也就是，西方创业型大学走向辉煌的共同原因，至少有以下三个着眼点。

（一）着眼于经费筹措

“所谓大学者，非谓有大楼之谓也，有大师之谓也。”这是民国时期梅贻琦先生的一句名言，常被教育界人士加以引用。应该说，这句话反映了特定时期的特别需要，不能将之作为梅先生的治校原则。试想，在山河破碎之际，哪还谈得上大楼？可以说，在民族危亡之秋，国家最需要的乃是精神力量，而不是繁华奢侈的物质资源。但是，在今天办大学，没有大楼就难有大师；没有一流的待遇，留不住一流的师资；没有一流的软硬件设施，就难以建成一流的大学。MIT、斯坦福大学以及华威大学，无不以优美的校园环境、一流的教学设备吸引优秀的师生。例如，办学历史短暂的华威大学，不仅硬件设施世界一流，而且注重人文氛围的打造，处在风光明媚的乡村地区，保留着诸如华威古堡、莎士比亚故居、科尼尔伍兹、考文垂大教堂等许多名胜古迹。所有这些，都以雄厚的资金作为支撑。

既然建设一流大学是以资金作为支撑，那么，大学任何一种战略定位的选择，都必须着眼于经费筹措。只不过，有些筹措是直接的，有些筹措却是间接的。华威大学自建校初始，就特别注重办学经费的筹措。早在1964年，该校就成立了华威大学基金会。到了1968年，该基金会经费已达287.5万英镑，这个数字远超过同时代任何一所大学的基金。① 正是在这种办学思想的指导下，该校才走上亲工商业路线，提供各种形式的社会服务，到后来大力发展留学生教育，建立制造业集团，推动科研成果转化，最后走向成功后被大家冠之为创业型大学。MIT、斯坦福大学从来都将经费筹措作为办学的头等大事，只不过在不同的发展阶段，她们筹措办学经费的途径有所变化。例如，两次世界大战，两所高校均利用自己的学术优势，承担了大量的军工项目和教学服务，大大促进了学校的发展。进入21世纪之后，两校进一步加大科研成果转化力度与广度，尤其重视鼓励师生学术创业。从表面来看，师生创业并没有直接为学校带来更多的办

① 周江林：《英国华威大学成功的内在“基因”及启示》，《井冈山大学学报》（社会科学版）2011年第3期。

学资金，创业收益主要返还给了创业者本人，但是，这大大扩展了大学的社会贡献，提高了师生们的财富指数，最后间接为学校带来巨大的收益。这种收益，在确定性的主要资金来源构成中，要么是政府的科研资助，要么是校友的社会捐赠，并且成为美国私立研究型大学经费来源的重要途径。例如，进入21世纪初期，斯坦福从政府那里获得的科研经费收入占到其全年收入总经费的36%，MIT则高达50.9%；斯坦福获得的社会捐赠占收入的比例为25%，MIT也不低于研究型大学的平均数16.25%。[①]可见，MIT与斯坦福在推进创业型大学建设上，并不像华威大学那样以学校整合来运作，直接获取办学资金，而是鼓励师生创业，创造社会价值，间接从政府与校友那里获得办学资源。事实上，如果今天没有这么多的创业精英，MIT与斯坦福大学也就没有今天的地位与财富。

（二）着眼于学术提升

大学具有企业属性，但不等同于企业。评价大学优劣，不以其创造的物质财富多少作为尺度，而是以其学术水平高低作为标准。从各种大学排行榜来看，大学排名，无不是以学术成就作为核心指标。从三所大学的发展历程来看，虽然时间不一路径有别，但是，它们最终都在学术上走到了世界一流，从而被世人推到前台予以研究与弘扬。作为大学，它们吸引我们的首先是其突出的学术业绩，尤其是快速上升的学术地位，而不是它们的创办历史与发展路径。在学术凸显的光环下，我们才来观察与研究这些大学，并将之成功的道路归功于它们对于创业型大学战略定位的选择。试想，如果这三所大学没有取得举世瞩目的学术成就，尽管它们通过学术创业或者其他社会服务获得大量财富，富可敌国，它们怎么能够成为世界一流？从而又如何进入人们的视野呢？但是，有了财富，确实可以引进最优秀的师资，购买最先进的设备，吸引最有潜力的学生，创造最高水平的学术成就。可见，经费是手段，学术是目标。作为一所成功的创业型大学，就必须时时刻刻把握这种关系，实现两者相辅相成，推动学校不断迈上新台阶。

MIT的发展史，就是一部创业史，同时更是一部追求学术卓越的成长史。在建校初期到20世纪20—30年代，该校以工科作为办学特色，符合

① 李勇、闵维方：《美国研究型大学经费来源与支出结构的特征分析与启示》，《中国高教研究》2004年第3期。

当时社会发展需要。但是，当学校发展到一定层次，拥有一定实力，该校逐渐从一所单纯的工程技术学院转变成一所真正的理工科大学，最后又在理工科的基础上发展了相关的文科专业，使得该校最后成为一所世界闻名的综合性大学。在学科发展上，MIT 并不是漫无边际的，而是瞄准学科高峰建设目标，围绕强势的工程学科，着重发展交叉学科、衍生学科，如语言学、政治学和电子学的结合。斯坦福大学的发展也是一样的，借鉴了 MIT 的模式，同时对 MIT 模式进行了调整，对文科、科学与工程、医学都给予了同样的关注①，其目标都是致力于建成学科高峰。时至今日，在创业文化浓厚的斯坦福校园，学校仍以首任校长的“让自由之风劲吹”箴言作为校训，鼓励师生开展自由的学术研究。现在，斯坦福科技园区已经进驻了包括电子、软件、生物科技等领域的 150 多家公司，还有大量的律师事务所、财经服务机构、策划机构、风险投资机构，等等。然而，斯坦福大学并没有自行创办“校办工厂”或“校办企业”，也不参与任何企业的经营活动，仅仅提供技术合作和实验条件。② 这样做的目的，正是为了保证学术的自由，追求学术的卓越，充分体现了“经费是手段，学术是目标”的办学原则。至于华威大学，则更加体现了通过创业带动学术提升的办学路径。若不遵循这种路径，华威大学不可能在短短几十年时间内，从一个教学型的院校发展成为世界一流的研究型大学。正如有文指出的，沃里克大学把学术组织特点与现代企业的管理模式结合，在组织结构上体现出一部分企业的结构特征。但是，由于学术机构在治理结构中的核心地位，追求卓越的学术理念始终得以坚持。③

（三）着眼于校友卓越

大学为人才培养而设。离开了培养人才，大学也就不能称其为大学。从这一点来看，高等教育质量最终落脚在人才培养质量上。而且，这种质量应该是一个增量。也就是说，越能把那些基础相对较差的学生培养成为更为优秀的人才，越能体现一所大学具有更高的教育质量。当前，一流大学吸引一流的生源，培养出一流的人才，这是一种选拔人才的质量观。如

---

① 高明：《斯坦福大学——美国研究型大学向创业型大学转型的典范》，《当代教育科学》2011 年第 19 期。

② 肖玲等：《高校科技创新创业的典范——美国斯坦福大学案例分析》，《淮阴师范学院学报》（哲学社会科学版）2005 年第 4 期。

③ 万萍：《沃里克大学治理结构的有效性研究》，硕士学位论文，中南大学，2010 年。

果一所高校招收二流甚至三流的生源，却培养出了一流的人才，这才是一种培育人才的质量观，大大体现了大学教育过程中的增量。当然，这种增量式的质量观，难有可操作性。例如，如何界定哪些是一流生源，哪些是二流、三流的生源？尽管学习效率存在高低，但是谁都不愿意私下自我承认，更不敢公开对别人予以确认。又如，如何界定哪些人才是一流的？许多人在平凡的基层岗位上默默无闻地工作，但是他们的品德、能力与智慧却是一流的，他们缺少的只是平台与机会，这能说明他们不是一流人才吗？或许我们要从社会贡献的角度来探讨一流人才，这是另外一个话题了。不过，在评价多元化、竞争加剧化的高等教育环境中，未来高等教育质量观的重要发展趋势之一，必定有那种增量式的质量观。

增量式质量观时代的到来，有待那些热衷探索的学者们再行研究，有待那些瞄准未来的高校志于行动。就当前来看，要成为一流的大学，必定要有一流的人才，拥有一流的校友。在这条标准下，那些名牌大学自然凭借自己的条件吸收了一流的生源，在起点上就远远胜出了。例如，MIT 录取率极低，每年只招收 2000 人，以保证全世界最优秀的学生云集于此。截至 2015 年，先后有 84 位诺贝尔奖得主曾在麻省理工学院学习或工作，在全球和全美高校中分别列第五名和第四名。该校培养出了美国前财政部长、哈佛大学第 27 任校长劳伦斯·萨默斯、以色列前总理本雅明·内塔尼亚胡、中国台湾集成电路制造公司董事长张忠谋、中国两弹一星事业奠基人钱学森等一大批杰出人才。斯坦福大学同样以高度的竞争性招收了优秀的生源，培养了大批著名人士。截至 2015 年，先后有 58 位诺贝尔奖得主曾在斯坦福大学学习或工作，培养出诸如美国第 31 任总统胡佛、以色列总理埃胡德·巴拉克、雅虎创办人之一杨致远、美籍华人歌手费翔、日本两位前首相鸠山由纪夫与麻生太郎等一大批杰出人才。华威大学创办时间不长，原以为该校难以从杰出校友上胜出。其实不然，该校近年不足 1/10 的招生录取率，吸引了全球优秀的生源，同样培养出了一大批优秀校友。例如，英国上议院原领袖瓦莱瑞·阿莫斯（Valerie Amos）、埃及原投资部长 Mahmoud Mohieldin、尼日利亚联邦政府原首脑雅库布·戈翁、世界银行和 IMF 原执行主席（肯尼亚副总统）乔治·赛托蒂（George Saitoti）、生化危机系列电影导演保罗·安德森等一大批杰出人才均为该校校友。

二 中国创业型大学难以突破的内在原因

一旦中国大学的改革遇到挫折，许多人喜欢将之归结为管理体制问题。应该说，在许多时候，这是不完全正确的。中国大学已经站在一个宽阔的舞台上，拥有了可以尽情表演的空间，可以跳出自己最精彩的舞蹈。相比于英国创建之初的华威大学，中国高校所处的社会环境要宽松得多，自主决策权力要大得多。因此，本章在此将不从宏观管理体制的角度来分析，更多的是从大学内部寻找创业型大学难以突破的重要因素。从这三所正在或者曾经高举创业型大学大旗的高校来说，创业型大学在中国难以取得实质性突破的内在原因，至少有这么三点：

（一）办学定位缺乏稳定性

考察西方名校，她们的办学定位相对稳定。例如，斯坦福大学的校训“让自由之风劲吹”由第一任校长取自德语箴言，在“一战”中甚至因此产生过风波，但至今没有更换校训。而且，该校训并没有为斯坦福大学指明学以致用、创业兴校的方向，真正走上创业型大学道路是在其后的发展中逐渐明朗化的，尤其是在特曼教授时期予以确定并不断发扬光大，但该校训至今没有变化，并随着时代的变迁，注入了新的血液，赋予了新的内容。又如，华威大学自首任校长重新上台后，继续推行亲工商路线，坚持自己的办学理念，在其后的历任校领导中，其办学定位从未发生过改变。华威大学的办学定位较为稳固，还得益于该校校领导更换不频繁，任职时期普遍较长。自建校以来的50年间，华威大学只有五任校长，其中首任校长巴特沃斯一直任职到1985年，在岗长达20年。可是，中国高校领导更换频繁，而且他们都会提出自己的办学主张，甚至可能在任期内根据战略定位的变化而更改校训。

每所优秀的大学，就像一位巨人，拥有自己的风格与精神。这种风格与精神，是在历史中形成的，一旦沉淀下来，就不能随便人为地更改。而且，也只有在长期的办学过程不断累积，不断彰显，才能真正沉淀下来，变成大学的风格与精神。在许多情况下，这种大学风格与精神，需要几代人的努力。百年名校的最大力量，正是这种风格与精神的力量，本身就是一个巨大的教育磁场。办学理念、战略定位以及学校校训等，正是形成这种风格与精神的重要渠道，它们就像一面旗帜，在高空飘扬，指引学校改革与发展的方向。凡是立志于打造一流名校的高校领导们，都应该尊重传统，面向未来，集思广益，理性地对待学校的办学定位。一方面，既不能轻易更改学校的办学定位，尽量从其中发掘新的内涵，实现一面旗帜既能团结过去的一代人又能激励新的一代人；另一方面，若真要重新定位学校的战略目标，重新厘定学校的办学方向，那就要将学校放在更加长远的未来考虑，既能体现自己的办学理念又能最大限度确信这种办学定位不容易被替换。事实上，我们不去触碰那些外在的战略号角，就按照自己认定的正确方向一步一步慢慢前行，通过制度不断固化改革成果，并逐渐转化为学校的政策文件，往往比那种轰轰烈烈的办学理念大研讨、战略目标大调整要平稳得多，也有效得多。中国高校领导最容易犯的毛病之一，或许就是急于证明自己的正确，急于表现自己的睿智，从而急于宣传自己的主张。

（二）自主决策缺乏独立性

在西方高教史上，有些师生对现有大学不满意，他们便会走出该所大学，另行创办一所大学。这种办学自主权，在今天的中国肯定是行不通的。但是，某些西方大学那种富有个性的办学理念与不畏阻挠的办学行为，就值得中国高校学习。例如，特曼教授在斯坦福大学倡导的那种改革，巴特沃斯在华威大学树立的那种理念，遇到这么大的阻力，他们也不退缩，坚持自己的办学方向而不改变。他们之所以这么执着，就是因为他们认为，他们所做的事情是符合学校整体与长远发展，符合国家与社会利益的，从而在一切困难面前不屈服。相较而言，中国高校改革遇到的阻力要小得多。例如，浙江农林大学连续两次中层干部换届，让不少职员走下领导岗位，无论是事业发展通道还是个人物质待遇，都发生了很大的转折，可是，学校仍然风平浪静，安然无恙。这就表明，只要所做的事情是国家政策范围允许的，符合学校利益，体现前进方向，并选择适宜路径，保证稳定的办学环境，那么，我国大学完全可以大胆地创新，自主决策，走出一条斯坦福式、沃里克式的大学之路。

可是，在自主决策上，我国高校表现出极其矛盾的现象：一方面，他们热衷于在办学理念上标新立异，展示自我；另一方面，在推进实践工作时却又与大众趋同，不敢特立独行。当改革遇到困难时，他们便把高校缺乏办学自主权作为托词。应该说，自 1985 年逐步放权以来，时至今日，我国高校的办学自主权已经很大了。例如，政府已经不再直接干预学校内部的学术事务，高校可以自主制订教学计划、选编教材与组织实施教学活动，教学权与研究权的学术自由环境初步形成；高校可以自主制订并组织实施师资队伍规划，较大程度地自主聘请教师与确定校内分配方案；高校可以自主设置校内机构，中层及以下干部的任免基本上由高校自行决定；

等等。尽管各种专项制度以及标准化的评估标准，牵引着高校沿着既定的方向去努力。但是，在现有的舞台上，高校可以尽情地跳出自己的舞，完全可以办出自己的个性、特色与水平。

既然我国高校拥有了如此大的办学自主权，为何他们不利用这些自主权，按照他们确立的办学理念，像 MIT、斯坦福大学以及华威大学一样，逐步推进呢？个中原因，多种多样。但是，他们在实践改革中之所以难有自己的突破，有一点是共同的，那就是没有利用已有的办学自主权，像确立与众不同的办学理念一样，选择与众不同的办学路径。例如，教师职称评聘权基本上下放给高校，却没有哪一所大学敢放弃或者革新传统的评价标准，从推进创业型大学的角度来确立与众不同的评价标准。据说，浙江某所高校在获得教授评审权时，由于教授名额太少，没法让各方心平气和，最后请求省教育厅收回评审权。改革需要理由，不改革不需要理由。因为大家都是这样的。这种办学方式，跟随大多数高校的办学模式，不敢在实践中有所突破，仅仅关注不触及师生员工实际利益的理念，自然无法走出特色办学之路。

（三）教师转型缺乏激励性

考察国内众多创业型大学建设实效时，我们会发现许多有趣的现象。例如，从宣传报道来看一所高校，我们感觉该校的学术创业如火如荼，而且成就显著，可是，从专任教师的反应来看，对于这种办学理念，他们要么并不熟悉，要么表示不屑，要么我行我素。有些教师自己正在创业，不管学校如何鼓励教师创业，他们认为自己的创业与学校的关系不大，甚至毫不相干。中国高校推进创业型大学建设，如前所述，重要目标之一是为了通过学术创业，筹措办学经费，从而必须将教师所有的创业活动，像华威大学那样，纳入学校的统一组织与管理中。这样看来，国内那些创业型大学的教师，并没有跟随自己所在的高校一起，融合组织利益与个体利益，实现同步转型。

高校教师为何没有跟随学校实现同步转型呢？最关键的也是最明显的一条，便是这种转型缺乏激励。许多高校提出创业型大学的战略目标之后，教师原来做什么，现在仍然做什么，无论做事的内容还是方式，并没有任何改变，因为现有的考评机制没有发生实质性的改变，教师也就无须改变；极少教师响应学校号召，关注应用性研究，可是其科技成果却没有一个有效的组织帮助其转化，只得长期闲置，从而浪费了自己按传统方式开展科研的时间，减少了传统评价标准下的学术业绩，大大损耗了自身利益；还有一些教师，自主开展各种形式的创业，根本不愿意与学校发生关系，甚至想尽办法远离学校的各种统计，因为一旦自己的创业情况浮出水面，不仅不能带来更大的利益，可能反而增加自己的负担；等等。从以上各种情况来看，国内推进创业型大学建设的实践者，他们在推动学校转型之际，由于缺乏相应的激励，学校的教师并没有同步同心转型。那么，这是否由于在办学过程中，我们对创业型大学的内涵与外延缺乏正确的理解？在创业型大学理论的本土化实践中，我们要不要按照我国国情来重新厘定创业型大学的含义？对于这些问题，本书将在第二章专门论述。在这一章，只是根据现象进行描述、分析与比较。

三 中西创业型大学不同命运的重要启示

通过对中西各三所创业型大学的历史梳理、现状剖析以及内因探寻，我们可以从中获得许多知识、感悟与启示。例如，从知识角度来看，我们会发现斯坦福大学首创的OTL，对我国高校设立成果转化中心具有重要的借鉴作用；从感悟角度来看，我们会有一种强烈的感受，那就是一所大学的转型与成功，都离不开至少一位关键人物，诸如MIT的创立者罗杰斯、被誉为“硅谷之父”“电子革命之父”的斯坦福大学教务长特曼、华威大学“百折不挠、固执己见”的首任副校长巴特沃斯，他们均对各自所在的大学起了非常重要的奠基或者推动作用。在知识与感悟的基础上，我们还可以从中获得许多更深层的启示。这些启示，直达高等教育规律，对我国那些勇于探索的后发型高校尤有意义。在此，除了前面提到的“三个着眼于”外，本章再从反面提出以下三个启示。

（一）办学时间不是最重要的资源

长期以来，学界认为办学需要历史积淀。从某种角度来看，越是饱经沧桑，越显得博大深邃，越让人高山仰止。确实，那些历史悠久的大学，记载了无数代人的记忆，承载着数不尽的故事。人物与故事越多，大学在人们心中的情结就越深，大学在社会上的知名度就越高，人们对这样的大学就会更加神往。这就像我们看到朱颜绿鬓的年轻人与白发苍苍的老者，如果要从学问的角度而言，我们大都会选后者而舍前者。记得在2008年之际，我向来校讲学的高文兵先生（时任教育部直属高校工作司司长）提了一个问题：“从世界范围来看，世界一流大学往往集中在发达国家和地区；从全国范围来看，国内高水平大学往往集中在经济条件较好的大城市；甚至从一个省的情况来看，省内最好的大学往往集中在省会城市。那么，像我们吉安这样的地方，能不能建成一所高水平的大学？如果能，高司长能否为我们提供几点思路呢？”高司长认为，大学的发展与区域经济确实呈现正相关，要在一个欠发达地区建成一所高水平大学，需要一个过程。不过，我们的努力，可以缩短这个过程。同时，高司长还认为，好大学的形成也需要时间，例如深圳大学、宁波大学等，尽管地处经济发达地区，但由于办学时间较短，目前还不能进入国内最好的大学行列。[①]

但是，从华威大学等一大批迅速崛起的高校来看，办学时间不再是最重要的办学资源。华威大学建校于 1965 年，它在 20 世纪 90 年代中期，就已经进入并且稳居英国前十强，迈入了世界名校之列。它的许多学科，从零起点开始，在短短的几十年时间内，就成为国际知名学科。例如，华威商学院，更是被誉为华威大学发展史上的奇迹，经过短短 40 年的发展，已在全球竞争异常激烈的几千所商学院中脱颖而出，排名第 26 位。[②] 2000 年 12 月，比尔·克林顿选择华威大学作为他最后一次以美国总统身份出席海外重要政治活动的目的地。克林顿的国家安全顾问 Sandy Berger 在随后 12 月 7 日的媒体发布会上阐明了此决定的原因：“华威大学是英国最年轻和最出色的大学之一，布莱尔首相认为她是具有卓越学术水平并同时与政府保持独立性的大学典范。”事实上，除了华威大学，国际上还有许多年轻的大学进步很快，在很短的时间内迅速发展起来，例如均创建于 1991 年的两所“90 后”大学——南洋理工大学与香港科技大学，她们均已取得了辉煌的办学业绩，享有世界盛誉。

为什么时间不再是办学最重要的资源呢？这是因为创办一流大学的各种要素，都可以在最短的时间内获得。例如，有了一流的办学理念与一流的管理水平，一所大学可以在短时间内获得一流的硬件设施、一流的师资队伍乃至一流的国际生源。几年之后，这些优秀生源很快就能在许多新型领域站立起来，成为优秀的校友，成为学校亮丽的名片。同时，就像知识更新日新月异一样，那些古老大学多年积累的知识储备，在高度信息化、

---

① 详见付八军《走进大学——献给那些关注大学天空的人》，湘潭大学出版社 2013 年版，第 248—250 页。

② 佚名：《英国市场营销名校解析》，2015 年 3 月 1 日，http://liuxue.xdf.cn/wuhan/wzy/zx/755099.shtml（2015 年 5 月 29 日）。

科技化的今天，已经不再占有任何优势，其有效应用的程度，甚至还比不上新办大学一年创造的知识财富。

（二）领导个性不是最必要的名片

在中国大学，每一位新上任的主要领导，大都力争表达出自己与众不同的办学理念。尤其是那些相对年轻且富有理想的领导，他们会极力宣传与贯彻自己的新观点、新思路与新举措。对于一所没有传统、历史短暂的大学来说，这样的领导或许能够成就一番大业，推动学校迈上新台阶。但是，对于一所历史久远、富有传统的大学来说，这就具有一定的改革风险。如果这所高校确实需要重新调整方向，或许这样的大学领导能够名垂校史甚至载誉学界；如果将这所高校引入一个不被校友认同甚至抵触的方向，而且最后亦没有取得明显实际效果，那么这种标新立异的办学理念就会遭到唾弃。毫无疑问，每一所大学的成功，都有至少一位关键的人物。但是，当这所大学的办学方向确定之后，后续的管理者就应该发掘原有办学理念的光辉，加以放大、深化与实化，保证办学传统不被中断，并且赋予办学传统新的时代内涵。从这一点来看，对于中国许多大学来说，当办学定位明确之后，新上任的主要领导或许最可贵的地方之一正是如何坚守并放大原有的办学理念，而不是凸显自己的个性再来确立另一套不一样的办学理念。前面的 MIT、斯坦福大学，尤其华威大学，在明确办学方向之后，它们的办学理念就没有发生过重大调整，始终如一，只是在不同发展阶段结合时代特征赋予新的内容，使得大学一步一步不断发展起来。

中国大学领导急于展现自己个性化的办学理念，是有原因的。在我看来，至少有这么三种。第一，中国公办本科院校千校一面，大到学校追求的目标，中到学校内部的机构设置，小到学校会议的类型与程序，大体并无二致。与此同时，某所高校要从实践上改变这种局面，往往需要智慧、勇气与魅力，且需要承担较大的改革风险。在这样的背景下办学，学校主要领导自然倾向于在那些亦虚亦实的办学理念上做文章显个性展能力。第二，无论是政府的政策引导，还是社会的宣传报道，以及学校的自我介绍，都在提及办学定位、学校特色、特色办学等方面的问题。那些最不需要时间检验的理念问题，自然成为中国高校领导最容易实现的。第三，中国高校主要领导由政府任命，而且往往本校产生的比例不算高，他们到一所新的高校任职之后，这些在学术或者行政领域中胜出的优秀人士，同样需要证明自己在新的岗位上更胜一筹，从而在那些最显思想光辉的办学理念上发出自己的声音。

以上原因具有客观的土壤环境，在短时间里很难从根本上解决。只有越来越多高校领导大悟与自觉，才可能逐渐改变这种土壤，让我们的高等教育改革与发展不那么浮躁，不那么善变。事实上，时至今日，在既定的宏观管理体制背景下，许多大学其实已经确立了非常科学、可行且被校友们认可的办学理念，只要假以时日并且创造条件，加快步伐，完全可以办出较为理想的大学。因此，在任命高校主要领导之际，政府应该针对不同情况的高校，选择不同风格类型的领导。对于那些发展停滞、管理紊乱、急需整改或者刚刚创办、理念不明、百端待举的高校来说，就应该任命那些年富力强、个性鲜明、积极上进的领导；对于那些历史悠久、发展迅速且理念明确的高校，倒可以任命那些年龄相对偏大、性格平和、沉稳持重、乐于奉献的领导。

（三）管理体制不是最坚实的堡垒

在社会一切领域，改革是永恒的主题。在任何时期，中国高等教育改革的步伐从来没有停止过。只不过，改革的程度、力度与广度有所区别。时至今日，无论是高校领导干部，还是教育研究人员，普遍认为中国高等教育改革进入深水区，若不在管理体制上实现突破，再也难以取得实质性进展。也就是说，中国高等教育发展到今天，管理体制已经成为深化改革的最大障碍，甚至任何失败都可以归咎到管理体制的羁绊。在许多情况下，这些话不无道理。例如，一所高校的某些专业招生，要想招收一位高考成绩并不理想但极有可能在专业方面有所造诣的学生，是非常困难的；大量的办学经费转化为各种各样的专项经费，既需要高校组织人力去争取，又限制着高校花钱的方式与额度，在很大程度上约束了高校的自由发展；高校校级领导由政府直接任命，全校师生员工包括学校主要领导，都很难对庞大的高校领导班子拥有选择权甚至知情权，这种领导体制不仅容易分散学校的办学合力，而且容易导致学校办学定位的多变；等等。但是，再集权、再保守的高等教育管理体制，对于真正想做事、能做事、会做事的高校领导来说，仍然是可以做出成绩的。真有能力者，在多大的舞台上就跳多大的舞，能在不同的舞台上跳不同的舞。① 高校领导岗位，就

① 付八军：《大学理性——一位大学中层干部的教育随笔》，湘潭大学出版社2013年版，第335页。

是一个舞台。而且，这个舞台还不小。教学科研权，包括职称评定权，基本上下放给高校了；校内机构设置权、中层干部聘任权等，也由高校做主了；与政府、企事业部门的合作与交流，高校都是独立的法人单位；等等。可以说，当前中国高等教育管理体制，已经不再是高校领导推进改革最坚实的堡垒了。

与美国相比，中国的高等教育管理体制或许较为保守。但是，与英国相比，尤其与20世纪60年代的英国相比，中国的高等教育管理体制要宽松得多。在美国，高等教育的市场化程度相当大。每年都有一批高校诞生，也有一批高校倒闭。社会上有哪种科技文化的需要，就会存在哪种类型的高校。大学教育不是免费教育，无论是私立大学还是公立大学，无论国内生源还是国际学生，都需要缴纳学费。美国每个州的教育模式都不一样，连学制乃至各级学校教材都不一致。从而，在美国出现创业型大学，我们一点儿也不感到奇怪。但是，在英国，高等教育市场化的程度不高，长期以来针对本国生源都属于免费教育。在英国，公立高校占统治地位。英国前首相撒切尔夫人曾称，“白金汉大学是英国唯一一所私立大学”。可以说，英国仍然是一个非常保守、传统的国家，大学文化仍然是一种经院哲学式的象牙塔文化。在这样的环境下，居然也有像华威大学这样的公立大学，走上市场化的道路。从前面的分析可以看出，华威大学坚持走亲工商路线，当时可谓四面楚歌，校内外腹背受敌，但是，华威大学的首任副校长仍然不改初衷，毫不动摇地坚持市场化的办学方向。实践证明，华威大学的改革与发展是成功的。这也告诉我们，在最保守最传统的环境中，只要做有益于社会的事，有益于大学的事，一所大学也是可以突破所谓体制的约束走出来，并且比其他兄弟院校走得更远飞得更高。那么，选择同样的道路，中国推进创业型大学建设为何这么艰难？怎样才能合理解释中西创业型大学的南橘北枳现象？要从管理体制、办学文化等宏观层面来分析，仍然是一个如堕烟海的大难题。或许，我们需要寻找一种更细小更具体的视角，由此切入，触及实质。为此，本书将从教师转型的视角切入，以此来分析中国大学转型之所以如此艰难的原因所在，再在此基础上探讨教师转型的有效路径，从而自然推导出中国创业型大学转型的有效路径。本书第二章，主要揭示教师转型与大学转型的内在一致性，为本书从教师转型视角来研究创业型大学建设提供理论基础。

第二章

高校教师转型：创业型大学建设的唯一通道

MIT、斯坦福大学以及华威大学，已经成功转型为创业型大学。然而，国内那些高举创业型大学大旗的高校，不仅没有实现成功转型，而且在转型初期显得极其艰难。大学转型之所以这么艰难，笔者有一个尚待证实的研究假设，那就是大学教师没有实现转型。也就是说，中国创业型大学能不能成功实现转型，关键要看大学教师能否从整体上实现成功转型。研究发现，教师转型不仅是创业型大学理论研究的学术薄弱点，而且也是创业型大学实践发展的理想切入点。从而，本章将为本书从教师转型视角来研究创业型大学建设提供坚实的理论基础。

第一节　关于创业型大学的研究述评

本书没有遵循学界理论著作的一般范式，即首先展开理论文献综述，界定相关关键概念，然后再来探讨研究主题。这是因为，关于创业型大学的理论研究，争议太多，分歧太大。就连两位创业型大学的理论鼻祖，他们都从各自观察到的教育实践来使用这个概念。因此，本书第一章，重在从大家对创业型大学实践的一般认识来梳理与评价，以便让我们对创业型大学的内涵与外延有一个整体认知。在此基础上，再结合学界的理论研究，分门别类地全面开展评述，并形成关于创业型大学的全新定义。

一　创业型大学的概念界定

创业型大学的概念界定，主要回答创业型大学是什么，或者说什么样的大学才是创业型大学。在这个问题上，美国学者伯顿·克拉克（B. Clark）和亨利·埃兹科维茨（H. Etzkowitz）在20世纪末期，几乎同时提出“创业型大学”这个概念。正如有文指出的，他们各自系统地研究了欧洲与美国的创业型大学问题，两人的研究视角各不相同，前者从大学组织系统转变的角度，后者则从大学与产业界合作的角度，但他们的研究成果奠定了创业型大学研究的基调与基本概念。①

不过，克拉克并没有对创业型大学作过明确的概念界定，甚至他曾考虑过是否选用创新型大学作为该种大学的组织概念。② 在《建立创业型大学：组织上转型的途径》一书中，他以大学转型为主题，选择了英格兰的沃里克大学、荷兰的特温特大学、苏格兰的斯特拉斯克莱德大学、瑞典的恰尔默斯大学、芬兰约恩芬大学五所各具特色的大学作为研究对象，围绕作者提出的实行转型的五个要素，即：一个强有力的驾驭核心、一个拓宽的发展外围、一个多元化的资助基地、一个激活的学术心脏地带、一个整合的创业文化，展开了深入的个案研究，采用概念分析和校史描述相结合的方法，阐明了创业型大学是如何建成的。

埃兹科维茨同样没有明确指出何谓创业型大学，但是，他鲜明地勾画出了创业型大学的使命与特性，为我们深刻理解创业型大学的实质做出了巨大的贡献。在 2002 年出版的《麻省理工学院和创业型科学的兴起》一书中，他以 MIT、斯坦福等大学为案例，以两次学术革命为视角，融合了他以前的许多观点与术语，论述了在新的社会环境下，大学的使命由原来的教学扩展到研究，再从研究扩展到经济发展，与此同时，大学模式也经历了教学型、研究型和创业型三种大学模式。作者还指出了三个具有深远意义的“永无止境的转化”③：第一个转化发生在基础研究、应用研究和产品发展的相互关系中，不同类型的研究之间将不再有严格的界限，它们将互相融合并且来回转化，相互之间没有严格的分离；第二个转化发生在不同的技术领域之间，以前在单个的学科之间有严格的界限，然而近来跨学科的合作增加了，新的学科也在旧学科的交叉点上诞生了；第三个转化是在地区、国家和多国层面上，大学、企业和政府之间的“三螺旋”(triple helix) 关系正在成为创新体系框架。这些观点，为我们发展创业型科学、建设创业型大学提供了很好的理论基础。

---

① 温正胞：《创业型大学：比较与启示》，博士后研究工作报告，华东师范大学，2008 年。

② ［美］伯顿·克拉克：《建立创业型大学：组织上转型的途径》，王承绪译，人民教育出版社 2007 年版，第 2 页。

③ ［美］亨利·埃兹科维茨：《麻省理工学院与创业科学的兴起》，王孙禺、袁本涛等译，清华大学出版社 2007 年版，第 192—193 页。

要想理解创业型大学的实质，“学术资本主义”可谓一个核心概念。虽然这个概念不是希拉·斯劳特与拉里·莱斯利最早提出来的，但是他们在1999年出版的《学术资本主义：政治、政策与创业型大学》一书中，分析了学术资本主义的含义与影响，以及创业型大学产生的动力与政策因素。他们指出，“因为没有人能想出更精确的术语，我们决定使用学术资本主义，另一部分原因是其替代用语——学术创业主义或创业活动，似乎只是学术资本主义的委婉语，不能完全表现利益动机向学术界的侵入”①。该书围绕“学术资本主义”这个核心概念来论述大学的变化，认为创业型大学遵循企业的运作模式，在组织管理、课程设置、教学服务、科研开发等许多方面，都以市场效益作为发展准则。不过，在不少学者将学术资本主义视为以学术赚钱，等同于实用主义、自由主义、市场主义之际，本书同样认为，“实用主义绝不是没有原则，没有底线；自由主义绝不是放任自由，为所欲为；市场主义绝不是见钱眼开，唯利是图”②。至于具体深入的分析，在本书后面章节中会有论述。

此后，国内外许多学者都对创业型大学进行了概念界定。例如，有文章认为，所谓创业型大学的内涵，即创业型大学通过拓展传统的教学与科研职能，承担促进国家和区域经济社会发展的使命；扮演区域知识创新主体的角色，与政府、产业界建立新型的合作关系；注重提升研究与发展的质量，为创新创业活动提供动力；以跨学科研究中心、衍生企业、技术转移办公室等创业型组织为载体，积极开展创新创业活动；是融创业文化与学术文化为一体的新型大学。③ 又如，有文章将创业型大学的基本内涵概括为：以培养创业型人才为基本任务、以开展具有商用价值的科研活动为重要载体、以直接参与创办高科技企业为关键举措的大学组织形态。④ 还有不少学者提出了各种各样的创业型大学建设标准。例如，有文章根据国

① ［美］希拉·斯劳特、拉里·莱斯利：《学术资本主义——政治、政策和创业型大学》，梁骁、黎丽译，北京大学出版社2008年版，第8页。

② 陈超：《从学术革命透视美国研究型大学崛起的内在力量》，《清华大学教育研究》2012年第17—23期。

③ 易高峰：《崛起中的创业型大学——基于研究型大学模式变革的视角》，上海交通大学出版社2011年版，第23—24页。

④ 陈汉聪、邹晓东：《发展中的创业型大学：国际视野与实施策略》，《比较教育研究》2011年第9期。

外创业型大学的成功实践，从目标定位、学术创业[①]、建立官产学新关系、外部互动机制、资金来源多样化、创新的组织结构以及创业文化七个方面出发，提出了创业型大学的7项基本标准。[②]

以上代表性观点，都是基于创业型大学是什么、什么样的大学才是创业型大学这个设问。归纳起来，一般认为，创业型大学是指为适应市场需要，借鉴企业化运作模式对内部组织机制进行创新的大学，其主要特征表现在与政府及产业建立紧密合作关系、培养创造性人才、增强创业机制、形成多元的资金来源和浓厚的创业文化上。从第一章的梳理来看，六所高校的改革与发展实践，也大都注重在这些领域予以推进。结合以上观点，本书认为，所谓创业型大学，就是将知识的生产、传承与应用融于一体的大学，就是在教学科研的基础上倡导创业职能、积极推动学术资本转化的大学。不过，这种学术资本转化，既包括华威大学的那种教学学术的转化，也包括 MIT、斯坦福大学的科研成果的转化。至于如何评判一所大学是否已经建成创业型大学以及某所创业型大学发展到什么程度，则看其学术资本转化的广度、深度与效益。复杂的问题在于，尽管学界普遍将 MIT、斯坦福大学视为创业型大学的典范，可是仍有极个别学者持相反的意见，提出 MIT、斯坦福等高校并不能算是真正意义上的创业大学，而是拥有着“创业”“创新”精神的研究型大学。[③] 可见，创业型大学是一个颇具争议、尚无定论[④]的概念。在此，本书只对研究现状进行梳理与评述。对创业型大学进一步的界定与解释，本书将在后文中专门论述。

二 创业型大学的价值预设

创业型大学的价值预设，主要回答发展创业型大学有何意义，为什么

---

① “学术创业”作为一个概念，已经获得广泛应用，主要是指凭借学术优势，通过转化科研成果、提供学术服务或者直接创办企业，以获得各种相应资源。有文分析指出：创业型大学的概念要宽于学术创业，而学术创业内涵又宽于大学技术转移，同时三者之间又紧密联系。详见黄扬杰、邹晓东、侯平《学术创业研究新趋势：概念、特征和影响因素》，《自然辩证法研究》2013 年第 1 期。

② 王雁、李晓强：《创业型大学的典型特征和基本标准》，《科学学研究》2011 年第 2 期。

③ 详见陈霞玲《创业型大学组织变革路径研究》，北京理工大学出版社 2015 年版，第 28—29 页。

④ 罗泽意：《创业型大学的生成理路与实现》，《湖南科技大学学报》（社会科学版）2012 年第 3 期。

要建设创业型大学。在这个问题上，从研究文献来看，学界普遍认为创业型大学是高等教育发展的重要趋势。对此，无论是被誉为“创业型大学之父”的克拉克、第二次学术革命的提出者埃兹科维茨，还是后来的多数创业型大学理论研究者与实践者，都对创业型大学的未来寄予很大的希望。

建立于19世纪中期的MIT作为世界上第一所创业型大学，埃兹科维茨给予了极高的评价，指出MIT“在美国学术界发挥着独特的作用，它开创了大学与企业联合的模式并且将其推广到其他院校……将基础研究和教学与产业创新结合在一起的MIT模式，正在取代哈佛模式成为学术界的榜样”①。并进一步指出，“大学拥有致力于教学、研究和经济发展事业的独特地位，其传统的角色和新的角色彼此加强，这使它在新经济中处于中心地位。此外，这更是大学摆脱其以往从社会其他部门获得支持和接受救济或者是慈善机构形象的过程……目前，这还只是一种可能，但它无疑代表了大学发展史中一种新思想”②。确实，从第一章对MIT建设成效的评析中可以看出，该校不仅为社会创造了巨大的财富，而且登上了学术世界的巅峰。尤其是被广为引用的美国波士顿银行于1997年发表题为《MIT：冲击创新》的报告，更是证明其作为创业型大学所取得的巨大成就。如前所述，该报告显示，如果把MIT校友和教师创建的公司组成一个独立的国家，那么这个国家的经济实力将排在世界第24位。可以说，以MIT作为成功典范的创业型大学，成为我们认识创业型大学潜在价值、致力于建设创业型大学的强大动力与明星榜样。

国内学者大都肯定了创业型大学诞生的必然性与必要性。例如，有文指出，“创业型大学是知识转型背景下高等教育机构的组织嬗变的必然结果……其结果必然是双赢的，既满足了高等教育系统实现功能多元化以应对社会发展的要求，也极大地推进了以科学技术为根本推动力的所谓新经济的发展”③。从高等教育的长远发展来看，创业型大学是高等教育机构将自身最有价值的产品推销出去的有效途径，也是高校自主发展的有效途径。创业型大学由于其与市场的良好关系，使得它与政府之间的关系发生

① ［美］亨利·埃兹科维茨：《麻省理工学院与创业科学的兴起》，王孙禺、袁本涛等译，清华大学出版社2007年版，第1页。

② 同上书，第208页。

③ 温正胞：《大学创业与创业型大学的兴起》，浙江大学出版社2011年版，第13—14页。

了变化，在某种意义上，创业型大学更自由了，虽然这种自由是从政治与意识形态的束缚转向市场原则的束缚。并且，获得这种自由的创业型大学，对经济发展的触觉更敏锐，可以更好地完成知识创造、知识传播、科技发展与服务的任务，这也在某种程度上加固了其存在的合法性基础。①

还有文章指出，创业型大学以提高国家竞争力、生产力以及国家和民族的创业创新精神为己任，以提高国家和地区的经济实力和水平为目标。创业型大学的这种“社会服务”改造和提升了大学第三功能的形式与内容，也改造了传统研究型大学的精神和面貌。② 创业型大学的最大特征在于，它能对国家利益和国家目标做出最敏锐的反应，并且能够在大学、工业和政府的“TH”结构中发挥独特的作用；发展高科技、催生新产业，更直接地参与研究成果商业化活动。仅此两条就足以把创业型大学和其他研究型大学区分开来。③ 从而，不少学者认为，创业型大学的崛起既是高等教育的重大现象，更是人类社会发展的一个重大现象，“建设创新型国家，需要创业型大学”④。特别值得肯定的是，有些学者在分析创业型大学的商业属性之后，并没有因此否定创业型大学的历史贡献。例如，有文指出：简单说，创业型大学就是把“诱人的尖端技术以及与其相称的利润”作为发展的主要动力，就是“将大学实验室的科学发现转化为产品，并拿到市场上出售”。正是学术上的远大抱负与商业上的“与尖端技术相称的利润”的相互协同，造就了一批具有持续创新精神的创业型大学……创业型大学正成为世界各国科技产业乃至经济跨越式发展的法宝。⑤

在创业型大学的职能分析上，有些文章进行了很好的概括。例如，有文指出：创业型大学并没有改变或超越传统型大学所应具有的“传播知识”“科学研究”和“社会服务”职能，恰恰相反，创业型大学是围绕知

---

① 温正胞：《大学创业与创业型大学的兴起》，浙江大学出版社2011年版，第14—15页。

② 王雁、孔寒冰、王沛民：《创业型大学：研究型大学的挑战和机遇》，《高等教育研究》2003年第5期。

③ 王雁：《创业型大学：美国研究型大学模式变革的研究》，博士学位论文，浙江大学，2005年。

④ 王军胜：《建设创新型国家需要创业型大学》，《光明日报》2013年3月31日。

⑤ 黄容霞：《全球化时代的大学变革（1980—2010）：组织转型的制度根源》，博士学位论文，华中科技大学，2012年。

识的生产、传播和运用而将三大基本职能整合到社会需要的地方去，这不但没有让三个基本职能缺位，更进一步地，还让这三项基本职能发挥得更符合高等教育的本质要求……创业型大学是走出象牙塔后的大学发展的范式。[①]

在创业型大学纷纷建立之际，许多实践工作者也大力呼吁建设创业型大学。例如，2005 年，复旦大学副校长杨玉良院士指出，“创业型大学”这个提法“名字可能不是最好听”，但这将是大学未来发展的一个重要阶段，“如果复旦大学要成为世界一流大学，按照现在大家提出来的概念，就是创业型大学，麻省理工学院就是复旦最好的榜样”[②]。陈希在担任清华大学党委书记时提出：“正在兴起的创业型大学的理论和模式等，都促进并引领了世界高等教育的发展。”2009 年 3 月全国人大、政协会议期间，全国人大代表张红建议“政府应该重点建设一批创业型大学”。

不过，尽管创业型大学的正面呼声很高，但对创业型大学提出质疑的声音仍然不绝于耳。例如，有的批评家认为，对创业主义应该加以抵制，因为他们担心巨大的金钱利益会使大学失去其作为社会独立批评者的作用。[③] 又如，质疑者认为，在学术与商业的取舍方面，创业型大学显然已经做得过头了，创业型大学已经成为一个商号，知识商品的出售者。在创业型大学里，知识传授与研究活动更多的是受利益驱动的，而不是传统的好奇心驱动的。[④] 还有观点认为，学术追求和创业进取是相互矛盾的，两者需要的是不同的能力和知识。如果学术追求需要的是大脑左半球的功能，那么创业进取需要的则是大脑右半球的功能。前者需要高智商，而后者需要高情商。[⑤] 国内有学者甚至提出，“创业型大学的本质是反大学的，至少和传统上关于大学的概念是很难相容的”[⑥]。确实，从传统院校向创业型大学转型，要经历各种冲突与斗争，远远比“研究”在大学中的确

---

① 程广文：《创业型大学：走出象牙塔后的范式》，《泉州师范学院学报》（社会科学版）2010 年第 3 期。

② 陈统奎：《复旦：又一次华丽转身》，2005 年 9 月 21 日，http：//news. sohu. com/20050921/n227021310. shtml（2012 年 3 月 1 日）。

③ 彭宜新、邹珊刚：《从研究到创业——大学职能的演变》，《自然辩证法研究》2003 年第 4 期。

④ 温正胞：《大学创业与创业型大学的兴起》，浙江大学出版社 2011 年版，第 170 页。

⑤ 同上书，第 170—171 页。

⑥ 王建华：《我们需要什么样的大学》，《高等教育研究》2014 年第 2 期。

立要困难得多。例如，建设创业型大学，必然经历学术文化与商业文化之冲突、学术功利主义与学术自由主义之冲突、实用学科与基础学科之冲突、教学育人本位与学术创业文化之冲突、教师个人本位与高校组织利益之冲突等，这些冲突处理不当，或者管理者没有足够的魅力与信心，都将无法推动大学的顺利转型。可以说，注重“创业遗传代码”渗透与“学术资本主义”运作的创业型大学将市场因素进一步注入大学，学术与市场的价值冲突是创业型大学的内在逻辑。① 在《创建冷战大学——斯坦福大学的转型》一书中，丽贝卡·S. 洛温通过生动鲜活的事例描述了斯坦福大学的艰难转型过程。在转型过程中，招致极度的惊慌与失望，激起不少教师的反对。对此，在本书第一章分析斯坦福大学创业型道路演进过程中，有较多的论述。例如，斯坦福大学资深教授布莱克韦尔德曾愤怒地说：校长特里西德的行为“动摇了作为教师的基础，难道办大学像办公司——董事会决策，雇员执行”……在布莱克韦尔德的鼓动下，召开了一个教授会，讨论斯坦福大学管理者的行为。大约有60位教授参加，其中一半是资深或荣誉教授，另一半则是很年轻的教授；据一位向特里西德报告这次会议要点的“间谍”说，他们认为，斯坦福管理者是“一帮最坏的从不放下长矛的流氓”，教授会到了“维护其权利”的时候。如果不是特曼、戴维斯和特里西德等管理者的努力，无法想象，斯坦福大学的改革会发展到什么程度。例如，当特里西德受到资深教授委员会的挑战时，他将他们进一步打倒，直率地警告他们说是校长而不是教师在管理大学，校长的权威来自董事会，“就政策和管理而言”，董事会“才是大学”。②

本书认为，创业型大学代表了高等教育改革与发展的一个重要方向，类似于“研究”成为大学的“第二个中心”一样，创业最终将成为大学的“第三个中心”，成为融知识生产、知识传承与知识创造于一体的完美大学模式，能够更好地改造大学人才培养、科学研究与服务社会的使命与职责。也许正如有文指出的，创业型大学，属于知识生产的新模式。③ 在创业型大学转型与建设中，就如“研究”刚被引入大学一样，必然会出

① 钱佩忠、翁默斯、郭石明：《学术与市场价值冲突视角下创业型大学的创建》，《浙江工业大学学报》（社会科学版）2012年第1期。

② ［美］丽贝卡·S. 洛温：《创建冷战大学——斯坦福大学的转型》，叶赋桂、罗燕译，清华大学出版社2007年版，第109—113页。

③ 胡丽莎：《知识生产的新模式与创业型大学的兴起》，《教育学术月刊》2012年第3期。

现各种冲突与矛盾，经历一个阵痛的过程，但最终都将得到广泛接受并妥善解决。例如，关于大学自治与学术自由的问题，只有当大学真正成为创业的主体，能够将学术资本转化为办学资源之后，才能够真正独立与自由。前面对于 MIT、斯坦福大学以及华威大学的历史梳理中，就清楚地体现出发展是自由的前提与基础。只有当大学拥有了雄厚的经济实力，才拥有选择学术研究与表达的自由。

三　创业型大学的发展起点

创业型大学的发展起点，主要回答创业型大学的前身是什么，哪些类型的大学可以走创业型大学道路。在这个问题上，学界的观点不尽一致。

有些学者认为，创业型大学是在研究型大学的基础上发展而来的，只有研究型大学才能转型为创业型大学，创业型大学是高等教育发展的第三个层次。例如，创业型大学理论的主要奠基人之一埃兹科维茨正是从研究型大学的视角来研究创业型大学，认为创业型大学的第一个变体是朝研究型大学转变。① 又如，有文提出，创业型大学是在研究型大学的基础上成长起来的，是研究型大学的进一步发展和深化，并将以其创业活动和实质性贡献引导新时期大学发展的新方向。② 王雁博士提出，创业型大学首先是研究型大学。③ 王雁等学者还指出，创业型大学是继研究型大学之后的一种全新的大学理念和模式，它创的是“实业”，是在研究基础上的知识创新和在知识创新基础上的创业，所以创业型大学都是一些具备理、工、管理学科实力和崇尚“解决现实问题”的研究型大学。④

在有些学者那里，虽然认为创业型大学是由研究型大学发展而来，但不认为是研究型大学发展的必然结果，而认为这是大学自我选择的行为，是研究型大学的多种模式之一。例如，有文认为，并不是每一所研究型大

---

① ［美］亨利·埃兹科维茨：《三螺旋：大学·产业·政府三元一体的创新战略》，周春彦译，东方出版社 2005 年版，第 38 页。

② 李世超、苏竣：《大学变革的趋势——从研究型大学到创业型大学》，《科学学研究》2006 年第 4 期。

③ 王雁：《创业型大学：美国研究型大学模式变革的研究》，博士学位论文，浙江大学，2005 年。

④ 王雁、孔寒冰、王沛民：《两次学术革命与大学的两次转型》，《浙江大学学报》（人文社会科学版）2005 年第 3 期。

学都能够，也未必要变革为创业型大学。[1] 还有文指出，所有的创业型大学都属于研究型大学，但并非所有的研究型大学都是创业型大学。[2] 杨德广教授曾指出，在我国最具备条件培养拔尖创新人才的“985 工程”大学，除少数学校坚持学术研究型之外，大多数学校应走出仅围绕学科专业、高深知识研究的“象牙塔”，转变为与经济、企业、社会紧密结合，参照国外创业型大学模式，构建创业教育体系，成为创业型大学。[3]

不过，大部分学者认为，创业型大学既可以由研究型大学发展而来，也可以由教学型大学发展而来。例如，有文指出，就创业型大学发展的逻辑和历史看，研究性大学甚或新升格的地方性大学也可以此为未来发展的选择模式。[4] 有文还认为，一些中小型大学或新升格的应用型本科院校或高职学院，位于高等教育“金字塔”的底部或边缘地带，在传统高等教育学术竞争体制中常常处于不利地位，要想占有一席之地，只能依靠自身的力量创新变革、自主创业，以吸引更多的资金、更好的师资、更多的生源，为此，与一流大学相比，往往更多的是二、三流大学乃至职业技术学院更容易成长为创业型大学。[5] 还有一些文章既肯定研究型大学由于具有可以商业化的学术资本，从而具有天然转变为创业型大学的条件，又同样认为部分教学科研型大学，甚至包括部分地方性教学型大学也可以利用自身的科研差异化优势和所处地理位置的区位优势，通过知识产品在地方区域内的商业化，来实现向创业型大学转型的目标。[6]

本书认为，创业型大学可以由研究型大学转型而来，也可以由教学型大学转型而来；而且，对于大量的教学型大学，应该转型为创业型大学，突出课程资源的市场价值，服务区域经济发展。对此，学界也有同

---

① 易高峰：《崛起中的创业型大学——基于研究型大学模式变革的视角》，上海交通大学出版社 2011 年版，第 168 页。

② 冒澄、操太圣：《走出象牙塔：西方创业型大学的实践及启示》，《全球教育展望》2009 年第 3 期。

③ 杨德广：《应将部分研究型大学转变为创业型大学——从“失衡的金字塔”谈起》，《高等理科教育》2010 年第 2 期。

④ 黄子文、程广文：《论创业型大学》，《临沂师范学院学报》2009 年第 1 期。

⑤ 顾坤华、赵惠莉：《高职院校向创业型大学转型的探索》，《职业技术教育》2010 年第 19 期。

⑥ 王坤、蒋国平：《基于创业型大学的高校组织转型障碍问题》，《现代教育管理》2010 年第 8 期。

样的观点。例如，有文指出，并非只有科研实力强的研究型大学才可能发展成为创业型大学，一些地方性的高校同样也具有建设创业型大学的可能性和必要性。[①] 还有文分析指出，各种类型和层次的大学都可以而且应该变革为此类创业型大学。[②] 事实上，克拉克考察的欧洲五所创业型大学，都属于教学型院校。在第一章中分析的华威大学，正是在教学型院校的基础上发展而来的，只不过，当有了强大的经济实力以及社会声望后，逐渐从另一个角度转向研究型大学，现如今成为享有国际声誉的研究型大学。

四　创业型大学的建设路径

创业型大学的建设路径，主要回答创业型大学怎么走，怎样建设创业型大学。这个问题，本应该属于创业型大学理论研究的核心。但是，学界对此进行系统深入研究的并不多，主要是从不同角度不同层次，或者说从探讨概念内涵角度，进行了分析与探讨。例如，克拉克提出大学转型的五个要素，亦即阐明了创业型大学建设的路径，成为不少教育实践工作者推进创业型大学建设的行动指南。又如，国内不少学者提出的关于创业型大学评价标准，间接地回答了我们应该怎样建设创业型大学。就专门针对创业型大学建设路径的探讨来看，学界主要从以下几个方面着手。

（一）从宏观层面提出了战略性的发展举措

所谓宏观层面的战略性举措，是指从总体性、方向性的角度来探讨如何建设创业型大学。例如，有文指出，要以经营思维来建设创业型大学，“要以市场需求为导向，要有科学的定位，坚持走特色发展的道路，在经营战略的选择上，要有低成本和差异化发展意识……”[③] 有文从中国建设创业型大学视角，提出了四点政策建议：一是大力开展创业教育，培养学生的创业精神和创业能力；二是改变科研评价体系，淡化科研成果在评奖和升职方面的作用，注重科研成果的实际应用和商业推广价值；三是设立专门机构，整合创业资源，充分开发大学本身及相关主体的创业潜力；四是积

---

① 朱永跃、马志强：《创业型大学视野下我国高校师资队伍建设新探》，《中国科技论坛》2010 年第 1 期。

② 刘叶：《建立创业型大学：管理上转型的路径》，博士学位论文，浙江大学，2010 年。

③ 温正胞：《大学创业与创业型大学的兴起》，浙江大学出版社 2011 年版，第 165 页。

极开展创业文化研究，构建勇于创新、宽容失败的创新与创业文化形态。[①] 有文章认为行业特色大学都应转型为创业型大学，并认为“设立专门服务于国家和地区经济发展的科学技术转移中心是创业型大学的重要特征，科技成果转化率是行业特色大学向创业型大学转型的重要标志”[②]。针对创业型大学建设，有文分别对大学与政府提出了相应的政策建议，特别提到建议政府将大学科技成果转化的结果纳入大学评价体系，引导大学建立科技成果转化的动力机制。[③] 有文从比较欧洲与美国创业型大学建设路径区别着手，指出“如果说美国创业型大学理念的提出主要侧重于科研成果转化的话，欧洲创业型大学的实践更加注重创新型人才的培养”[④]。欧洲创业型大学主要表现在组织转型和人才培养方面，在克拉克的案例研究中得到全面反映；美国创业型大学主要体现在产学合作、技术转移、企业孵化的市场创新角色上，是埃兹科维茨“三螺旋创新理论”的分析对象。[⑤] 还有文从创业文化的重要性出发，提出“新建本科院校转型发展是一个集体创业的过程，需要通过创业文化建设解决精神动力、价值取向、持续发展、事业目标、学生培养等核心问题，最终实现自力更生”[⑥]。事实上，我国在建设创业型大学的实践过程中，往往只关注科研成果的转化，而忽略了创造性人才的培养。从理论应然来说，培养创造性人才是创业型大学建设的内部着力点，实现科研成果转化是创业型大学建设的外部着力点。

（二）从微观层面提出了具体的发展策略

所谓微观层面的具体举措，是指从局部的、具体的角度来探讨如何建设创业型大学。对此，学界探讨较多的，主要是学术资本转化的平台、机制等问题，其中包括教师评价机制。例如，有文从创业型大学发展模式的

---

① 陈汉聪、邹晓东：《发展中的创业型大学：国际视野与实施策略》，《比较教育研究》2011年第9期。

② 李平、宫恩威：《行业特色大学宜向创业型大学转型》，《黑龙江日报》2010年4月12日。

③ 王雁：《创业型大学：美国研究型大学模式变革的研究》，博士学位论文，浙江大学，2005年。

④ 吴伟、邹晓东、陈汉聪：《德国创业型大学人才培养模式探析——以慕尼黑工业大学为例》，《高教探索》2011年第1期。

⑤ 吴伟、石变梅、余晓：《欧美创业型大学的异化发展、趋同演变及其意蕴》，《现代教育管理》2012年第2期。

⑥ 许霆：《新建本科院校转型与创业文化建设》，《高等教育研究》2012年第4期。

运行平台建设出发，认为有以下模式：①创业型大学与地方政府共建研究院模式，例如深圳清华大学研究院；②创业型大学与企业共建创新创业平台模式；③创业型大学衍生企业模式；④创业型大学科技园模式。[①] 有文从节约学术资本运行费用角度出发，指出：基于学科、任务、平台的模式，以集约化的公共性研究平台建设代替条块分割的配置方式，以基于具体任务使用平台资源取代以学科归属决定使用权限，可以有效打破不同学科之间的资源壁垒，缓解资源供给不足，使既定的学术资源总量带来更多的知识产出，降低学术运行的成本。[②] 有文提出，将教师和学生研究成果的应用效果纳入绩效评定体系，强化师生的创新意识与创业精神。[③] 在市场化发展策略上，有文还指出创业型大学要收集市场上的课程需求信息，然后提供多样化的课程服务；要广开生源，这是许多创业型大学的重要收入渠道。[④] 有文从政府职责角度，提出政府要为创业型大学转型营造社会氛围、提供法律与资金支持乃至实践支持。[⑤] 还有文章在探讨职业院校如何发展成为创业型大学时，既宏观又微观地提出了十条路径[⑥]：一要专业对接产业，适应地方经济和社会发展需要；二要育人对接行业，改革人才培养模式；三要学校对接企业，推广“订单式”人才培养；四要培训对接工种，加强企业“菜单式”培训；五要课程对接岗位，全面优化课程结构；六要基地对接车间，加快校内外实训基地建设；七要师资对接师傅，加强“双师结构”教师队伍建设；八要科研对接生产，建立技术研究和开发中心；九要评估对接用人单位，创新质量评价机制；十要校长对接厂长（经理），强化组织制度建设。

（三）结合案例提出了相应的经验教训

创业型大学建设，既是一个理论话题，更是一个实践课题。许多创业

---

① 易高峰：《崛起中的创业型大学——基于研究型大学模式变革的视角》，上海交通大学出版社 2011 年版，第 129—136 页。

② 张鹏、宣勇：《创业型大学学术运行机制的构建》，《教育发展研究》2011 年第 9 期。

③ 苏晓华、李剑湘、张耀辉：《创业型大学市场化生存机制及启示》，《外国教育研究》2011 年第 1 期。

④ 温正胞：《创业型大学：比较与启示》，博士后研究工作报告，华东师范大学，2008 年。

⑤ 王琳玮、周丽华：《创业型大学建设的政府保障机制研究》，《科技创业月刊》2013 年第 2 期。

⑥ 顾坤华、赵惠莉：《高职院校向创业型大学转型的探索》，《职业技术教育》2010 年第 19 期。

型大学的成功实践，本身就蕴藏着先进的理论与正确的方法，值得许多后起的创业型大学学习与借鉴。因此，在经验介绍与案例分析上，学界成果并不少见。例如，20世纪30年代，MIT提出了著名的“五分之一原则”，规定教授一周内可以有一天时间用于咨询或者参与企业挣钱，而不会受到质疑。该制度使教授参与企业的活动合法化，对推动学术创业产生积极影响。在斯坦福大学的转型过程中，戴维斯、特曼等人起了重要作用。例如，戴维斯督促特里西德考虑取消所有的小班课程；提倡取消那些对学生和资助者没有多少吸引力的课程和系，或者说没有给斯坦福成为“教育领跑者”做出贡献的都取消；认为对系或专业进行定期拨款是所有大学普遍犯的错误；建议斯坦福应该开辟所有能引起企业关注的新领域，为此应该建立全新的机构。① 在沃里克大学，剧院、会堂可以出租，甚至连艺术系的实验演出都可以公开吸引几十万的观众而带来可观的收入。可以说，只要是能服务大众的活动，都是创业的机会来源。② 作为欧洲创业型大学的典范，沃里克坚持“管理促创业、创业为学术”的办学宗旨，并采用“顶层切片、交叉补助”的办法，来缓解院系之间因创业收益不同产生的矛盾，或者为开创新事业提供风险资金。在澳大利亚，创业型大学兴起于莫纳什大学。有学者曾分析澳大利亚高校在教师发展方面的重要举措：一是教师的培养坚持以创业为核心；二是教师的考核以科研成果转化为主线；三是创业教师的引入坚持国际化、专业化方向，主要策略是积极吸引国内外企业家到校任职，开展专业的创业教育。③ 杨德广教授从麻省理工学院、斯坦福大学、沃里克大学、特兰特大学、筑波大学、南洋理工大学等不同国家的创业研究型大学出发，归纳出创业型大学共同特点与发展策略：一是与经济社会结合紧密，直接参与经济活动，崇尚解决现实问题，以发展高科技、催生新产业为目标，与政府、企业、社会建立紧密的新型的合作关系，资金来源多元化，经费充足；二是从学科型组织向创业

① ［美］丽贝卡·S. 洛温：《创建冷战大学——斯坦福大学的转型》，叶赋桂、罗燕译，清华大学出版社2007年版，第87页。

② 刘叶：《创业型大学的发展之道：以沃里克大学为例》，《高教发展与评估》2010年第5期。

③ 荣军、李岩：《澳大利亚创业型大学的建立及对我国的启示》，《现代教育管理》2011年第5期。

型组织转型；三是创业型大学注重训练未来的企业家和创新人才。[①] 还有文从国内处在创业型大学建设过程中的浙江万里学院为例，认为这些学校无论是在执行层还是在办学与教学实施层，传统“精英型”高等教育理念还没有转变过来，还在把“创业型大学建设”作为一个口号、一种培养体系之外的课外活动，还没有制订出一个创业型大学发展规划，还没有建立起创业型办学体制和创业型人才培养体系，而校企合作创业教育平台建设、创业型大学办学团队建设、创业型师资队伍建设，则是创建创业型大学的主要瓶颈所在。[②]

总之，无论是宏观的战略举措，还是微观的具体策略，抑或是典型案例的经验教训，都主要针对创业型大学内部管理体制改革、企业化运作模式、官产学研用战略联盟、学术资本转化、创造性人才培养、多元化的资金来源、创业文化培育、关注成果应用的评价机制等方面开展研究。这些方面，既是研究创业型大学的重点难点，也是推动创业型大学不断升级发展的永恒主题。从第一章六所高校的梳理与评议来看，这些举措大体都能找到。只不过，有些高校运作成功，有些高校缺乏成效；在某些方面影响颇大，在某些方面收效甚微。

五　创业型大学的定义阐释

关于创业型大学的内涵与外延，学界见仁见智。在众多的概念界定中，笔者认为有一个定义较为可取，言简意赅地概括了创业型大学的外显特征与运行逻辑。这个定义是：所谓创业型大学，是指对社会需求和环境变化做出积极回应，将知识资源转化为知识资本，从而获取自身发展动能的新型大学。[③] 但是，笔者认为，我们应该从其使命与贡献的角度来赋予创业型大学内涵。如果说，教学型大学的基本使命是传承知识，研究型大学的使命是创造知识并传承知识，那么，创业型大学的使命则是创造知识、传承知识与应用知识的合一，着眼于积极推动学术成果转化，服务社

---

① 杨德广：《应将部分研究型大学转变为创业型大学——从“失衡的金字塔”谈起》，《高等理科教育》2010 年第 2 期。

② 王孝坤：《面向创业型经济社会的创业型大学建设——以浙江万里学院为例》，《浙江万里学院学报》2011 年第 3 期。

③ 王钟斌：《创业型大学发展的成功经验及启示》，硕士学位论文，浙江工业大学，2012 年。

会经济发展。从而，本书认为，所谓创业型大学，就是指那些将知识的生产、传承与应用融于一体的大学，即在教学科研的基础上倡导学术创业、推动成果转化的大学。对此，前文已有说明。不过，仅从定义本身还不足以让我们对创业型大学实质有更深更全的了解，在辨别具体某所高校是否属于创业型大学时仍然难以胜任。为了更好地理解何谓创业型大学，本书对创业型大学的定义再进一步作如下分析：

（一）学术成果转化是创业型大学的灵魂

面对一个新概念，我们没有必要过多地梳理与分析其历史渊源、陈列与比较其观点差异等，而是要善于抓住核心与关键，找到其有利于促进社会发展或者科学进步的着力点。对于创业型大学而言，就是这样的一个概念。例如，作为一个概念，“创业型大学”诞生于20世纪末期，代表人物主要是两位：美国学者伯顿·克拉克和亨利·埃兹科维茨。然而，他们的研究视角不同，亦没有对创业型大学下过明确的定义。克拉克从欧洲一些新型大学的体制变革出发，曾试图采用“创新性大学”这个概念；埃兹科维茨从美国研究型大学的学术成果转化出发，认为创业型大学是研究型大学的更高发展阶段。此后，关于创业型大学的研究，观点纷呈，意见不一。由于有些学者将创业型大学定位于商业化大学、营利性大学，唯利是图，以致遭到口诛笔伐、无情批判。在这种情况下，我们就很有必要分析，创业型大学为何而诞生，有何重大价值与使命。如果没有什么意义，那么，这个概念也就没有生命力，这种大学也就没有发展前景。

许多人认为，创业型大学诞生的重要动力之一在于政府财政资助萎缩，导致大学拓宽融资渠道，走上创业型大学的道路。于是，我们容易把那种追求经济利益、商业气息浓厚的大学称为创业型大学。应该说，这只是创业型大学诞生的外部动因之一，远远不是创业型大学存在与发展的生命所在。创业型大学诞生的真正动因，就是推动学术成果转化，促进社会进步。这既是大学存在与发展的立命之本，也是知识经济时代社会发展的必然要求。从这一点来看创业型大学的价值与意义，我们就不会对创业型大学如此反对或者鄙视。因为大家知道，推进高校科研成果的转化，不仅非常重要，而且非常紧迫。至于能否实现转化，转化难度有多大，那是另外一回事。可见，学术成果转化是创业型大学的组织特性，是创业型大学的灵魂。离开了这一点来谈创业型大学，都是不可取的；只有从这一点出发，我们才能抓住创业型大学的实质。

如果说，评价一所大学是否是研究型大学，主要看其研究生数在在校学生规模总数的比重，那么，评价一所大学是否是创业型大学，主要看其学术成果转化的收益在办学经费中占了多大分量。但是，我们绝不能将创业型大学界定为创收型大学。因为，创业型大学着眼于学术成果转化，而不是着眼于经济利润最大化，获取收益是其自然结果；创业型大学是从知识应用与否的角度进行分类的，而不是从盈利与否的角度进行分类的。从这一点来看，创业型大学的诞生与发展，主要是基于促进科研成果转化、推动科技创新的重大使命，具有重大的战略价值与意义，而远远不只是高校财政紧缩的挽救措施。应该说，这是对于创业型大学的一般理解，可以让我们在最短的时间内基本领会何谓创业型大学。也只有从这个角度来理解与推动创业型大学建设，才符合高等教育变革的发展走向。

（二）传统型大学的第三大职能可谓创业型大学学术创业的萌芽

创业型大学，首先是大学，必然从事教学育人与科学研究工作。但是，与传统型大学不一样的地方在于，创业型大学特别注重学术成果的应用与转化，不再沉迷于象牙塔之内，而是主动走出象牙塔，直接寻找与社会、市场的对接。如果说，传统型大学主要关注知识生产与传承的话，那么，创业型大学则是强调知识的生产、传承与应用合而为一，尤其强调将学术资本直接转化为现实生产力，为社会和经济的发展做出新的贡献。在传统型大学，我们也会提大学的三大职能，其中第三大职能是指直接为社会服务。但是，在传统型大学，第三大职能还没有成为大学的一项中心工作，没有变成组织化的行为，没有有效地引导大学的学术工作。只有在创业型大学，注重知识应用、推动成果转化才成为大学的一项中心工作，成为大学的“第三个中心”。因此，我们可以说，创业型大学的学术创业源于传统型大学的第三大职能，但又远远高于第三大职能，成为了大学的“一个中心”。这样看来，传统型大学的第三大职能可视为创业型大学学术创业的萌芽。

（三）评价一个人或者一个组织，不要盯着其利润获取有多少，而应该关注其社会贡献有多大；同时，自古至今乃至未来，在和平时期，利润回报都是推动个体或者组织服务社会的合理合法动力

那些反对创业型大学的人，所持理由不尽一致。但是，有些人将学术创业与市侩习气联系在一起，将赚钱与庸俗联系在一起，总觉得大学应该远离市场，坚守象牙塔，从而认为创业型大学不是高等院校的应然选择。

其实，任何一所大学，其存在与发展都需要成本。只不过，这些资金的来源渠道不同，外显的获取路径不同。在计划经济的条件下，中国高校的办学资金百分之百来自政府，反而不利于提高高校的办学积极性；同时，无论从国民还是高校的角度来看，这种拨款模式都是缺乏公平的。就国民来看，考上大学的人在参加工作后，获得更多的回报，而其就读大学的成本，却与没有进入大学的人共同承担，显然，这种免费教育对于许多不能进入大学的人来说，是不公平的。当然，如果一个国家有足够的财力来支撑大学，让尽可能多的人都接受高等教育，或者政府为家庭贫困而学业优异的学生减免学费，那就是另外一回事了。就高校来看，这种拨款方式，由于难以根据高校实际的社会贡献率来分配资金，既难以有效地激励高校，缺乏效率，也不能动态地区分高校，缺乏公平。在本质上，大学就是一个企业。作为公办高校，除了从政府获得基本的办学成本之外，更多的办学资金应该从市场中来，从社会上来，从企业中来。只有这样，才能增强办学活力，推动成果转化，提高高校的社会贡献率。

在接触创业型大学之前，我总以为大学教师是不能发财的，要想成为富人，就不要当大学教师。但是，在接触创业型大学之后，我改变了这个观点，认为大学教师完全可以通过学术创业成为富翁。其立论依据在于，致力于学术成果转化的创业型大学，具有重大的价值与意义，代表了未来高等教育的走向，具有巨大的生命力，从而大学教师推动成果转化，具有必要性，是正义的，是服务社会发展的，理应受到鼓励与扶持。在这种情况下，这些教师先富起来，就是合理合法的。可见，无论是教师个体，还是创业型大学，通过学术创业实现自身的价值，同时获取一定的利润回报，是履行职责与使命的自然结果，也是推动学术成果转化的内在动力。我们评价这些教师与大学，也就不要批评他们似乎只是为了赚钱，而应该肯定他们为社会做了巨大贡献，获得利益是理所当然的。

（四）教学型大学与研究型大学都可以转化为创业型大学

从知识应用的角度来看，可以将大学分成三类：教学型大学、研究型大学与创业型大学。教学型大学，以知识的传承为主；研究型大学，以知识的创造为主；创业型大学，在知识的创造与传承的基础上，注重知识的应用。相对于创业型大学而言，教学型大学与研究型大学，可谓传统型大学。在包括埃兹科维茨等不少的学者看来，创业型大学只能从研究型大学转化而来，研究型大学是创业型大学的发展起点。应该说，这确实有道理。因为，没有一定的学术积累，没有独特的创新性成果，难以开展学术创业。但是，在我国，教学型大学与研究型大学的分类，是相对的。可以说，任何一所本科层次的教学型大学，都在做研究。事实上，大学的第一个使命，应该是科学研究，即创造知识，或者理解与梳理知识，然后才是大学的第二个使命，培养人才，即传承知识。这一点，与一位大学教师的体会是一致的。试想，一位大学教师不去开展科学研究，或者不能很好地领会相应知识并进行梳理，仅仅照本宣科或者对于知识一知半解，这样的老师，绝对搞不好教学，无法有效地传承知识。这些，就是科学研究，或者说相当于科学研究。同时，一所大学推动研究成果的转化，其研究来源方向至少有两个：可以从学术前沿出发；亦可以从社会生产中出发。对于教学型大学的科学研究，就可以从社会生产中找到科研课题，直接面向实践与市场，推动学术成果转化。在中国高校，985 高校、211 高校与地方本科院校，许多情况不是学术能力的高低，而是学术平台的高低。只要转变评价机制，不少教学型大学能够在市场中走出一条特色化的办学之路，在学术创业、科技创新、社会服务上闯出一条新路。

（五）目前以赚取学费为主的营利性大学不是严格意义上的创业型大学

创业型大学一个最为外显的特征就是依靠自身的学术资本，获得办学资金，这是一条市场化的道路。从这一点来看，那些依靠学费来运转的国外私立大学、中国民办高校，是不是创业型大学呢？因为教学活动也是学术资本的运用，从某个角度来说，知识传承属于广义的知识应用。事实上，许多学者已经将这些大学划入创业型大学了。但是，至少目前大部分这样的大学不应该归为创业型大学。原因在于：

其一，创业型大学是以学术资本转化为组织特性，而不是以是否收取学费为组织特性。学术资本转化就像人才培养、科学研究等高校其他职能一样，体现的是一种办学使命，具有重大的社会价值，而收取学费只是一种经济行为，体现的只是一种价值选择，不具有历史必然性与社会必要性。只有从学术资本转化出发，创业型大学才能获得存在与发展的巨大能量，成为指引高等教育变革的重要一极。

其二，任何一所大学都是收取学费的，只是付费的主体不同。如前所述，每所高校都存在办学成本问题，都需要支付学费，只不过付费的主体不同。在公办高校，政府帮教育消费者偿还了大部分学费；在私立大学，则主要由教育消费者自己支付学费。当一个国家或者地区的经济极度发达，政府极为富有，也可以将高等教育纳入义务教育，实行全民免费。

其三，营利性大学的市场运作并不彻底，不是真正意义上的学术资本转化。当前，人们选择营利性大学就读，有时瞄准的不是为了提高素质，而是获得文凭。在这种情况下，接受大学教育往往是为了取得出身，而不是取得知识。假如有一所大学，学生是冲这里的教育质量而来，哪怕学校不发放文凭，仅仅属于培训性质的学习，也有许多学生自愿掏钱来读书，那么，这样的学校才可谓创业型大学。因为，他们销售的课程，是真正的市场化产品，完全属于学术资本转化行为。

其四，创业型大学与营利性大学，是从不同角度进行的大学分类。创业型大学是从知识应用的角度，相对于传统的教学型大学、研究型大学而言的，主张在知识生产、传承的基础上拉长知识链条，推进知识的直接应用。营利性大学是从学费来源角度，相对于非营利性大学而言的。一所营利性大学如果只依靠文凭而赚取学费收入，却没有推动学术资本转化，那么，它就不属于创业型大学；如果同时推动学术资本转化并达到一定程度，那么，它同时属于创业型大学。可见，分析一所大学是否属于创业型大学，关键是要抓住学术资本的转化，而不仅仅是学术资本的传承。（当然，如果知识传承真正贯彻市场原则，亦即以课程资源取胜，而不是以文凭授予取胜，那么，这些教学型的营利性大学也属于创业型大学。）这属于从不同角度对大学进行分类，就像同样区分私立大学与营利性大学一样。私立大学对应于公立大学，是从办学主体角度而进行的分类；营利大学对应于非营利大学，是从成本分担角度而进行的分类。私立大学不一定都是营利性大学，例如哈佛、斯坦福，虽然学费高昂，但在办学成本中所占份额很少，我们一般不会将它们划入营利性大学。不过，我们不要忌讳谈“盈利”的问题，任何组织都存在组织使命，同时存在盈利事实，没有盈利就难以推进组织目标。就像大学一样，都存在成本与利润问题，只是成本分担的主体不同而已。当一所大学越来越有影响，成本更多地依靠学术创业、社会捐款等，其营利特征就越来越模糊。因此，我越来越觉得，营利性大学与非营利性大学的概念，要从我们的视线中消失，成为历史，代表过去我们对于大学组织的保守与狭隘理解，仅仅采用私立大学与公立大学的概念代替即可。

（六）创业型大学、教学型大学、研究型大学的划分是相对的

如前所述，从知识应用情况来看，我们可以将大学分为教学型大学、

研究型大学与创业型大学。科技部部长万钢也曾提出，目前中国大学划分为教学型大学、研究型大学和创业型大学三大类。① 但是，这种划分只是相对的，任何一种类型的大学，都具有知识生产、知识传承与知识应用的功能，只是所占的比重不同。

例如，从教学与科研的关系来看，任何一所本科层次的教学型大学，必定要从事研究工作；任何一所研究型大学，必定要从事教学工作。只要属于大学，培养人才就是中心工作，开展科学研究必不可少，这对于创业型大学也是一样的。只有一流的研究水平，才能保证一流的教学水平。从这一点来看，教学型大学与研究型大学或许不是类型问题，而是层次问题。

又如，从学术创业的角度来看，我们现在提出大学具有三大职能（所谓的文化传承与创新，很难作为一项相对独立职能），这就意味着教学型大学与研究型大学都具有直接服务社会的职责，并且主要体现为学术资本的转化。事实上，在我国，当前一些没有提创业型大学的高校，学术创业反而搞得轰轰烈烈，例如浙江大学，无论是学校整体的发展思路，还是该校教师个体的价值追求，都在瞄准市场，积极推动学术成果转化。可见，在现代大学，学术资本转化是所有大学追求的方向之一，只是在不同高校占有不同的分量，有着不同的地位与作用。

另外，有些大学，可能既属于研究型大学或者教学型大学，也可以纳入创业型大学。例如同样属于创业型大学的斯坦福大学与华威大学，前者被视为研究型大学，后者若干年以前还属于教学型大学。当然，从理论层面的分类角度来说，我们不允许出现这样的情况。

根据以上分析，我们可以发现，教学型大学、研究型大学与创业型大学这三个概念，都是历史的、相对的。在一所完整的现代大学，知识生产、知识传承与知识应用应该高度合一。只有这样，才能实现良性循环。当我们扩大学术资本转化或者说知识应用的外延后，未来的某一天，或许所有的大学，都同时承担人才培养、科学研究、学术创业的三大使命。因为从大学的企业属性与学术的应用特性来说，学术创业就是大学的本质回归。

---

① 转引自张维亚、严伟《创业型大学：应用型本科院校发展模式选择之一种》，《文教资料》2013 年第 28 期。

（七）研究型大学与创业型大学是一种并列而不是递进关系

在埃兹科维茨等许多极力推崇创业型大学的学者看来，创业型大学是研究型大学更高的一个发展阶段，甚至认为所有的研究型大学都应该转向创业型大学。应该说，这种观点是偏颇的。一个最有力的反证之一便是，关注形而上的纯粹研究同样非常必要。例如，在自然科学领域，发现某些新元素、新物种以及梳理某些学科知识等，都需要人去做，也在短期内难以转化；在人文社会科学领域，大学教授应该承担社会预警的职责，履行正义使者的角色，这些都不应该转化成商业化行为，同时需要保证大学教授的相对独立性。当社会物质极度丰富之后，或许我们有足够的条件来养活这些大学及其学者，让他们自由自在地研究。而且，这样更能让学者们潜心研究，产出精品。因此，无论大学与社会的关系发展到什么程度，无论有多少大学转型为创业型大学，那种坚持形而上、关注纯粹研究的大学及其教师，永远存在，永远散发光芒。

（八）创业型大学并不意味着每位学生都要去创业，并不意味着一所大学每位教师都要直接推动学术成果转化

毫无疑问，创业型大学是利用自己独特学术资本开展创业，而不是随便开一个公司、缺乏科技含量的一般性创业。这对于大学教师与学生的创业来说，同样如此，属于学术创业。在此前提下，我们在推进创业型大学建设时，并不意味着所有教师都要从事创业活动，更不意味着教师直接将自己的学术成果转化。对于一所创业型大学来说，创业活动已经属于大学的组织行为，该组织有义务帮助教师转化自己的学术成果。而且，与教师一样，学校应该从中取得一定的收益。对于教师来说，他们可以直接转化，也可以由学校转化，但他们的主要工作还是教学育人与科学研究工作。只不过，他们的研究较多地关注现实与应用。对于学生来说，更多的是培养他们的创新精神、创业意识。至于是否在校期间或者毕业之后马上从事创业活动，那是他们自己的选择问题。事实上，评价一所大学是不是创业型大学，正如前所述，还是看其学术创业收益在办学成本中所占的份额有多大。

第二节　大学转型落脚点在教师转型

前文不仅描绘与评析了6所被誉为或者定位为创业型大学的高校发展

历程、改革举措以及建设成效，而且从概念辨析、价值预设、发展起点、建设路径等几个方面对当前学界理论观点进行了整理、概括与提炼。在此基础上，本书赋予了创业型大学一个全新的定义，并予以阐释。其最终的学理目的，都是为了理顺创业型大学的内涵与外延，探索创业型大学的建设路径，加快创业型大学的本土化进程。但是，本书并不是从大学转型的通用举措、创业型大学的方方面面或者克拉克的五条途径等层面进行分析，而且选择教师视角来分析创业型大学。之所以选择这个视角，是因为教师转型与创业型大学建设之间存在本质联系。换言之，只有实现传统教师向创业教师的转型，才能实现传统型大学向创业型大学的转型。更重要的理由在于，选择教师视角分析创业型大学建设，远远比从一般层面研究创业型大学更容易发现问题，达到研究的更佳效果。因此，研究“教师转型与创业型大学建设”这个论题，就不是为了一个视角而随意选择一个视角，更不是把两个不相关的话题强行扯在一起。只要教师转型与大学转型具有一一对应关系，从教师转型视角切入，以小见大、由点及面来研究创业型大学建设，就是科学的、可取的，并且也是巧妙的、智慧的。对此，本章第三节还会有更多的探讨。在此，本书主要肯定教师转型与大学转型内在一一对应的关系，从而确立从教师转型视角研究创业型大学建设的合理性与科学性。

一　教师转型与大学转型一一对应的学理依据

关于大学教师的学术论著汗牛充栋，但是从教师与大学，尤其是教师转型与大学转型两者相关性探讨的论著，少之又少。只在某些篇章中，偶尔有些零碎的个别观点。例如，“教师转型是高校转型发展的前提和基础”①，“大学的转型和发展的基础是教师，教师是创业型大学转型的核心力量，只有大学教师的转型才能有效促进大学的转型”② 等。这是否说明，教师转型与大学转型两者之间存在一一对应的关系，属于一种常识，不需要特别研究呢？也许不乏有这种认识的学者，也许学界还没有从这种高度上对这种常识予以确认。但是，当本课题将教师转型作为一个观察视

① 丁志同：《高校教师转型的内涵及其动力机制析论》，《理论导刊》2014 年第 9 期。

② 龚春芬、李志峰：《创业型大学教师发展：目标选择与实现途径》，《黑龙江高教研究》2008 年第 11 期。

角来研究创业型大学之后，就必须对这个常识在理论上予以确认，否则，本课题所有的研究就缺乏理论基石，会被人认为是没有价值与意义的“转圈圈”学说。那么，怎样对教师转型与大学转型两者之间的本质联系予以理论确认呢？本书试从以下三个方面来论述：

（一）有什么样的教师，才有什么样的大学

高校是培养人才的地方，教师是大学最重要的主体。学习者来到大学，不是因为这里有一流的管理队伍，更不是因为这里有漂亮的建筑，而是因为这里有相应的学科与专业。这些学科与专业的主体，正是大学教师。试想，没有大学教师，这些学科与专业还会存在吗？没有相应的管理队伍，我们马上就可以选聘一批。但是，如果这批学科与专业的师资队伍换了，学科与专业的性质或许也就变了。从“人”这个主体来说，学习者选择大学，不是选管理队伍，而是选师资队伍。当前，从理论层面，我们都已经明确，管理人员是高校的服务者、支撑者，最多推为掌舵者、领航者，但是广大专任教师则是学校改革与发展的主体。无论是学校确立的发展目标，承担的历史使命，还是具体的教学育人、科学研究以及社会服务等工作任务，都得依靠教师才能完成。从教师与学习者的比较角度而言，教师是相对稳定的，起着引领作用的，而学习者们则是不断流动的，跟随教师一起学习的。大学文化的塑造，大学精神的培育，同样是以教师作为主体的。校友们日后津津乐道的，往往是那些大师们。只有回忆起这些大师们的时候，他们才会想到学生时代的大学，才会体味大学的风骨与精神。总之，作为培养人才主阵地的高校，教师是大学最重要的主体。

教师的学科属性，决定了大学的学科属性。人才是分类的，一所高校的教师，也是各有学科归属的。可以看出，一所大学教师大量集中在哪些学科，这所大学便就属于哪些学科门类的高校；一所大学哪些学科教师最有影响力，这所大学的哪个学科就会最有影响力。我们还没有发现，一所以某种学科作为主体学科的行业大学，却在学校内找不到这种学科的专业教师；一所以某种学科作为办学特色的知名大学，却在学校内找不到这种学科的知名学者。可以说，教师的学科属性，决定了大学的学科属性；有什么类型的教师，就有什么类型的大学。例如，如果一所大学的教师全是体育专业的教师，那么，这就是一所体育大学；如果一所大学的教师以农林学科专业教师作为主体，那么，这所大学必定是一所农林行业大学。

有什么层次与水平的大学教师，就有什么层次与水平的大学。评价大学，是一个世界难题。虽然现在流行各种各样的排行榜，并被不少人士甚至教育学者们奉为准则。但是，这种排名是缺乏科学依据的。如果一所大学能够把成绩平平的学生，培养成为世界杰出的人才，并且这种人才效应具有普遍性与持续性，那么，这所大学就是卓越的大学。如果一所将全世界最优秀的学子聚集于此，尽管教育质量平平，这些学生以后仍然会成为社会各行各业的精英，那么，这就很难说这是一所卓越的大学了。可见，当前大学评价并不客观与科学，受到平台、生源、学科性质、办学资金等方方面面的影响。但是，尽管如此，我们同样可以看出，那些排名靠前的大学，其教师的学术声誉亦在圈内更有影响力。同时，世界各国高校共同的重要工作之一，便是发掘尽可能优秀的教师，以此来提升学校的办学水平与层次。可见，从层次与水平来看，教师与大学也是一一对应的。事实上，抛开各种管理体制、校舍场地以及发展平台等外在因素，就如中世纪大学一样，大学教师的组成就是大学的话，那么，我们会毫不迟疑地说：有什么层次与水平的大学教师，就有什么层次与水平的大学；教师的能力与素质，决定了大学的质量与声誉。

（二）大学转型的实现，最终在于广大教师

中国大学的转型，往往自上而下，依靠行政力量的推动。但是，要实现真正的转型，必须依靠广大教师，首先推动教师转型。可以说，大学的任何一种转型，最终落脚点都在教师的转型。

教师是大学文化的传承者，高校办学文化的转型最终体现在教师的转型。一所高校的办学理念、战略目标以及价值追求，可以由学校领导确立。但是，要在全校范围里落地、扎根、开花并结果，则需要广大教师。教师是大学文化的播种机与传声器，只有通过他们，才能把这种办学文化广泛传播开来，对外连接各行各业，对内熏陶万千学子。教师是大学文化的主体，只有内化为他们的素质或者气质，才能让这种大学文化洋溢在大学的上空。

教师是教学育人的承担者，高校人才培养的转型最终体现在教师的转型。作为大学的第一个中心与第一大使命，人才培养是大学改革与发展的主旋律。这项中心工作，全依靠广大教师来承接。学校需要增设哪些课程，需要教师来完成；学校准备推行哪种教学模式，需要教师来实现；学校确立什么类型的人才培养定位，同样需要教师贯彻落实，甚至要从改变教师的类型开始。例如，学校要培养应用型人才，若不从培训或者引进应

用型师资开始，这种人才培养模式的改革就流于形式；学校要发展某些新型学科以培养此类专业的学生，若不从加快现有师资的学科转向或者引进相应的师资开始，这种学科专业的招生就会受到质疑，更谈不上培养质量。

教师是科学研究的生力军，高校科学研究的转型最终体现在教师的转型。对于一所高水平的研究型大学来说，学校力争创造出更多的应用性科研成果，并积极推动科研成果的转化，最终还是要由广大教师来决定，看看他们是否愿意由学术本位转向学以致用，也要看看他们能否生产出真正适应市场需求的应用性成果。对于一所刚刚起步的新建本科院校来说，学校力争创造更多的科研成果，以推动学校上水平上台阶，改变学校的专科痕迹，塑造大学的学术文化，最终还得依靠广大教师，同样要看看他们是否实现了由教学为主转向教学与科研并重，看看他们能否创造出更多有水平的学术成果。

教师是社会服务的履行者，高校社会服务的转型最终体现在教师的转型。一所大学要在教学和科研“两个中心”的基础上增加或者扩充直接服务社会的职能，最终需要将这项职能转化为广大教师的工作任务。其成效如何，取决于教师直接服务社会的工作成效如何。一所大学准备让自己的社会服务职能转向，从公益性的社会服务转变为收益性的学术创业行为，最终需要教师的转型，从他们的学术产品、服务态度、价值追求等全面转型。例如，有文提出，中国应用型本科院校向创业型大学转型，是应用型大学跨越式发展、特色发展的重要途径之一。[①] 这种转型，就属于社会服务的转型，其最终依靠广大教师的转型。

教师是大学发展的主体，大学的转型升级最终落脚于教师的转型升级。前文已有论述，有什么类型的大学教师，就有什么类型的大学；有什么水平的大学教师，就有什么层次的大学。一所大学要实现学科门类的转型，最终体现在师资的学科结构比例上；一所大学要提升办学层次，最终体现在高水平高层次人才的拥有上。

总之，无论是哪种力量引领高校转型，还是哪种大学类型的转型，只有获得广大教师的理解、支持，引导他们的工作与实践，并且使其从心底

① 张维亚、严伟：《创业型大学：应用型本科院校发展模式选择之一种》，《文教资料》2013年第28期。

认同，在行动上体现出教师的自觉，最终实现教师的转型，方可表明该所大学已经真正实现了转型。

（三）没有教师的转型，就没有大学的转型

按照数理逻辑，如果一个命题成立，那么，其逆反命题同样成立，但其逆命题以及反命题不一定成立。前面已经说明，只有教师转型了，大学才能实现真正的转型。如果这个命题的反命题或者逆命题同样成立，那么，教师转型与大学转型一一对应的关系就更加被证实了。在此，本书以其反命题试作说明。该命题的反命题即为：没有教师的转型，就不可能出现大学的转型。证实这个反命题，我们可以从两个方面来分析：

一方面，没有教师的转型，大学的使命与任务就不可能按照既定的方向去完成，自然就无法实现大学的转型。一所大学的转型，主要体现在其历史使命与具体工作任务的转型。例如，从教学型院校转型为教学与科研并重型院校，增加了科学研究的职能，这既是一种基于社会发展需要的历史使命，也是一种基于学校基本职责的工作任务。又如，从教学与科研并重型院校转型为创业型大学，增加了学术资本转化、学术创业的职能，体现了社会发展的需要，是社会赋予大学的一种新使命，也是学校为完成这种使命而必须承担的一项新工作。无论是什么样的转型，这种使命的履行者与任务的完成者，都是大学教师。教师如果不转型，新的历史使命与新的工作任务，就无法完成，自然谈不上大学的转型。例如，从准备转型为教学与科研并重型的教学型院校来说，如果没有广大教师转型到科研与教学并重的轨道上来，仍然只关注知识的传承，那么，这所大学的转型就没有完成，仍然属于教学型院校。同理，从准备转型为创业型大学的教研并重型院校来说，如果没有广大教师转型到将成果转化、学术创业视为继教学育人、科学研究之后的又一个中心，那么，这所大学成果转化、学术创业的业绩就不可能富有实效，这所大学的转型也就仍然没有完成，仍然属于教研型院校。可见，没有教师的转型，就没有大学的转型。

另一方面，世界上找不到一所学校已经转型而教师尚未转型的高校。在现实生活中，我们确实看到或者听到，某些学校宣传自己属于什么类型的大学，也就是说，它们已经转型为某种类型的大学了。但是，只要去分析该校的师资队伍现状，看看教师在多大范围与多大程度上对接了学校的新方向，或者说实现了转型，我们就能准确判断该校是否真正实现了转型，就能断定该校的宣传是否属实。例如，某所地方院校提出了建设应用型本科院校的战略定位，可是，该校的教师结构仍然与以前一样，学术本位型的教师占主体，应用技术型的教师数量并没有增加，课程资源没有发生任何变化，那么，该校仍然没有转型为应用型本科院校，最多只能说是一个奋斗目标。总之，要在世界上寻找一所学校完成转型而教师没有转型的高校，是非常困难的。如果要说有，那也只能说是一种宣传口号，一种声势虚张。

二 教师转型与大学转型一一对应的历史依据

自诞生以来，大学就一直处在不断变革与发展的过程中。当达到一个质的突破，大学便实现了整体的转型。从历史的角度来考察，我们同样可以发现，大学的转型与教师的转型是一一对应的。也就是说，只有教师转型了，大学才有可能转型；如果一所大学转型了，那么占主体地位的教师必定实现了转型。那么，如何来考察高等教育史上历次大学转型与教师转型之关系呢？对此，我们可以从教学型大学、研究型大学与创业型大学三种类型的高等教育形式来分析。理由在于：其一，这三种大学，代表了高等教育发展史上的不同历史阶段，能够体现出大学转型的历史变迁；其二，从教学型大学到研究型大学，再从这两类院校所体现出来的传统型大学到创业型大学，原有的大学职能并没有减弱或者消退，只不过增加了新的使命与任务，从这种大学功能转型的角度来研究教师转型，更能清晰地分析两者一一对应的关系；其三，本章第一节对创业型大学的内涵与外延已经进行了全面的梳理，并赋予了一个体现其职能特性的定义，从而为这里的历史考察提供了理论支撑。在此，本书从三种类型的大学形态介绍入手，着重分析其大学组织内部的教师职责，是否与相应的大学形态存在一一对应的关系，甚至需要特别关注，何者在前何者在后。

（一）教学型大学与教师职责分析

现代意义上的高等教育，起源基本上归于中世纪的大学。例如，意大利的波洛尼亚大学和萨莱尔诺大学，随后的巴黎大学、牛津大学等，可谓高等教育的第一个发展形态。[①] 中世纪大学，以人才培养作为单一的职能。可以说，在19世纪以前的大学，主要是一种教学型大学，教学育人

---

① 详见付八军《高等教育属性论——教育政策对高等教育属性选择的新视角》，江西人民出版社2008年版，第40—41页。

是大学唯一的使命。虽然偶有一些学者从事科学研究，但那时的科学家们都还只是业余爱好者，那些科学团体的成员也大多在大学之外，对科学的主要贡献并非是由大学而是在大学之外做出的，大学当时还只是处在科学的边缘。[①] 在此，我们可以以中世纪大学作为例证，试说明教学型大学与教师职责的相关性。

中世纪西欧的大学，可从某个角度分成两类："学生大学"与"先生大学"。所谓"学生大学"，是指由学生主管校务的大学，例如波洛尼亚大学等。大学行政事务均由学生主管，凡教师聘任、学费数额、学期时限和授课时间等均由学生自行决定，教师唯一能够完全掌控的方面是考试制度。显然，"学生大学"的中心任务便是教学，在学生的评价视野中，能让他们从教学育人中受益的教师便是好教师，至于其他方面，与学生关系并不大。从这里也可以发现，中世纪大学总体而言，课程充满"实用主义色彩"[②]。所谓"先生大学"，就是指由教师主管校务的大学，例如巴黎大学。教师负责制定规章制度、教学内容、学生管理、学位授予等各种校内事务。但是，正因为是由教师掌控的大学，教师不仅要承担教学的职责，还要履行管理的职责。几乎每位学生，都必须有相应的教师来管理；反之，每位教师，几乎都要承担管理学生的责任。这里的管理，实际上相当于我们今天所说的管理育人，同样属于"教学育人"范畴[③]。而且，那个时候并没有研究的文化氛围，自由辩论的影响力远远超出著书立说。哪怕个别教师开展了相关的或者纯兴趣的研究，也都属于作为大学教师职责之外的业余爱好。可见，在中世纪的大学天空，洋溢着"教学"的浓浓气息，除此以外，对于学生来说，其他的一切活动并不重要。再加上学生支付学费、知识被教师垄断的现实，使得中世纪大学的教学也有许多让人诟病的地方。例如，有文指出：大学教师教学照本宣科，属于中世纪大学的遗风。那是因为那个时候没有普及书本，文字写在羊皮卷上，价格昂贵，只有教师拥有，传承给学生只能通过"老师念，学生记"的方式。在今天，如果教师的课酬仍由学生直接付给教师的话，这样的教师一定会被轰下讲台。[④]

---

① 冒荣、赵群：《两次学术革命与研究型大学的发展》，《高等教育研究》2003 年第 1 期。

② 田静琳：《中世纪大学教学研究》，《科教文汇》2010 年第 12 期上旬刊。

③ 付八军：《高校三种育人制度的冲突与选择》，《现代大学教育》2010 年第 4 期。

④ 付八军：《论大学教师的职业特性》，《理工高教研究》2009 年第 6 期。

中世纪的大学，有许多值得我们学习与借鉴的地方。例如，那时的大学及其教师，拥有较大的自治权，有些高校甚至拥有独立的司法权；虽然那个时候宗教色彩鲜明，教学内容崇尚辩论与理智训练，但总体上属于面向职业的教育，体现出务实的一面；在教育过程中，由于强调以教学为中心，甚至作为唯一的办学目标，从而使得学校的教学文化氛围浓厚，师生关系较为紧密。而且，那个时候的教师与学生，自由流动性强，这对于激励地方政府重视大学建设以及下放办学自主权，是不无裨益的。例如，1229 年的狂欢节，巴黎大学发生了一次严重的学生骚乱，有几个人受了伤。为了报复性的惩罚，城市当局处死了两名学生。为此，激起了师生的义愤。大学宣布罢教，师生们离开巴黎前往昂热、奥尔良、兰斯、牛津、剑桥和其他地方的学校，并在前两个地方建立了可与巴黎大学相比的大学，也有了剑桥大学的兴起。[①] 此次事件，导致巴黎大学关闭两年之久。难怪有文说，中世纪大学教学价值的精神向度，是人类精神圣殿中一块永不褪色的丰碑，是当代大学重新定位其教学价值的重要标尺。[②]

（二）研究型大学与教师职责分析

对于研究型大学的诞生，学界有许多不同的观点。例如，有不少学者认为，1810 年，德国创建了柏林大学，颠覆了传统的大学模式，提出了“教学与研究相结合”的原则，此后，科学研究成为大学的第二项职能。也有文认为，研究型大学起源于美国，18 世纪哈佛大学的课程改革就留下了“（学术）革命的遗产”……美国是现代大学理念和研究型大学的真正缔造者。[③] 本书认为，研究型大学处在不断发展与完善中，从德国柏林大学的创建，到德国吉森大学科学实验室的建立，再到霍普金斯大学研究生教育制度的形式，甚至到斯坦福大学的技术许可办公室，或许正是研究型大学在不同历史时期的不同发展阶段。在此，我们可以从研究型大学的创建以及美国研究型大学的形成，来分析大学转型与教师职责的关系。

德国柏林大学的创建与改革，开启了大学从事科学研究的新篇章，使

---

① 宋晓云：《欧洲中世纪大学教师与大学精神》，硕士学位论文，江西师范大学，2004 年。

② 熊华军：《中世纪大学教学价值的取向：在理性中寻求信仰》，《江苏高教》2007 年第 6 期。

③ 陈超：《从学术革命透视美国研究型大学崛起的内在力量》，《清华大学教育研究》2012 年第 4 期。

科学研究成为大学的第二项职能[①]，使传统的教学型大学转型为研究型大学。这种转型，首先要有教师的转型，然后才是真正意义上的大学转型。只有教师首先转型研究者，大学才可能转型为名副其实的研究型大学。可以说，在洪堡倡导“教学与研究相结合”的原则之际，他并不是从大学转型的角度提出，而是为了推动教师转型，迫切希望教师把教学职责建立在科学研究的基础之上。至于后来成为高等教育发展史上的里程碑，更多的是后人根据柏林大学这一原则的历史贡献而赋予的，这或许也是洪堡以及柏林大学始料未及的。可见，从研究型大学的诞生来说，教师成为研究者是第一位的，一所纯粹的教学型大学转型为研究型大学，其着眼点首先是教师的转型。事实上，许多学者在分析柏林大学创建时，已经有意无意地发现了这种现象。例如，有文指出，在洪堡倡导这一原则之初，科学研究在某种意义上并非是对大学组织职能上的规定，而是对大学教授职业使命的一种倡导。[②]

从美国研究型大学的形成来看，同样证明先有大批研究型教师的出现，然后才有大量研究型大学的繁荣。19 世纪，有 1 万多名美国学生在德国大学学习过，其中一半集中在柏林大学。在这些留德学生中，有一半以上是在德国大学的哲学院学习。这些留德学生回国后，有的直接参与创建了美国的研究型大学，如丹尼尔·吉尔曼帮助创立了美国第一所研究型大学约翰·霍普金斯大学并担任首任校长，安德鲁·怀特创建了康奈尔大学并担任首任校长，斯坦利·霍尔帮助创建了克拉克大学并担任首任校长。[③] 大部分留德学生进入这些关注科学研究的大学，大大地推动了这些高校成为美国实至名归的研究型大学。正如康奈尔大学原校长弗兰克·罗德斯所言，“许多美国新大学的教授本身就曾是这些德国研究生院的学生，这样，德国的学术影响和它所创造的新知识就不知不觉地渗入到美国的课程当中”[④]。可见，美国研究型大学的建立，同样是一个渐进的过程，从研究型大学办学理念的确立，再到大批研究型教师的培养与引进，再到

---

① 付八军：《大学教师的培养与成长》，中国社会科学出版社 2010 年版，第 21 页。

② 冒荣、赵群：《两次学术革命与研究型大学的发展》，《高等教育研究》2003 年第 1 期。

③ John S. Brubacher & Willis Rudy, *Higher Education in Transition: An American History: 1636 – 1956*, New York And Evanston: Happer & Row. Publishers, 1958, pp. 172 – 173.

④ ［美］弗兰克·罗德斯：《创造未来：美国大学的作用》，王晓阳等译，清华大学出版社 2007 年版，第 8 页。

知识传承与知识创造的革新，最后到人才培养规格与学术文化的转型，一步一步由教学型大学最终转型为研究型大学。

（三）创业型大学与教师职责分析

20世纪初，美国威斯康星大学校长范·海斯提出，大学的教学与科研要考虑社会的实际需要。这就是学界通常所说的威斯康星理念，强调大学直接为社会服务，形成了大学的第三大社会职能。至此，学界将高等院校的三大社会职能归纳为：培养人才、科学研究以及直接为社会服务（一般简称“服务社会”）。但是，高校服务社会职能的出现，并不意味着创业型大学的诞生。在本书看来，社会服务职能的出现，可以作为创业型大学学术创业的初级阶段。理由在于：其一，学术创业成为创业型大学的一项历史使命，甚至成为大学获取办学资源的重要途径，而服务社会只是大学教学与科研职能的延伸，远远比不上学术创业在创业型大学中的地位与作用；其二，在创业型大学中，教师注重从社会市场上捕捉科研信号，再将研究成果投入到社会应用中去，但开展社会服务的教师，更多的是利用已有的学术优势，直接承担社会的相应任务；其三，从职能本身看，创业型大学的学术创业职能，本身就要比大学的社会服务职能内涵更为丰富，外延更为广泛，可以说，学术创业包含着社会服务的所有内容，而社会服务只不过是学术创业的一个细小内容。但是，无论是大学社会服务职能的出现，还是创业型大学学术创业的出现，都首先离不开教师的转型。与前面的分析一样，在高等教育变革史上，先有该种类型教师的出现，然后才有这种类型大学的形成。

从社会服务职能的出现来看，威斯康星理念孕育于美国的赠地运动中。19世纪60—70年代，美国兴起了一批赠地学院。这些学院以实用主义作为办学理念，注重与当地农工的密切联系，关注技术革新对社会的发展，扭转了当时美国学院因过度偏重古典教育而陷于空疏无用的状态，体现出了大学直接服务社会的职能。但是，这种社会服务型的赠地学院，建立在实用的课程体系、教学方法以及学术活动之上，离开了服务型的教师，赠地学院也就达不到服务当地农工的目的。例如，赠地学院不但在课程方面创立农业、工艺等新的专业学科，而且在教学方法上也要进行变革，重视理论与实践的结合，组织学生到农场参加生产，把所学知识应用于实际；各个赠地学院普遍设有示范农场、示范车间，后来又建立农业和工程实验站，师生亲自动手实验，走出学校去观察自然，去考察工业、社会制度及公共机构，自己动手设计并操作机器；① 等等。从这里可以看出，没有大批教师的转型与实践，这些服务社会的各种活动就不可能达成，赠地学院的办学理念自然也就无法真正实现。

从创业型大学学术创业的出现来看，只有教师拥有了学术创业的相应条件，并具有饱满的创业热情，才能推动大学走向学术创业的轨道。从前面三所成功的创业型大学发展历程可以发现，一所成功的创业型大学背后，有着大批优秀的创业型教师。只要有相应的政策推动，这些教师就可以走向学术创业。但是，若没有这些优秀的创业型教师，再强大的激励政策也难以走出创业型大学。例如，MIT 作为一所成功的创业型大学，最大的力量之源在于该校潜伏着大量的创业型教师，同时带领一大批具有创业潜质的学生，形成了一个个创业学科。有文指出，该校"理科院系中通常有很多独立的小组……小组由'首席研究者'领导，有一组人员协助，其中很多仍然是学生，或者在科研生涯初级阶段的人。助理教授负责 3—4 个学生，副教授负责 7 个，教授可以最多负责 15—20 个学生，在某些学科可能会更多……一些这样的研究小组已经有了许多小生意的特征，如果有机会，就只差一步成为真正的公司"②。

三 教师转型与大学转型一一对应的现实依据

无论基于学理分析还是历史演变，教师转型与大学转型具有一一对应的关系。再从现实来看，两者同样呈现出一一对应的关系。在此，本书选择从各级政策、高校类型以及教师素质三个层面，试作分析，以此进一步论证教师转型与大学转型一一对应的理论观点，为本书从大学教师转型视角研究创业型大学建设提供坚实的理论基础。

（一）从各级政策看教师转型与大学转型一一对应的关系

在中外各级高等教育政策文本中，虽然直接描述教师转型与大学转型之关系的政策文献极为少见，但是，不少重要文件都隐含着两者一一对应的关系。也就是说，推动大学的转型升级或者快速发展，都离不开教师的转型升级或者快速发展。例如，在国家层面，美国政府特别重视研究型大

---

① 杨光富：《美国赠地学院发展研究》，硕士学位论文，华东师范大学，2004 年。

② ［美］亨利·埃兹科维茨：《麻省理工学院与创业科学的兴起》，王孙禺，袁本涛等译，清华大学出版社 2007 年版，第 178—179 页。

学对科学技术进步与社会经济发展的贡献力，并将这种重视程度转化为对广大教师的科研资助，通过激励教师开展科研进而提高大学的科技贡献力。在2001年度，美国获得科研经费最多的前10名高水平研究型大学，其科研经费收入的70%以上来自联邦和州政府的投入。[①] 可以说，哪所大学的教师获得的科研经费越多，哪所大学在政府的高等教育体系中所占的分量就越重；某所高校在哪些领域获得的科研经费最多，该所高校的相应学科在政府的高等教育体系中就最有地位。在学校层面，为吸引生源，提高社会声誉，美国高校非常重视学生在校的学习效果，为此，美国高校就需要引导教师关注教学育人。只有教师加强教学投入，才能体现大学的育人实效。从而，在美国大学教师发展内涵不断丰富的过程中，教学发展依然是其核心。[②] 在我国，无论是国家层面的政策文件还是校级的管理办法，均隐含着教师转型推动大学转型、大学转型依赖教师转型的基本逻辑。

近些年，我国政府投入力量最多而颁布的重要教育政策文本，应该是2010年出台的《国家中长期教育改革和发展规划纲要（2010—2020年)》。在这个文件中，主体分四个部分共22章。除第一部分“总体战略”和第三部分“体制改革”外，第二部分“发展任务”与第四部分“保障措施”分别涉及高等教育与师资队伍建设。从这个文件来看，作为发展任务的高等教育，依赖于作为保障措施的师资队伍建设，而且将师资队伍建设作为各项保障措施之首。虽然这个文件是从宏观层面来论述教师与学校、教师与教育的关系，例如第51条提出“教育大计，教师为本。有好的教师，才有好的教育”，但是，该文件无不体现这样的办学逻辑：没有大学教师的发展，就没有高等教育的发展，两者存在一一对应之关系。

在学校层面，任何一所高校在实现转型之际，均会自觉或者不自觉地将大学转型的政策着力点放在推动教师转型上。例如，在我国建设创业型大学的过程中，无论是普通本科院校，还是高等职业技术学院，他们在推动学校转型的过程中，均将教师转型作为主要抓手，通过各种政策激励大

---

① 李勇、闵维方：《美国研究型大学经费来源与支出结构的特征分析与启示》，《中国高教研究》2004年第3期。

② 王立：《美国大学教师发展研究：历史的视角》，博士学位论文，华东师范大学，2012年。

学教师实现转型。只不过，不同类型的院校，各自的政策重点有所不同。对于普通本科院校来说，更多的是从业绩奖励出发，关注教师的科研成果转化。例如，为了鼓励和扶持师生创业，浙江农林大学出台了《学术创业业绩评价与计算办法》《知识产权作价入股开展创业的实施办法》《校院两级创业团队组建及认定方案》等一系列配套政策。在这些政策中，注重强调学术创业绩效与教学科研绩效等值评价，重视激发基层学术组织的创业热情，关注教师对学术创业的贡献与回报。对于高等职业技术院校来说，更多的是从教师招聘与在职培训出发，注重教师对创业人才的培养。例如，作为浙江省7所创业型大学试点院校之一的义乌工商职业技术学院，更多地通过教师转型为双师型教师来实现。一方面，该校从社会上招聘那些有一定社会实践经历、具有本科或者硕士研究生以上学历的专业人才担任教师，最终培养成合格的双师型教师；另一方面，注重在职教师的职业技能培训。

（二）从高校类型看教师转型与大学转型一一对应的关系

长期以来，中国高校被批评为千校一面。究其根源，在于大学教师千人一面。从国内一流的研究型大学，到尚无硕士学位点的普通本科院校，甚至再到专科层次的高等职业技术学院，教师的来源大体一致，均是从学校到学校；教师的任务基本一致，在履行高等学校三大职能的基础上，均以科学研究作为第一追求；教师发展通道大体一致，通过科研业绩以及一定的教学育人工作量，努力追求学衔或者说职称的一步一步提升。在这样的教师学术生态环境中，中国大学自然也就都是一个模型，只存在发展层次的差别，尚未形成办学类型的异同。

当前，我国正在大力推动应用型本科院校的建设，1999年全国高校扩招后“专升本”的600多所地方本科院校将转型为职业教育。[①] 实际上，这正是高校转型的问题。无论是从高等职业技术学院转型过来，还是从地方普通本科院校转型过来，应用型本科院校的转型，关键是教师的转型。在分析这种高校转型的时候，我们只需分析该校教师转型情况，就可以知道该校转型的成效。从目前来看，绝大部分定位于应用型本科的地方院校，尚未实现真正的转型，因为这些学校的教师并没有发生变化，无论

---

① 佚名：《600多所本科高校将转向职业教育 150多所地方院校已报名转型》，2014年5月11日，http://news.163.com/14/0511/11/9RV90JQD00014Q4P.html（2015年6月25日）。

是教师来源还是业务素质，都与以前一个样。这与前文中我国提出建设创业型大学的战略目标是一样的，这种类型的高校目前尚处在策划宣传期，尚未建设成为真正的创业型大学，因为教师尚未从传统型教师转型为创业型教师。

但是，无论是更多的地方本科院校转型为应用技术类高校，还是那些以应用性学科占主导的创新型大学转型为创业型大学，这是我国高等教育改革与发展的一个重要方向。《国家中长期教育改革和发展规划纲要(2010—2020年)》亦明确提出，“建立高校分类体系，实行分类管理。发挥政策指导和资源配置的作用，引导高校合理定位，克服同质化倾向，形成各自的办学理念和风格，在不同层次、不同领域办出特色，争创一流”。目前，从教师的角度来分析，我国高等教育体系主要还是体现在层次的多样化，尚未形成类型的多样化。这就意味着，未来的若干年，将是大学教师转型发展的重要时期。一旦中国形成了多类型的高等教育体系，必定会出现教师来源的多元化、教师评价标准的多元化、教师发展通道的多元化，等等。

（三）从教师素质看教师转型与大学转型一一对应的关系

尽管我国尚未真正形成如前所述的高校类型多样化，但是，在现实生活中，我们却看到了各种类型的高等院校。除了办学主体、办学形式等外在的类型差异外，确实存在教学型大学与研究型大学、普通本科院校与高等职业技术学院、传统型大学与创业型大学等各种不同类型的高校。这些类型的高校，也不完全只是徒有虚名，尚未实现真正转型，有些类型的高校确实已经实现了质的飞跃，从一种类型完全转型到了另一种类型，或者说，有些高校确实具有明确的、与战略目标相吻合的发展特征，人们能够从其自身特征直接将该高校定性为某种类型的大学。究其原因，还是教师素质的差异问题。对此，我们可以选择从教学型院校转型为研究型大学的某所大学以及另一所富有鲜明特色的高等职业技术学院进行介绍。

华中地区有一所发展势头良好的研究型大学，该校正是一步一步沿着教学型院校转型为研究型大学。早在20世纪60—80年代，该校仍属于教学型院校，以本科教育为主，教师以教学为主。现如今，我们不去看其宣传的学校类型或者战略定位，仅仅通过分析教师素质，就可以得知该校属于一所较有水平的研究型大学。例如，该校专任教师多年以前就基本实现了博士化、教师大多依托较高的学术平台开展研究、教师注重通过自身的学术优势争取各种社会资助并以此服务社会，等等。从教师素质层面分析，我们就能知道，这所几十年前属于教学型院校的大学，现如今已经成功转型为研究型大学了。确实，该校几十年的不断改革与成果累积，例如加大学科建设力度，加快国家级平台建设，组建科研团队集体攻克重大项目等，正是基于培养与造就一大批高素质高层次学术人才的办学逻辑，最终通过教师转型而顺利实现了大学的转型。

我国现有普通高等学校数2491所，其中本科院校（含独立学院）1170所，高职（专科）院校1321所。① 可见，高等职业技术院校在数量上已超过本科院校。可是，在这么多高职院校中，真正体现该种类型院校特色、能够有效提升相应职业技能的并不多。不过，在笔者接触过的高等职业技术学院中，浙江西部某所职业技术学院算得上具有该类院校特色。对此，可从该校的教师素质中体现出来。例如，该校双师型教师占到80%以上，在各学科专任教师的引进计划中，基本上都明确具有相应的实践工作经历，这表明该校教师在类型上已经转型为职业技术型；同时，该校教授职称占教师总量接近10%，副教授所占比重超过30%，师资队伍中不乏国家级人才、省级人才，作为一所高职院校，还获得了近10多项国家项目与国家教学成果奖等，这表明该校教师在水平上已经超过一般的高职院校。根据这两条，我们就可以断定，该校已经成为一所水平较高、特色较明显的高等职业技术学院。果不其然，该校确为国家示范性高职院校、全国职业教育先进单位等。由此亦可以发现，教师素质的类别，体现学校办学特色；教师素质的层次，体现学校办学水平；两者都胜出的教师，能够成就特色鲜明的高水平院校。

第三节　选择教师单视角的价值分析

这一章在本书的地位与作用，主要是奠定从教师转型视角来研究创业型大学建设的理论基础。前面在梳理创业型大学研究现状并对其内涵进行全面阐述的基础上，从三个维度论证了教师转型与大学转型一一对应的学

① 中华人民共和国教育部：《各级各类学校校数、教职工、专任教师情况》，2014年12月30日，http://www.moe.edu.cn/publicfiles/business/htmlfiles/moe/s8493/201412/181591.html（2015年6月25日）。

理依据。至此，本章的研究任务似乎结束了。但是，在该课题开题时，有些学者提出的疑惑，让本人觉得，有必要在此将选择教师视角来研究创业型大学的价值与意义说清楚，否则大家以为本课题将“教师转型”与“创业型大学建设”两者联系起来纯属多此一举。应该说，这一点同样属于本章探讨的内容，以此进一步说明从教师视角研究创业型大学的正确性、必要性与重要性。那位学者指出，“教师转型与创业型大学建设研究”这个项目名称，并不妥当，还不如将项目名称改为“创业型大学背景下的教师转型研究”。毫无疑问，“创业型大学背景下的教师转型研究”，作为一个课题，其研究指向是非常明确的，所要探讨的问题也是非常有价值的。但是，这与本课题所要研究的内容不是一回事，所要达成的研究预期并不一致。在本课题中，主要是探讨“教师转型”与“创业型大学建设”两者的关系，从教师转型的视角来研究创业型大学，远远不只是研究创业型大学建设背景下的教师转型问题。可见，在审题时，许多学者或许还难以理解本人为何要从教师转型视角来研究创业型大学建设，从而认为本课题是将“教师转型”与“创业型大学建设”牵强附会地扭合在一起。为此，在引言部分的基础上，本章将进一步论述选择教师视角的价值与意义，以便更好地确立从教师转型研究创业型大学建设的理论贡献。

一　有利于丰富创业型大学理论研究的薄弱环节

为什么要从教师转型的角度来研究创业型大学建设，最基本的理论前提便是两者必须具有本质的联系。对于“教师转型”与“大学转型”两者一一对应的关系，如果没有学者进行过系统的理论阐释并确立这种理论视角，那么，在运用这种理论视角时，我们就必须全面、系统、深刻地进行论证。这种论证，有时看起来显得累赘与烦琐，但却是开展理论研究的必经之路。因为，这是课题开展的理论基石，若这个命题不能成立，那么全书的所有逻辑关系都不能成立，再有价值的理论见解也成为无源之水无本之木。从国内外关于创业型大学的研究现状来看，不仅鲜有学者探索与揭示这种理论视角，而且国内对于创业型大学的研究尚处在引进介绍的阶段，对于教师转型与创业型大学建设的研究更是少之又少。显然，这样的研究在学理上是成立的，在很大程度上丰富了创业型大学理论研究的薄弱环节。对此，本书再依次从三个方面，予以详尽论述。

（一）关系依存的科学论证

在本章第二节，正是论证“教师转型”与“大学转型”一一对应的关系，从而揭示了“教师转型”与“创业型大学建设”具有本质的联系。本书不惜笔墨，花费如此多的文字来论述两者的相关性，正是为了在学理上确立这种理论视角的科学性。这不仅是为了推进本课题的研究，也在为高等教育理论大厦添砖加瓦。如前所述，无论是从纯粹的学理分析，还是纵向的历史梳理，以及横向的现实观察，我们都可以发现，有什么样的大学教师，就有什么样的大学，教师转型与大学转型具有一一对应的关系。通过多个方面论证得到的这个理论视角，成为本课题的理论基石，甚至为我们从教师角度研究其他各类教育提供了新的思路。对此，本书不再在此进行更多的理论证明，仅从另一个层面对这个理论视角予以确认。

例如，有人视创业型大学为洪水猛兽，认为该种大学违背高等教育规律。对此，我们可以分析这种类型的大学教师，是否对人类对学生有帮助。如果确实有帮助，甚至产生更大的作用，那么，这些学者的批评意见就是错误的。这是因为，根据教师转型与大学转型一一对应的相关性，如果这种类型的教师是有价值有意义的，那么这种类型的大学必定是有价值有意义的。显然，这种类型的大学教师，有利于推动理论向现实生产力的转化，帮助学生建立学术世界与现实世界的联系，无论对于社会经济发展还是学生有效学习，都是有益的。从而，这种类型的大学也是社会所需要的。事实上，依据这种理论视角，我们可以判断或者概括出许多理论见解。对此，更多的实例将在后面展开。

（二）国内研究的发展阶段

在开题时，有些学者指出，这个课题应该在“教师转型”与“创业型大学建设”两个方面选择一点予以重点探讨，建议选择“教师转型”作为研究的方向。应该说，这个课题不是要去选择研究哪一个方面的问题，而是利用本书论证的这种理论视角，来研究创业型大学的本土化建设。因此，本书所要重点探讨的，正是在学理上确立这种理论视角，并且利用这种理论视角来分析创业型大学，推导出建设创业型大学的有效路径。不过，这也可以发现，许多学者仍然没有领会本课题的研究逻辑与研究目标。确实，关于创业型大学的理论研究，虽然在国际上较为丰富，但在我国，目前尚处于引入介绍的阶段。在这种情况下，当运用一种尚未在学理上予以确认的理论视角来研究创业型大学时，我们很容易找不到研究的重心。

特别要注意的问题是，对于创业型大学的研究，且不说理论的本土化问题，仅从研究规模来说，国际与国内所处的研究阶段完全不一样。例如，在文献分析的基础上，2012 年发表的《国际高等教育研究的热点主题和研究前沿》① 一文指出了当前国际高等教育的热点主题、渐弱型前沿以及最新前沿，其中创业型大学属于渐弱型前沿。应该说，这体现了国际高教的研究现状，但不是中国高教研究的实然状态，更不表明中国高教研究的应然取向。在此，仅以学术论文为例，在中国知网上以“创业型大学”为篇名，精确查找 2000—2012 年的研究情况，绘制成图 2－1。从该图可见，我国研究创业型大学的论文，一是总量不多，目前每年约 30 多篇，二是逐渐增加，从 0 到几篇，再到几十篇不断发展。就是在 2012 年以后，国内关于创业型大学的理论研究同样缓慢增加。例如，2013 年共有 61 篇，2014 年共有 45 篇。可见，在中国，关于创业型大学的研究不属于渐弱型前沿，而是正处在爬坡状态，远没有达到研究的高峰。

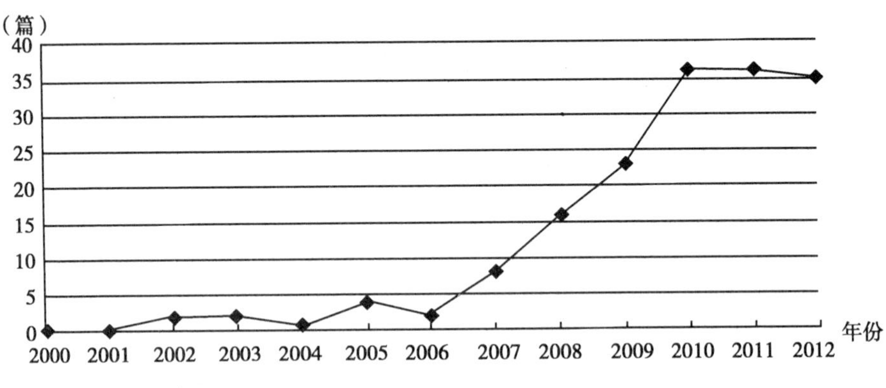

图 2－1　中国知网数据库关于创业型大学的论文发表曲线

（三）教师视角的遗忘角落

在国内学界，不仅关于创业型大学的研究热潮尚未到来，而且从教师转型视角研究创业型大学的著述极为少见。在前面的文献述评中，对创业型大学研究进行了全面梳理与观点归纳，指出学界当前主要围绕创业型大学的概念界定（主要回答创业型大学是什么，什么样的大学才是创业型

① 潘黎、侯剑华：《国际高等教育研究的热点主题和研究前沿——基于 8 种 SSCI 高等教育学期刊 2000—2011 年文献共被引网络图谱的分析》，《教育研究》2012 年第 6 期。

大学）、价值预设（主要回答发展创业型大学有何意义，为什么要建设创业型大学）、发展起点（主要回答创业型大学的前身是什么，哪些类型的大学可以走创业型大学道路）、建设路径（主要回答创业型大学怎么走，怎样建设创业型大学）四个方面开展研究；同时，在建设路径上，学界更多地关注宏观层面的综合路径研究，或者分析个案实践，针对大学教师的系统研究尚未发现。只在极少著述中，会提到教师转型、教师评价机制等问题。例如，有文提出："科研兴校"也就是通过实现教师转型来实现学校教育改善。因为"科研"是手段、途径，"兴校"是目的、结果。如此，"实现教师转型"是"实现学校改善"的先决条件。实现教师转型才能实现教育改善；改善学校教育，必先实现教师转型。看来，欲揭示"科研兴校"的学校改善原理必先解教师转型之谜。① 从评价机制的层面来看，创业型大学建设与教师转型的关系，也远远不只是教师评价的问题。可见，在研究创业型大学的过程中，从教师视角开展研究的文献极少，从"教师转型"与"大学转型"一一对应的这个理论视角来研究创业型大学的理论著述更少。如前所述，这个理论视角作为一个科学的学术见解如此重要，我们理应将学界这个理论研究的遗忘角落填补起来。

二　有利于寻找创业型大学理论研究的最佳路径

没有教师的转型，就没有大学的转型。教师转型与创业型大学建设两者之间，本身存在本质关系，却少有人这样去揭示。有了这些理由，本书从教师转型来研究创业型大学建设，就富有理论价值了。但是，这还远远不是本书从这个理论视角展开研究的重要原因。本书之所以从"教师转型"切入，主要是因为从教师转型来分析创业型大学建设，更为具体，更为直观，更为清晰，可以将一个茫无头绪的大课题转化为一个逻辑严密、条理分明、观点明确的小课题进行论述，最后获得许多意想不到的重大收获。确实，大学转型工作千头万绪，错综复杂，但是，以教师转型作为研究的切入点，却能很快理顺出一条清晰的主线，同时也有众多大学教师的切身体会，容易被大家所感知与接受。在此，我们试以本书确立的这种理论视角，通过例证的形式，来分析学界关于创业型大学的某些观点，

---

① 金美福：《实现教师转型与学校教育改善的同期互动——论"科研兴校"作为教师管理策略的基本原理》，《外国教育研究》2001 年第 6 期。

由此可以发现，从教师转型角度来研究创业型大学，更能方便而又准确地判断某些观点，并获得不少重大发现。

（一）从传统教师存在的合理性和必要性看创业型大学的层次与类型之争：创业型大学属于一种办学类型而不是一个更高的层次

创业型大学作为一个舶来品，自被引入中国后，国内学界对其争论就没有停止过。在众多的争论声音中，有一种观点颇受关注，那就是不少学者认为创业型大学是在研究型大学之上的一个发展阶段，亦即表明创业型大学属于一个更高的层次。辩驳这个观点，仅从一般的创业型大学层面来研究，很难给出一个让各方心悦诚服的论据。但是，若从教师转型视角切入，具体而言，这里是从传统教师坚守学术本位的合理性与必要性出发来研究，可以清晰地发现，创业型大学并不是一个更高级的层次，只是一种办学类型。对此，在抛出“类型观”的论据之前，先来分析学界关于创业型大学的“层次观”。

对于创业型大学的态度，学界存在两种极端。少数学者对创业型大学持抵制态度，甚至有些高等教育理论研究者认为，这些以企业模式运作的创业型大学只是高等教育系统的“渣滓”，不值得研究。[①] 相对而言，较多的学者对创业型大学持推崇态度，甚至有些学者认为，创业型大学是高等教育系统中一个更高的发展层次，所有的大学都应该转型为创业型大学。对此，在前面研究述评中，已有较多论述。从知识使用情况来看，我们可以将大学分为教学型大学、研究型大学与创业型大学。从以下几点来分析，创业型大学确实是在前两种类型大学基础上的一种延升与发展，似乎属于一个更高的层次。

其一，创业型大学是在知识生产、知识传承的基础上开展知识应用。如果说，教学型大学更多是知识传承，贯彻“一个中心”；研究型大学在知识传承的基础上强调知识生产，贯彻“两个中心”；那么，创业型大学则是实现了知识生产、知识传承与知识应用的统一，形成了一个完整的知识学术链条，贯彻“三个中心”。从这一点来看，创业型大学并没有否定教学型大学、研究型大学的中心工作，反而在此基础上进一步发展，从而使得创业型大学似乎成为一个更高层次的高等教育类型。

① 转引自温正胞《大学创业与创业型大学的兴起》，浙江大学出版社 2011 年版，第 24 页。

其二，从知识的工具本性来看，如果承认知识有用，那么高校就应该注重学术成果转化。现代大学，是以现代知识作为逻辑起点的。大学履行三大社会职能，都是沿着知识的生产、传承与应用这根链条进行的。知识更多的是我们认识世界、改造世界的一种工具，现代大学传授的这些知识，基本上也是指向应用的。例如，哪怕学者们申报基本理论层面的纵向课题，都要突出其应用价值与社会意义。从学理角度来说，既然知识是有用的，那么，他们就是可以应用的。对于知识生产大户的大学来说，就应该注重学术成果的转化，避免理论与实践相脱节、研究与决策相分离的“两张皮”现象。从这一点来看，强调学术成果转化的创业型大学自然成为最理想的高等教育模式，属于更高级别的一种教育类型。

其三，不少学者坚持认为，创业型大学只能在研究型大学的基础上发展起来。坚持这种观点的学者，远远不只是埃兹科维茨。对此，前文亦有描述。这种观点，很容易引导人们将创业型大学定位于一个更高的层次，而不只是区别于教学型大学、研究型大学的一种类型。

但是，从微观的大学教师角度来分析，我们会发现，有些大学教师坚守学术本位，仅仅关注知识的生产与传承，而不关注知识的应用，有其合理性与必要性。也就是说，那种完全埋头于象牙塔之内进行教学与研究的大学教师，仍然对学生有帮助，对社会有贡献，对人类有意义。这就意味着并非所有大学教师都要致力于学术成果的应用，并非所有大学都要走创业型大学的道路，从而也表明创业型大学只是高等教育的一种类型，而不是一个更高的层次。

从其合理性来看，一些大学教师专事知识传承甚或兼顾知识生产属于一种社会分工。早在19世纪，英国红衣主教纽曼有一段经典的话：“发现和教学是两种迥异的职能，也是迥异的才能，并且同一个人兼备这两种才能的情形并不多见……探寻真理需要离群索居，心无二用，这是人类的常识……”① 这段话虽然针对教学与科研的关系，亦即知识传承与知识生产的关系，但是，对于教学、科研与学术创业，或者说对于知识传承、知识生产与知识应用，是同样适用的。甚至可以说，学术创业与教学科研的迥异程度，较之教学与科研来说要大得多，同时兼备的

① ［英］纽曼：《大学的理想》，徐辉、顾建新、何曙荣译，浙江教育出版社2003年版，第4—5页。

人更少。这也表明，让一部分大学教师坚守学术本位，有其合理性。而且，学习者们确实能够从他们身上获得思想的力量，产生难以在实际工作中捕捉到的教育正能量；实践工作者们确实能够从形而上的学理中获得思想的光芒，在实际工作中创造意想不到的奇迹。这就可以理解，为何这么多古今中外的学者坚持学术至上的价值取向，认为大学主要是心智训练之场所。例如，19 世纪初期，德国的威廉·冯·洪堡认为，大学是从事纯科学的机构，其目的在于探求真理而不是满足社会的实际需要。19 世纪中叶，纽曼提出：大学是保存和传授普遍性知识的场所，其“目的”不能是功利，而是传播永恒真理。在纽曼看来，大学的任务是提供“博雅教育”（liberal education）和进行智力训练。20 世纪以来，美国著名高等教育学者弗莱克斯纳指出，“大学不是一个风向标，对社会每一流行风尚都做出反应。大学必须经常给予社会一些东西，这些东西并不是社会所想要的（wants），而是社会所需要的（needs）”。在我国，蔡元培先生曾从学术本位的角度提出，“大学者，研究高深学问者也”；浙江大学前校长竺可桢先生从道德教化的角度指出，“大学是社会之光，不应随波逐流”。

从其必要性来看，社会仍然离不开那些注重理论知识传承或者纯粹科学研究的大学教师。现代社会生产出来的较高层次的理论成果，只有转化成为高校课程资源，传承给学习者，才能内化为大众的能力与素质。不少大学教师，他们或许不从事更加专深的研究，仅仅履行知识传承的使命，力争让这些知识高效地传承给学习者。显然，这样的大学教师是现代社会所必需的。这也体现了马克思关于教育与生产劳动相结合的观点。在现代社会，由于现代科技较为复杂，需要人们在专门的时间内接受教育，大学教师正是完成这种教育的普罗米修斯，将连接教育与生产劳动的现代科技知识输送给学习者。再从关注形而上的纯粹研究来看，这样的大学教师也是现代社会所必需的。例如，在自然科学领域，发现某些新元素、新物种以及梳理某些学科知识等，都需要人去做，也在短期内难以转化；在人文社会科学领域，大学教授应该承担社会预警的职责，履行正义使者的角色，这些都不宜变成商业行为，同时需要保证大学教授的相对独立性。当社会物质极度丰富之后，或许我们有足够的条件来养活这些大学及其学者，让他们自由自在地研究。而且，这样更能让学者们潜心研究，产出精品。可见，无论大学与社会的关系发展到什么程度，无论有多少大学转型为创业型大学，那种坚持形而上、关注纯粹研究的大学及其教师，永远存在，永远散发光芒。

（二）从创业教师推动成果转化的必要性看创业型大学的未来发展态势：创业型大学是检验应用性成果的重要平台

传统教师转型为创业教师，至少存在三个方面的问题：转型障碍在哪（蕴含转型路径，这在以后的章节中会涉及）、哪些教师不需转型以及哪些教师必须转型。从这三个方面进行分析，都可以推导出关于创业型大学建设的相关命题。前面从某些传统教师坚守学术本位的合理性与必要性，亦即不需要转型角度出发，推导出创业型大学属于一种办学类型而不是一个更高的发展层次。在此再从某些创业教师的学术成果不能转化正是缘于成果低劣，亦即必须实现转型角度出发，推导出创业型大学是检验应用性成果的重要平台。

如前所述，不是所有的教师都必须转型为创业教师，甚至在一所创业型大学，也有一些教师仍然坚守学术本位，体现文化的传承与思想的启迪。至于其原因，正在于不少具有人类终极关怀、体现普适性学术价值的成果，确实不需要从学术创业的角度赋予其社会贡献。但是，从大学教师的角度出发，我们还可以发现，有些大学教师坚守学术本位，不是不想推动成果转化，也不是缺乏相应的评价机制，更不是这些成果不应该实现转化，而是这些低劣的成果不能转化。对于一所创业型大来说，占主体地位的创业教师生产应用性成果，并关注学术成果转化，推进学术创业，是其最重要的使命，也是其最显著的特征，可谓创业型大学的外部着力点。① 一所自我标榜为创业型大学的高校，如果该校创业教师在学术成果转化方面缺乏表现力，本来应该实现转化的大量成果没有转化，那么无论其宣传有多大影响与成就，都不能称之为成功的创业型大学。事实上，那些被誉为创业型大学典范的高校，正是学术成果转化、学术创业成效显著的高校。例如，前面介绍 MIT 以及斯坦福大学的创业效益，若各自组成一个国家的话，都可以排到全球的前列。这就表明，建设创业型大学不只是一种主观选择，更是一种能力展现，可谓检验应用性成果的重要平台。

---

① 付八军：《创业型大学的外部着力点在于实现成果转化》，《中国教育报》2012 年 4 月 30 日。

确实，需要转化的科研成果若不能转化，既难以实现成果的社会价值，也难以体现学者的水平。例如，研究癌症的学者，无论他多么强调其理论的先进性和科学性，如果不能治疗癌症病人，那么这种学说就难以服众。又如，在人文社会科学方面，研究人文教育的学者，无论他的理论多么高深，学术成果多么丰硕，如果只能作为学术著作陈列在图书馆，无人关心，无人受益，那么，这些学者的价值或许只是圈内人的自娱自乐；研究企业管理的学者，无论他吹嘘自己的理论多么完美与有效，如果不能被某些企业加以利用并取得成效，那么，这种学说也是纸上谈兵。同时，知识的增长速度惊人，几年之内知识总量就会翻一倍。在古代，有人敢言他读遍天下书；现如今，任何一位学者都不敢说他读遍自己学科领域的书，更不用说天下书了。如果我们有用的知识不迅速转化，那么，这些知识就会埋在新知识的下面，越压越多，最后没有几个人有时间翻找出来，更不用说再来重新研究一遍。也就是说，在一个知识爆炸的时代，只重知识生产不重知识转化，最后没有几个人能够在堆积如山的知识海洋中寻找有用的知识并加以转化。更重要的一个问题是，世界本来是统一的，而人们的研究越来越专，如果学者们埋着头往前走，不注重转化，导致学术越走越偏，最后或许没有人有能力将这些知识统合起来，还原一个整体与充盈的世界。只有将知识转化后，成为实实在在的一种工具，后人在前人研究成果中摸索的时间才会减少，统合相应知识开拓新领域的时间与精力才能获得保证。再从知识的应用指向来看，知识生产的主体，最清楚知识如何转化。例如，假如一位学者发明了一种机器，能够把太阳光转化为电源，那么，他肯定会在最短的时间内想到这种机器的应用价值与应用领域；而且，他也最清楚如何将这种原理运用到现实生活中。事实上，如果一位学者一辈子能够做好这么一件事情，那么，其社会价值就体现出来了，其经济效益也随之而来。可见，无论从彰显大学办学活力以及服务国家创新体系来看，还是从教师学术水平展示来看，我们都应重视学术成果转化工作，同时，建立创业型大学就是推动教师转型、检验应用性成果的重要平台。因此，现阶段，我们应该顺应大学组织变革的重要趋势①，大力倡导发展创业型大学，让那些应该坚持学术创业方向的高校迈上创业型大学

① 黄容霞：《全球化时代的大学变革（1980—2010 年）：组织转型的制度根源》，博士学位论文，华中科技大学，2012 年。

之路。

三　有利于从普遍角度为大学变革指明发展逻辑

以上关于创业型大学的两个理论观点，若从宏观层次的创业型大学角度来论述，则是很难获得或者被人信服的。但是，从教师视角推导出来的这些观点，我们想要拿出反对意见，或者寻找辩驳的理由，则几乎是不太可能的了。由此可见，从教师转型视角来研究创业型大学，是一条多么科学有效而又经济实在的路径。事实上，依据“教师转型”与“大学转型”一一对应的理论视角，不只可以据此分析创业型大学建设，而且能够推广开来，研究一切类型与层次的大学，甚至在实践上为大学的变革指明了新的路径，那就是一切要着眼于教师、依靠教师、促动教师。

（一）在理论上为高等教育研究提供了新的视角

长期以来，我们对于高等教育尤其是大学的改革与发展的研究，倾向于从思想观念、管理体制等宏观层面入手。就像抓住一个大球，要从各个侧面、各个角度，统统地将之系起来。应该说，这种研究方法有其可取之处，能够开阔思维、顾及整体、全面把握。但是，在许多情况下，这种方法往往难有实效，陷入重形式而轻实质、重全面而轻重点的状况，在解决实际问题上难有作为。有时候，如果能从一个点、一条线、一个面切入，触其实质，抓住关键，把握重点，最后能够面向全面并推动整体，这就是一种有效的研究方法。本书确立的这种理论视角，即教师转型与大学转型具有一一对应的关系，从教师转型视角来研究创业型大学建设，就是这样的一种有效研究方法。该种方法，不仅针对传统型大学转型为创业型大学的研究，而且针对各种类型各种层次的大学转型研究，甚至针对一切学校的转型研究。不过，本书主要是针对高等教育领域的改革与发展，从而仅仅将这种理论视角限定在高等教育领域。

通过这种理论视角研究不同大学的转型，简捷有效，给我们带来了意想不到的研究效果。例如，在借鉴德国及中国台湾等国家和地区的高等教育双轨制之际，我国如何发展与壮大高等职业教育轨道，尤其是以哪种类型的高等教育作为转型起点，这是一个重大的理论课题。有些学者认为，高等职业教育轨道，要从现有的专科层次的职业技术院校出发，通过他们的转型来推动我国高等职业技术教育的发展；有些学者却认为，高等教育职业轨道，要从现有的地方院校尤其是新建本科院校出发，通过它们的转型、升级来推动我国高等职业技术教育的发展，最后像中国台湾地区一样，建立专科、本科、研究生（硕士与博士）层次的职业技术体系，与普通高等教育并列平行发展。这两种观点，都有道理。但是，如果从教师转型视角来分析，我们就会关注，哪种类型的高校最容易、最应该、最必须转型为应用型本科院校，哪种类型的高等院校就是我们推动高等职业技术教育发展的重点。从教师转型的可能性与必要性来看，不仅现有大量的职业技术学院需要明确办学定位，而且大量的地方普通本科院校包括某些工科取向的研究型大学，都存在向应用型转型的问题。而且，在研究各类院校如何向应用性大学转型之际，同样若以教师视角出发，我们能够更好地获得转型的障碍、转型的路径等理论见解。由于不是以此作为探讨主题，本书在此不再作更深入的论述。总之，本书确立的这种理论视角，为我们研究高等教育尤其是大学的转型问题提供了一把最为便捷的金钥匙。

（二）在实践上为高等院校变革指明了新的路径

研究都是为实践服务的。哪怕纯思辨性的哲学研究，也是指向应用的。本书确立的该种理论视角，更加不是为了研究而研究，不是基于研究的方便而提炼出来的，而是为了指导实践而倡导，为了实际工作的方便有效而确立的。例如，“教师转型与创业型大学建设研究”这个课题，不只是要确立这样的一种理论视角，更是希望以这种视角来研究创业型大学，尤其是寻找建设中国创业型大学的路径与政策。研究教师转型的障碍，要比笼统地研究传统型大学转型为创业型大学的障碍简单得多；研究教师转型的路径，要比笼统地研究传统型大学转型为创业型大学的路径简单得多。然而，教师转型与大学转型具有一一对应的关系，对此，前文已经从各个方面予以理论确认。从而，从教师转型角度来研究创业型大学建设，无疑为我们打开了一扇轻便的研究之门，在实践上自然为我们推进创业型大学建设提供了一条方便有效的新路径。

正如可以作为理想切入点来研究各种大学的转型一样，该种理论视角同样可以用来指导一切大学的变革与发展。例如，在当前大力推动新建本科院校转型为应用型本科之际，从教师转型视角出发，远远比我们从传统的全局出发更容易寻找到改革与发展的路径。基于教师转型的理论视角，我们就会分析，建设应用型本科院校需要什么样的教师，如何打造出大批这样的教师。只要一所高校拥有了大量应用型本科院校规格与素质的教师，那么这所高校也就成功转型为应用型本科院校了。在寻找教师转型路径的过程中，由于我们目标明确，视角单一，贴近实际，远远要比通过全面抓、抓全面更容易发现更短更好的路径。而且，教师转型是一个最难攻克的堡垒，只要能把这个问题处理好，其他各项问题也都迎刃而解了。总之，想成为什么样的学校，首先要想想，我们需要什么样的教师；怎样转型成为这样的学校，首先要想想，我们怎样打造这样的一批教师。

第三章

教师转型方向：创业型大学建设的基本目标

在肯定了教师转型与大学转型一一对应的关系，并且论证了从教师转型来研究创业型大学建设的科学性与重要性之后，我们要推动创业型大学建设，首先就必须着眼于大学教师的转型。但是，大学教师往哪个方向转型，取决于我们建设什么样的创业型大学，亦即创业型大学建设的基本目标。因此，若从教师转型视角切入，在探索创业型大学建设路径之前，我们首先要在确定创业型大学组织特性的基础上，理顺中国创业型大学建设的基本目标，然后明确大学教师转型的方向。

第一节　追寻创业型大学的组织特性

作为一种教育实践，创业型大学诞生于 20 世纪中期；作为一个学术概念，则是在 20 世纪 90 年代之后才出现。对此，无论是实践发展，还是理论研究，前文都有全面而又深入的分析。但是，对于何谓创业型大学的组织特性，亦即相对于教学型大学、研究型大学来说，创业型大学最大的特殊性在哪里，学界并没有给出明确的答案。这或许正是创业型大学饱受争议并且遭到非议的重要原因之一。同时，这对于发掘创业型大学建设的基本目标、明确教师转型的方向，都会产生重要影响。更让高等教育理论界与实践界迷茫的是，有些学者认为，“学术资本主义是创业型大学的组织特性”①。应该说，这种结论并不能反映创业型大学诞生与发展的实际，更不利于从学术成果应用与培养创造性人才的角度推进创业型大学建设，服务创新型国家的发展。从创业型大学诞生的历史使命、学术资本主义的

---

① 温正胞、谢芳芳：《学术资本主义：创业型大学的组织特性》，《教育发展研究》2009 年第 5 期。

精神实质、学术资本转化的社会价值来看，创业型大学的组织特性不是学术资本主义，而是学术资本转化。学术资本主义与学术资本转化基于不同的利益诉求，会引领创业型大学走向不同的轨道。基于经济行为的学术资本主义不能准确地揭示创业型大学诞生的内在动力与前途命运，只有基于历史使命的学术资本转化才能鲜明地体现创业型大学的存在价值与发展前景。事实上，无论从创业型大学理论的奠基者来看，还是后来不少关注创业型大学的理论研究者以及实践工作者来看，在对创业型大学的概念界定以及学理阐释中，他们倾向于学术资本转化。尤其那些极力推崇创业型大学建设、赋予创业型大学重大历史意义的人士，往往从学术资本转化的角度来把握创业型大学的内涵。只不过在理顺创业型大学的组织特性时，一些学者有意或者无意地将学术资本主义而不是学术资本转化归为创业型大学的组织特性。殊不知，这种有意无意的行为，严重地影响到创业型大学的理论研究与实践运行，更不能让我们有效地提炼创业型大学建设的基本目标。因此，在建设创业型大学的热潮中，在理顺创业型大学的建设目标之际，我们亟待正确理解与准确运用创业型大学的组织特性，明确创业型大学的组织特性不是学术资本主义，而是学术资本转化。

一　创业型大学诞生的历史使命

在现代社会中，组织是人们基于一定的目的、按照一定的规则而组成的社会细胞。分析某种组织的特性，既不是像对待动植物那样看其有何特征与习性，也不是从其功能实现的手段与方式来看其有没有进行商业运作，而应从其本身存在价值出发看其有什么样的历史使命与社会贡献。同时，特性是在比较中体现出来的，某种组织的特性是指其相对于同一个层次组织而言所具有的独特使命。从这两点出发，我们就会发现，大学的组织特性，是大学相对于公司、政府、部队等其他社会组织而言所体现出来的独特使命；创业型大学的组织特性，是创业型大学相对于传统意义上的教学型大学、研究型大学而言所体现出来的独特使命。

相对于其他组织而言，大学的独特使命就在于其承担了人才培养的社会职能。这是大学的第一使命，也是大学的永恒使命。没有人才培养的职能，大学也就不能称其为大学。“二战”以后，大学被赋予了新的历史使命，科学研究成为一项相对独立的职能进入大学。在这里，我们必须特别注意的是，只有在那个时候，大学的科学研究才与教学育人保持相对的独立，成为一项相对独立的职能。于是，人才培养与科学研究作为大学两项最为基本的职能与使命，成为大学的“两个中心”。虽然直接为社会服务被归属为大学的第三项社会职能，但这只是人才培养与科学研究的工作延伸与场景变换，更为重要的是，在创业型大学诞生之前，直接服务社会并没有作为大学的中心工作，没有从一种历史使命的角度来赋予其在大学中的地位与作用。如果将创业型大学之外的大学称之为传统型大学，那么，传统型大学的历史使命其实还是人才培养与科学研究，这“两个中心”也是传统型大学的组织特性。

创业型大学的诞生，与知识经济的时代召唤与区域经济的发展需要不无关系，[①] 更与高等教育财政的紧缩政策直接相关[②]。但是，这些只能归为创业型大学诞生的外在动因，而不属于其诞生的内在根源，不能视为其诞生的历史使命。创业型大学之所以能够显示出蓬勃生机，根本原因还是在于其独特的历史使命。相对于传统型大学而言，创业型大学的独特使命不是人才培养与科学研究，不是知识生产与知识传承，而是学术创业或者说知识应用，亦即学术资本转化。只有在创业型大学，学术资本转化作为一项新的历史使命才被提升到一种战略高度，并且成为创业型大学的身份标识，成为大学的“第三个中心”。正如有文所指出的，创业型大学不是对现有类型大学的否定，而是对现行大学模式的拓展与有效补充。[③] 可见，创业型大学肩负三重历史使命，即人才培养、科学研究与学术资本转化，实现了知识传承、知识创造与知识应用的完整统一；同时，相对于传统型大学来说，创业型大学的组织特性就在于其将知识应用提升到了一个前所未有的高度，以推动学术成果转化作为大学的“一个中心”。甚至可以说，创业型大学的科学研究，成为一种手段而不是目标，着眼于成果的应用，远远不只是停留在理论层面的论著与专利。从这一点来看，创业型大学的着力点主要有两个：培养创造性人才与实现成果转化。对此，下文会有全面而又深入的分析，在此不再赘述。一所开展学术创业、注重知识应用、促进经济转型的大学，自然会注重理论与实践的结合，培养创造性人才，从而实现创业型大学两个着力点的相得益彰。

---

① 高明：《创业型大学兴起的背景研究》，《现代教育科学·高教研究》2010 年第 6 期。

② 宣勇、张鹏：《论创业型大学的价值取向》，《教育研究》2012 年第 4 期。

③ 姚春梅、刘春花、朱强：《创业教育向创业型大学发展的四个维度》，《学校党建与思想教育》2010 年第 7 期。

创业型大学致力于学术资本转化，并不等于学术成果的商业运作，也并不意味着以营利为目的。事实上，商业运作与获取利润是一切社会组织生存与发展的基本法则，服从于组织使命的存在与实现，不是一种组织的历史使命与身份标志。只有学术资本转化，才能彰显创业型大学的独特使命，表明创业型大学的价值追求。在分析创业型大学的组织特性时，如果不从创业型大学诞生的独特使命出发，不从学术资本转化出发，而局限于学术成果的商业运作，那么，如今许多以营利为目的的私立大学、民办高校都将纳入创业型大学范畴。显然，这有意或者无意地忽略了创业型大学诞生的历史意义，大大降低了创业型大学的社会价值，亦离创业型大学理念奠基者伯顿·克拉克与埃兹科维茨所描绘的创业型大学相距甚远，从根本上否定了“创业型大学是21世纪大学组织上转型和大学进取与变革的必然趋势”①。其实，伯顿·克拉克2004年在其出版的新著《大学的持续转变：创业型大学新案例和新概念》一书中，提出的大学可持续性变革的三种动力，在某种程度上，正是体现了一种大学的历史使命与社会责任。在该书中，克拉克首先对其早期著作《建立创业型大学：组织上的转型》一书中选取的5所欧洲大学的创业型变革行为进行了跟进研究，分析了它们的持续创业精神。接着，克拉克选取了乌干达马凯雷雷大学、智利天主教大学和澳大利亚莫那希大学3所大学作为案例，分析了非洲和拉丁美洲创业型大学转型的过程以及所体现的创业精神。此外，克拉克还选取了斯坦福大学、麻省理工学院、密歇根大学等6所美国大学来说明在激烈竞争态势下大学创业成功的经验。最后，克拉克在书中提出了大学可持续性变革的三种动力：加强相互作用的动力、具有永恒动量的动力和雄心勃勃的集体意志的动力。② 仔细推敲，我们会发现，克拉克在全面考察下推导出来的三种动力，若没有那种符合人类前进方向的历史使命与社会责任，仅仅基于商业运作与营利行为，则是永远也产生不出来的，更不可能成为所有创业型大学成功的秘密武器。

---

① ［美］伯顿·克拉克：《建立创业型大学：组织上转型的途径》，王承绪译，人民教育出版社2003年版，第1页。

② ［美］伯顿·克拉克：《大学的持续转变：创业型大学新案例和新概念》，王承绪译，人民教育出版社2008年版，第114—120页。

二 学术资本主义的精神实质

在现有关于创业型大学内涵的研究文献中，“学术资本主义”是一个核心概念。这个概念当前被视为创业型大学的组织特性，既与我们对创业型大学的内涵认识不到位有关，也与学界对学术资本主义的精神实质把握不准确有关。应该说，有些学者是从“学术创收”“商业运作”等营利动机来理解与运用“学术资本主义”这个概念的，这符合学术资本主义的精神实质，但不能将之归为创业型大学的组织特性。“学术资本主义”与“学术资本转化”是两个具有不同价值指向与历史意义的概念，学术资本转化才是“创业型大学区别于传统型大学的内在根源与外在表现，是创业型大学的组织特性”①。虽然一些学者认识到创业型大学的组织特性在于学术资本转化，但是缺乏对学术资本主义的深刻理解，将之与学术资本转化混为一谈，从而从基于创业型大学的“学术创业”“学术资本转化”等历史使命来运用学术资本主义。例如，有文②在论述创业型大学的组织文化要从学术人文主义向学术资本主义转变时，主要强调了创业型大学应该走出象牙塔，以推动学术成果转化、履行社会创新使命为己任，不再沉湎于象牙塔，仅仅关注形而上的理论研究。在该文中，学术资本主义显然不是从营利动机等经济行为角度而言，而是从学术应用等历史使命角度而言，与学术资本转化等同使用。可见，要将学术资本转化确立为创业型大学的组织特性，我们不仅要从学理上分析创业型大学的内涵，还要从概念源头上分析学术资本主义的普遍含义，从比较的角度分析学术资本主义的精神实质，从历史意义的角度分析学术资本主义带来的社会危害。

从这个概念较早的提出者以及系统论述者来看，希拉·斯劳特与拉里·莱斯利确实是从“学术创收”“商业运作”等营利动机来理解与运用“学术资本主义”的。如前所述，他们曾经特意强调，只有学术资本主义才能完全表现利益动机向学术的侵入，至于学术创业主义或者创业活动等概念，都显得太委婉，并明确提出“院校及其教师为确保外部资金的市场

① 宣勇、付八军：《创业型大学的文化冲突与融合——基于学术资本转化的维度》，《中国高教研究》2013 年第 9 期。

② 高飞：《组织学视野下的创业型大学转型研究》，《现代教育管理》2011 年第 9 期。

活动或具有市场特点的活动为学术资本主义”。[①] 在其他不少出现“学术资本主义”的文献中，亦凸显其概念的“逐利”[②] 动机与行为。例如，有文指出，从学术自由主义向学术资本主义的大学制度转变，“学术资本主义”一词宣示知识成为“资本”、拥有知识的学者成为“资本家”的时代的来临，进而有了创业型大学诞生。[③] 总之，从这些文献来看，学术资本主义的精神实质正是学术创收、商业运作、逐利动机等功利性的利益诉求，致力于学术成果转化盈利的结果，而不是学术成果转化的历史使命。

从概念本身来分析，学术资本主义与学术资本转化确实存在区别，有着不同的价值取向与运行逻辑。“资本”的基本解释有两种：一是指经营工商业的本钱；二是指牟取利益的凭借。虽然两个概念中都包括“资本”，但是，组合方式不同，就会导致侧重点不同，价值取向不同，落脚点不同，从而产生的影响也就不同。“学术资本”与“主义”的结合，侧重点在于“学术产品”的资本化运作方式，折射出一种“泛资本主义”的价值取向，落脚点在以利益为基本特征的“资本主义”上。“学术资本”与“转化”的结合，侧重点在于“学术产品”的转化行为与结果，折射出一种实用主义的价值取向，落脚点在以实用为基本特征的“学术创业、知识应用”上。因此，从概念本身的角度而言，学术资本主义彰显的是一种营利动机和商业文化，反映不出创业型大学的历史使命与存在价值，不能取代学术资本转化而成为创业型大学的组织特性。

学术资本主义的精神实质在于追求利润空间最大化，创业型大学的组织特性在于其历史使命与存在价值。在此前提之下，如果我们将学术资本主义视为创业型大学的组织特性，就会导致创业型大学将利益动机、逐利行为作为自身的基本目标与价值追求，而轻视甚或忽略创业型大学最应该履行的成果转化、知识应用、推动社会经济发展等使命与职责。这种创业型大学，就会变成为创收型大学、企业化大学或者说营利性大学，不再属于那种代表高等教育改革与发展方向的创业型大学。正因为如此，才会有

---

① ［美］希拉·斯劳特、拉里·莱斯利：《学术资本主义——政治、政策和创业型大学》，梁骁、黎丽译，北京大学出版社 2008 年版，第 8 页。

② 李木洲：《学术资本主义：全球化背景下大学面临的变革》，《四川师范大学学报》（社会科学版）2011 年第 2 期。

③ 苏晓华、李剑湘、张耀辉：《创业型大学市场化生存机制及启示》，《外国教育研究》2011 年第 1 期。

一些高等教育理论研究者认为“这些以企业模式运作的创业型大学只是高等教育系统的‘渣滓’，不值得研究”[①]。对此，在创业型大学研究述评时，已有众多类似的观点。但是，创业型大学是有别于那些营利性大学的，有文已从组织性质、产生背景、大学职能、办学目的等方面分析了其间的区别，并指出，“创业型大学是非营利性组织，不以营利为目的，以实现某种社会目标为己任，享受免税、政府补贴以及社会捐赠等优惠”[②]。

从现实角度而言，在学界将学术资本主义作为创业型大学的组织特性之后，其对创业型大学的理论研究与实践改革都产生了一定的负面影响。因为人们一旦从学术资本主义的精神实质来分析、理解与建设创业型大学，就容易将创业型大学定位于企业化大学、营利性大学、公司化大学等功利性目标明确的大学，不是着眼于学术成果的转化、社会经济的转型与发展等实用性目标，那种功利性目标导向必然导致创业型大学的理论研究走向误区，实践改革走向高等教育产业化、商品化与市场化。显然，这不是创业型大学诞生的深刻根源，也不符合创业型大学发展的走向。

事实上，作为创业型大学之父、其概念最早提出者之一的伯顿·克拉克，并没有对创业型大学作过明确的概念界定，如前所述，甚至他曾考虑是否选用创新型大学作为该种大学的组织概念。[③] 对于创新型大学，有学者明确提出，其“基本特征就是科研成果的转化，为区域的经济发展和科技进步做出了一定的贡献”[④]。可见，在克拉克等学者这里，创业型大学并不是一种功利取向的营利性大学，其组织特性更不可能是学术资本主义。作为创业型大学理论奠基者且与克拉克同时提出这个概念的埃兹科维茨，他同样没有明确指出何谓创业型大学，但他鲜明地勾画出了创业型大学的使命与特性，[⑤] 为我们深刻理解创业型大学的实质做出了巨大的贡献。从某个角度来说，埃兹科维茨正是从学术资本转化、推动社会发展等

① 温正胞：《大学创业与创业型大学的兴起》，浙江大学出版社2011年版，第24页。

② 董志霞：《国外创业型大学与营利性大学异同辨析》，《高校教育管理》2013年第6期。

③ ［美］伯顿·克拉克：《建立创业型大学：组织上转型的途径》，王承绪译，人民教育出版社2003年版，第2页。

④ 陈汉聪、邹晓东：《发展中的创业型大学：国际视野与实施策略》，《比较教育研究》2011年第9期。

⑤ ［美］亨利·埃兹科维茨：《麻省理工学院与创业科学的兴起》，王孙禺、袁本涛等译，清华大学出版社2007年版，第192—193页。

实用主义的角度来理解创业型大学的地位、价值与特性的，亦即从创业型大学的历史使命来界定其组织特性。可见，在该理论奠基者看来，创业型大学属于一种实用主义的大学，而不是一种功利主义的大学，前者属于哲学观范畴，后者属于伦理观范畴，其组织特性自然不应该是功利取向的学术资本主义，而是实用取向的学术资本转化。事实上，有学者研究指出，创业型大学发展模式应是一种实用主义价值观，并非功利主义，“功利主义与实用主义原本不是一对概念范畴，因为功利主义是一种伦理观，实用主义是一种哲学观”①。

三　学术资本转化的社会价值

将创业型大学的组织特性确定为学术资本转化，既是一种事实判断，也是一种价值判断。因为在创业型大学诞生与发展过程中，营利诉求与使命导向合而为一，甚至相互促进，使得创业型大学是在追求利润空间还是通过学术转化服务社会的边界非常模糊。于是，只有学界明确将创业型大学的组织特性界定为学术资本转化，才能推动创业型大学的理论研究与实践改革朝既定的方向发展。在这种理论预设下，我们必须明确学术资本转化带来的社会价值，以此表明创业型大学的历史意义与发展前景。沃里克大学作为创业型大学的成功范例之一，英国首相布莱尔称其为英国大学的灯塔。② 如前所述，复旦大学前副校长杨玉良院士、清华大学前党委书记陈希以及全国人大代表张红等，都倡导大力推动发展创业型大学。从学理角度来看，有文指出，作为事业主体的教师，必须建立一种“学术与创业兼顾”，真正实现既以学科发展为中心又以创业为导向的办学理念。教师以学术为主、创业辅助学术这样的一种形式在不久的将来将成为常态。③ 在政府政策层面上，浙江省人民政府办公厅 2011 年第 54 号文件（浙政办发〔2011〕54 号），提出了关于创业型大学建设试点的省级教育体制改革项目，并确定浙江农林大学、浙江万里学院、杭州师范大学、绍兴文理学院、义乌工商职业技术学院、浙江工贸职业技术学院、浙江大学

---

① 赵文华、易高峰：《创业型大学发展模式研究：基于研究型大学模式创新的视角》，《高教探索》2011 年第 2 期。

② 转引自刘永芳《创业型大学视角下的高校资产公司：国际比较与政策选择》，《高等教育研究》2009 年第 9 期。

③ 龚晓嵘：《创业型大学中教师角色分析》，《中国成人教育》2012 年第 8 期。

城市学院等7所高校作为创业型大学建设试点高校。创业型大学之所显示蓬勃生机，代表高等教育改革与发展的走向，原因就在于学术资本转化属于大学的内在需要与必然要求。可以说，没有人会从盈利、赚钱、创收等角度对创业型大学给予如此高的评价。我们从王承绪先生卧病在床，仍然孜孜不倦地翻译创业型大学的奠基之作所反复强调的那句话，就能看出王先生对于创业型大学内涵与价值的认同。他从大学的发展脉络分析指出，我们要“深深地知道大学生存与发展的根本是什么”。[①] 对此，我们可以从以下两个方面来分析：

一方面，只有实现学术资本转化，大学才能形成完整开放的学术链条。

知识是教育的逻辑起点[②]，大学正是围绕知识的运行而建立起来的一个学术组织。作为一个富有生机、充满活力的学术组织，其知识运行应该有源头，也有出口，形成一个完整开放的学术链条。从现代大学来看，该学术组织不再专注于天理人伦之道，而是以现代科学文化知识作为逻辑起点，以实现社会发展与人的发展作为办学目标。从而，现代大学应将知识运行的源头与出口扎根于现代社会中。只有这样，才能形成一个完整开放的学术链条，才能让大学焕发生命活力。但是，在传统型大学，知识运行的源头更多地来自于书本理论本身，知识运行的出口自然就成为书本理论型的人才与成果。于是，从书本到书本，从理论到理论，整个学术组织处在一个封闭的象牙塔之内，与社会联系不够紧密。这样的学术链条，既不完整，也不开放。只有当大学肩负学术资本转化的历史使命，通过自己的学术成果直接服务社会，主动打通与社会对接的出口，该大学才会扩大知识运行的源头，既关注书本理论知识，更注重从社会实践中汲取养料。这样的大学，才能形成完整开放的学术链条，才能担当现代大学使命。这样的大学，也就是创业型大学。正如有文指出的，区域产业的发展是创业型大学知识产品需求的主要来源，而创业型大学本身的学科结构与水平又决定了其满足市场需求的可能性。[③]

相对于传统型大学，创业型大学增加了学术资本转化的职责，延长与

---

① 付淑琼：《忆王承绪先生与创业型大学研究》，《外国教育研究》2014年第4期。

② 付八军：《知识经济与高等教育的相关性探析》，《高等教育研究》2005年第3期。

③ 张鹏、宣勇：《创业型大学学术运行机制的构建》，《教育发展研究》2011年第9期。

激活了学术链条。但是，那些坚守传统型大学理念的人士认为，大学应该与社会保持一定的距离，如果由大学教师开展学术创业，让他们在此投入过多的时间与精力，既有损于人才培养，也无益于学术发展。以致有人发出感叹，“知识权力与经济利益的结盟的现实进一步使大学迷失自我”。[①] 应该说，这种担忧是必要的，但不是无法克服的。因为创业型大学推动学术资本转化，并不等于大学教师直接从事学术创业。创业型大学有义务也有条件为学术资本转化搭建各种平台，这才是一所大学之所以称为创业型大学的组织保障。如果仅仅是教师自发性的学术创业，并且造成教学育人、科学研究与学术创业的消长，那么，这肯定不是理想中的创业型大学，甚至不能称为创业型大学。

不过，形成完整开放学术链条的创业型大学，蕴含这样两个理念：学以致用与能者为师。在这种理念的指导下，创业型大学就会打破传统单一的师资来源通道，注重从社会上聘请那些品德优良、学有所长、业有所成的各界人士担任兼职教授或者客座教授。确实，建设创业型大学，师资队伍建设是其关键。[②] 对此，前面的理论分析亦表明，教师转型与大学转型具有一一对应的关系，只有实现教师由传统型向创业型的转向，才能成功走上创业型大学的发展道路。若仅从人才培养的角度来说，大学实际上是在销售课程，而且应该选择那些最能让学生受益的课程。但是，在现有的教育体制下，这对我国高校的冲击是很大的。这也表明，我国要建设理想的创业型大学，可谓任重而道远。

另一方面，只有实现学术资本转化，大学才能更好地履行历史使命。

关于大学的社会职责与历史使命，说法多种多样。在高等教育理论界，一般认为大学具有人才培养、科学研究、直接服务社会三大职责。在高等教育实践界，一般认为大学具有人才培养、科学研究、服务社会、文化传承创新四大使命。如果从教育的逻辑起点来看的话，无论哪一种说法，都是关于知识的创造、传承、应用、储存等知识运行的活动。事实上，作为一所功能完整的大学，其知识运行主要体现在三个方面，或者说具有：创造知识、应用知识与储存知识三项功能。即使在教学型大学，也

---

① 肖绍聪：《创业型大学：市场经济时代大学的出路？——读〈学术资本主义〉》，《教育学术月刊》2012 年第 5 期。

② 付八军：《激活学术心脏地带：创业型大学学科建设的图景分析》，《教育发展研究》2014 年第 7 期。

体现创造知识的功能，因为大学传承的知识是有所选择、整理与提升的人类文化成果。所谓储存知识，是指大学应该属于一个城市或者社区的文化中心，成为一个公共图书馆与人力资源库。应用知识，既包括人才培养或者说教学育人，也包括学术资本的转化或者说成果转化。教学育人，可谓知识的间接应用，我们通常称之为知识的传承；成果转化，可谓知识的直接应用，我们可以将之称为学术创业。可见，一所大学除了知识储存的静态功能外，首先表现为知识的创造，在此基础上再进行知识的应用，这种应用既体现在教学育人上，也体现在成果转化上。在这里，我们可以发现，科学研究或者说创造知识只是实现大学功能的一种手段，人才培养与成果转化才是大学的真正使命。而事实上，现代大学偏离了方向，以追求学术成果作为最大追求，对知识的直接或者间接应用并不热衷，造成大量理论知识的闲置与空疏，导致理论与实践的割裂。正如有文指出的，在我国现阶段，大学的生产知识、传播知识和应用知识这三种职能融合度不高，停留在彼此分隔的状态。① 作为国家创新体系的重要组成部分，我国高校必须以知识应用作为改革方向，大力推动学术资本转化，更好地履行社会主义现代化建设的历史使命。这也表明，创业型大学将是我国高校变革的重要走向，“积极探索具有中国特色的创业型大学建设之路，势将成为重要而紧迫的历史任务”②。

有人认为，除了人才培养外，大学主要是生产知识，至于知识的直接应用应该由社会完成，并举例说明历史上许多重要理论成果也是在若干年之后才被人们利用起来。应该说，这种传统的大学观坚守学术本位立场，没有深刻领会学术的目标与取向，不利于大学使命的充分展现。大学作为一个学术组织，其学术发展正是为了人的发展与社会的发展。就是大学中那些传统的基础研究，也具有明显的应用取向。时至今日，理论与实践的界限越来越模糊；大学与企业的属性越来越交叠。因此，为了更好地履行历史使命，大学应该注重学术的应用取向，推崇实用主义，构建完整开放的学术链条，更多地从实践中找到理论研究的源头，尽可能地推动学术成果转化。正如有文指出的，“实用主义绝不是没有原则，没有底线……我

---

① 程广文：《创业型大学：走出象牙塔后的范式》，《泉州师范学院学报》（社会科学版）2010 年第 3 期。

② 王军胜：《建设创新型国家需要创业型大学》，《光明日报》2013 年 3 月 31 日。

们的大学理念，应该是一种建立在实用主义基础之上，以人为本，尊重知识，尊重市场，可持续发展的大学理念”①。

在许多人看来，学术成果的公开发表，也可谓知识的应用，不一定要由知识生产者直接开展学术创业。确实，人文社会科学研究者，著书立说，传播人间正道，正是其应用知识、服务社会的重要途径。但是，对于许多应用性的知识，其生产者本人最清楚该知识应用领域、途径等，由其参与应用与推广，能够缩短转化周期，节约转化成本。何况，如前所述，创业型大学的组织转型，其重要使命就在于为大学教师的学术成果转化承担大量的联络、协商与推广工作，这是创业型大学应有的组织功能。例如，MIT 的技术转移组织在大学、产业和政府之间发挥了巨大的作用，它与政府部门和企业单位签订合同，为创业型大学的科研活动提供资助；同时，它帮助创业型大学的科研成果申请知识产权，实现向现实生产力的转化。②

总之，推动学术资本转化，促进知识直接应用，是检验真学术与假学术的重要标准，是创业型大学履行使命、彰显活力、服务经济转型的最佳途径，以致有文提出，“知识经济时代的大学作为引领社会、服务社会的区域创新主体，应该主动将自身的发展与地方经济社会发展紧密结合起来……作为地方大学而言，这是一种义不容辞的责任，也是朝着创业型大学转型的必然选择”③，“行业特色型大学要率先举起创业大旗”④；同时，以“学术创业”为基本特征的学术资本转化，作为创业型大学的组织特性，必将引领大学的变革，成为大学的“第三个中心”。

第二节　创业型大学建设的基本目标

剖析了创业型大学的组织特性，再来理顺创业型大学建设的基本目标，

---

① 陈超：《从学术革命透视美国研究型大学崛起的内在力量》，《清华大学教育研究》2012 年第 4 期。

② 高明、史万兵：《麻省理工学院的创业型大学之路及对我国的启示》，《东北大学学报》（社会科学版）2012 年第 3 期。

③ 蔡袁强：《地方大学的使命：服务区域经济社会发展》，《教育研究》2012 年第 2 期。

④ 李平：《从行业特色型大学向创业型大学转型》，《中国社会科学报》2011 年 10 月 20 日。

并不困难。如前所述，创业型大学的组织特性不是学术资本主义，而是学术资本转化。这就表明，实现成果转化，是创业型大学最为外显的基本目标之一。同时，前文又分析指出，科学研究或者说知识创造只是实现大学功能的一种手段，人才培养与成果转化才是大学的真正使命。由此可知，无论创业型大学演变出几个中心，培养人才是其不变的中心，从创业型大学的角度来看，毫无疑义要以培养创造性人才作为其最为关注的另一个基本目标。至此，我们可以发现，创业型大学至少有两个基本目标或者如前文所说的着力点：培养创造性人才与实现成果转化。如果说创业型大学的内部着力点在于培养创造性人才，发掘学生的创业潜质，那么，创业型大学的外部着力点就在于实现成果转化，服务社会的进步与发展。那么，我们如何进一步深入地理解这两个基本目标？这两个基本目标有什么样的关系？如何由此导出教师转型的方向？还有许多问题都值得我们思考。

一 创业型大学的内部着力点在于培养创造性人才

教育的根本目的是培养人才，而在所有的人才中，创造性人才是最难得的。创造性人才是社会发展和文明进步的最原始和最有力的推动者。①美国哈佛大学校长普西认为，“一个人是否具有创造力，是一流人才与三流人才的分水岭”。事实上，中华民族历来是一个富有创造性的伟大民族，在世界科技文化史上留下过光辉的篇章。例如，中国是人类四大发明的摇篮，是世界四大文明古国之一。英国学者坦普尔曾经指出：现在世界上重要的发明创造有一半以上源于中国。除了指南针、印刷术、纸、火药是中国四大发明之外，还有现代农业、现代航运、现代石油工业、现代气象观测、现代音乐、十进制计算、纸币、多级火箭、水下鱼雷乃至蒸汽机的核心设计等，都源于中国。② 然而，由于种种原因，明代以后我国的科技发展开始落后了。改革开放以来，我国经济取得了举世瞩目的成绩。但是，中国的经济腾飞，建立在“中国制造”而不是“中国创造”上，严重依赖劳动密集型、能源消耗型产业，离创新型国家相距甚远。要培养创造性人才、提高国民创新能力、建设创新型国家，我们必须大力推行创造

① 王健华、周勇：《关于创造性人才培养的思考与实践》，《清华大学教育研究》2002 年第 6 期。

② 庄寿强：《普通（行为）创造学》，中国矿业大学出版社 2006 年版，第 24 页。

性教育。创业型大学注重理论与实践的结合，注重教育的实效与实用，注重成果的社会需求与市场竞争，正是贯彻创造性教育的重要载体之一。

（一）创造性人才的内涵及其外延

何谓创造性人才，学界亦是见仁见智。在不少学者那里，将创造性人才、创造人才、创造型人才、创新人才、创新型人才等严格区分开来。在笔者看来，过分地纠缠这些概念，意义不大。在许多情况下，这些概念具有相同的内涵与外延。因此，本书不再对这些概念进行比较与分析。仅仅谈谈某几种观点，然后结合本书探讨的主题，说说创造性人才的含义。

北京师范大学林崇德先生曾提出一个公式，即：创造性人才 = 创造性思维 + 创造性人格。[①] 在该公式中，创造性思维属于智力因素范畴，主要有5个特点及其表现，并以此作为创造性思维的研究指标：（1）创造性活动表现新颖、独特，且有意义。（2）思维和想象是创造性思维的两个重要成分。（3）在创造性思维过程中，新形象和新假设的产生带有突然性，常常称为灵感。这里要指出，中小学生还没有灵感，最多是灵感的萌芽。灵感属于“顿悟”，在一定意义上说，它是有意注意的产物。（4）在思维意识的清晰性上，创造性是分析思维和直觉思维的统一。（5）在创造性思维的形式上，它是发散思维与辐合思维的统一。而创造性人格，则属于非智力因素，主要有5个方面的特点及表现，并以此作为创造性人格的研究指标：（1）健康的情感，包括情感的程度、性质及其理智感；（2）坚强的意志，即意志的目的性、坚持性（毅力）、果断性和自制力；（3）积极的个性意识倾向，特别是兴趣、动机和理想；（4）刚毅的性格，特别是性格的态度特征，例如勤奋，以及动力特征；（5）良好的习惯。美国心理学家韦克斯勒（D. Wechsler）曾收集了众多诺贝尔奖获得者青少年时代的智商资料，结果发现，这些诺贝尔奖获得者中大多数不是高智商，而是中等或中上等智商。由此可见，在林先生的研究中，对于绝大多数处于中智及以上智力水平的人来说，创造性人格比创造性思维更为重要。

还有一些论著提出，创造性人才特定的素质、素养和技能的基本特征都在于其创造性，没有创造性，这种人才的特定素质、素养和技能就不能叫创造性素质、素养和技能，这种人才也就不能叫创造性人才。由此，该文提出了创造性人才的“四维界定观”，即创造性人才就是具有较高的创

① 林崇德：《创造性人才　创造性教育　创造性学习》，《中国教育学刊》2000年第1期。

造性素养、较好的创造性素质和较强的创造性技能，在一定领域有效开展创造性活动并能取得创造性成果的人才。[①] 在这个界定中，创造性素养、创造性素质以及创造性技能涵盖的内容非常丰富，既包括前面所说的智力因素，也包括更具有普遍意义的非智力因素。同时，该定义特别强调创造性成果。这就表明，一位创造性人才，必定在某些领域有所表现，否则，我们还很难将之定性为创造性人才。事实上，真正的创造性人才，在任何时候任何地点，都会有其特定的表现。其中，最关键的一点便是，他有在他那个年龄与环境所能形成的个人独立判断与意见。正如有文所言，人的素质差异，本质上不在于他们所掌握的知识信息量的多少，也不在于能否掌握一技之长，而在于他们思维能力的差异。[②]

根据以上分析，我们可以发现，创造性人才在学界很难达成一个统一的定义。可以说，有多少位学者对此下定义，就会有多少种关于创造性人才的含义。但是，无论如何，创造性人才必定体现创新精神与创造能力。这种精神与能力，在不同的年龄阶段、不同的学科领域、不同的工作场合等，均会有不同的表现。例如，对于一位小学生来说，如果他能把某篇课文原原本本地背诵下来，还不能由此体现其创新精神与创造能力，但若能将课文蕴含的基本观点独立提炼出来，并联系到自己身边的人与事，那就已经体现其创新精神与创造能力了。对于一位大学生来说，阅读小学生同样读过的那篇文章，仅仅将其蕴含的基本观点提炼出来，并联系实际，这还不能体现其创新精神与创造能力，若能写出一篇富有自己独到见解并具有真知灼见的文章，方可体现创新精神与创造能力。又如，对于一位在读学生来说，他能写出一篇优秀的论文，或许能够表明其创新精神与创造能力；对于一位在实践工作中的工程师来说，他能改造某种工艺，使工作更为有效与快捷，或许能够表明其创新精神与创造能力；对于一位医药方面的科学家来说，他能发明一种具有市场前景的药品，或者在医药理论上提出被同行学者们啧啧称赞的重要新论，都可谓体现了创新精神与创造能力。因此，创新精神与创造能力并非高不可攀，在我们身边，只要稍作观察，随时随地都可以发现众多的各种创造性人才。在许多情况下，这些创

① 王伟清：《创造性人才培养的课程资源条件保障问题研究》，博士学位论文，华中师范大学，2012年。

② 转引自司洪昌、茶世俊《培养创造性人才着力点何在——“创新型国家建设与创造性人才培养”论坛综述》，《中国教育报》2007年6月22日。

造性人才缺少的或许正是机会、条件或者努力的方向。这就像遍布水池的天鹅蛋一样，除了极少数无论如何都难以孵出天鹅外，绝大多数蛋都能在一定的环境下成功孵出天鹅，而且还会有不少的小天鹅在一定的环境中快速成长，最后能在蓝天高高飞翔。对于学生来说，他们就像年幼的小天鹅，具备了创造性人才的潜质。不同的是，展现天鹅高空飞翔的创造性潜能，乃是一种本能，但发掘人身上的创造性潜质，更需要后天的环境与教育。

（二）创造性人才需要创造性教育

如前所述，在学生时代的创造性人才，由于年龄尚小，其创新精神与创造能力总体上显得相对较为微弱。但是，与其他动物以本能体现的创造潜能不同，人类这种微弱的创新精神与创造能力，特别需要培养与发掘，才能更大程度地展现出来。研究表明，人的智商分布呈橄榄形，智商在80—120的人，占了总人口的78%，智商在140以上与70以下的，合起来也只占到总人口的4%。从这里可以看出，天才和傻子都是少数，绝大多数人的智商都在正常水平。[①] 但是，人的发展与成就，却是千差万别的。有的人体现出了巨大的创新精神与创造能力，为世界做出了巨大的贡献；有的人则默默无闻，甚至不乏“伤仲永”的悲剧重演。究其原因，则与后天的环境尤其是积极主动正向的教育密切相关。“狼孩”的故事，就是一个非常经典的案例。没有后天的环境与教育，同样是人，同样潜伏着正常创造潜能的人，只因所处的环境与教育不一样，就会由一个正常人最后变成毫无创造力的“狼人”。学校所提供的教育，如果是那种发掘人的创新精神与创造能力的创造性教育，就像交给我们一把打开世界知识奥秘的钥匙，在以后的人生职业生涯中，不断探索，不断创新，不断创造，做出创造性的业绩。正如有文所言，创新是人的一种内在品质，是人与生俱来的一种天赋，但需要在合适的环境条件下才能被诱发和表现出来。[②] 因此，培养创造性人才，特别需要创造性的教育，这种教育就是诱发我们创新品质与创造天赋的合适环境之一。

那么，到底什么样的教育称得上创造教育呢？英国心理学家、优生学

① 详见付八军《大学与人生——献给那些在大学中追梦的人》，湘潭大学出版社2013年版，第234页。

② 转引自司洪昌、荼世俊《培养创造性人才着力点何在——“创新型国家建设与创造性人才培养”论坛综述》，《中国教育报》2007年6月22日。

家高尔顿开创造教育研究之先河，著有《遗传的天才》等。此后，美国、日本等在一段时期内都非常重视创造教育。中国创造教育的开拓者，一般公认为陶行知，他于20世纪30年代在育才学校设立“育才创造奖金”，后来发表《创造宣言》。时至今日，创造教育的理论研究已经取得丰硕的成就，甚至就具体落实各种类型与层次的创造教育提出了具体的举措。例如，有文提出，大学创造性人才培养要重视以下四个方面：一是具有专业兴趣的学生是创造性人才培养的对象和前提；二是致力于发掘学生的潜能是创造性人才培养的重要理念；三是理论学习和实践活动相结合是创造性人才培养的重要途径；四是大师名家授课是实现创造性人才培养的重要保证。[①] 综合各种理论见解，创造教育的要言主要包括这么几点：（1）培养学生的创新精神与创造能力是教育的主要目标之一，未来社会需要更多的创造型人才。（2）人人都具有创造潜能，只是程度高低不同而已；而且，通过教育和训练，一个人的创造能力可以获得大大提高。（3）创造性学习必须调动学生的积极性与主动性，强调自主的学习是创造教育的一项原则。个人追求成功的内在动机是创造性的主要动力，强烈的创造动机会激发人的创造能力。（4）创造力的高低与任何职业的成就成正比，创造力开发对于各种职业和各个领域的每个受教育者都是十分重要的。可见，所谓创造教育，就是在基于人人都具有创造潜能的理论认识上，主张通过激发人自主的创造热情，引导人们以一种探索者的姿态来积极主动地认识世界与改造世界。在这种教育语境中，至少有这样三个关键词：人人有才、自我追求、开拓创新。

应该说，当前我国普遍施行的学校教育，仍以应试教育为主导，那是一种学以致知而不是学以致用的教育，是一种面向学术世界而不是面向现实世界的教育，还远远谈不上创造教育。那么，如何革新我国现行教育，使之走向创造教育呢？在笔者看来，真正的创造教育，并不需要天天喊创造教育，而是自然而然地体现了教育的创造性，能够有效地培养人的创新精神与创造能力，就像素质教育一样，这本身就是教育的本意，教育必定应是提高素质的教育。同时，创造教育应该在正常的教育过程中自然地进行，并不需要增设特殊的课程，也不需要另辟一条教育途径。正如林崇德

① 王健华、周勇：《关于创造性人才培养的思考与实践》，《清华大学教育研究》2002年第6期。

先生所言，“所谓创造教育，是指在创新型学校管理和学校环境中，由创造型教师通过创造型教学方法培养出创造型学生的过程。这种教育不须设置专门的课程和形式，但必须依靠改革现有教育思想、教育内容和教育方法来实现”[①]。现实的问题是，尽管形成了体现创造性教育的内容与方法，却没有贯彻落实。例如，武汉大学前校长刘道玉先生，在一文中提到，在多年前他就设计出了大学实施创造教育模式的构想，提出了具有普遍使用价值的“SSR 模式”。这个模式是总结了各种有效的教学方法后提出的，由自主学习（study independently）、课堂讨论（seminar）和科学研究（research）三种形式组成的。该文曾发表在《教育发展研究》2000 年第 12 期上，并且被评选为优秀论文一等奖，但没有任何大学愿意进行改革试验。[②]

（三）创业型大学施行创造性教育

根据前文分析，中国不乏创造教育的理念，却缺乏创造教育的实践。为何推行创造教育这么困难呢？在笔者看，或许现行的教育体制与教育惯性，无法形成创造教育的氛围，倘若将大学的中心工作由教学育人、科学研究“两个中心”，提升到在此基础上增设“学术创业”而成的“三个中心”，亦即推进创业型大学建设，或许能够在高等教育领域中率先培育创造教育的氛围。这就正如将科学研究的职能引入大学一样，在很大程度上提高了教学质量，培养了更加优秀的人才，只不过，这仍然是一种“学以致知”的质量提升与人才培养。如果将学术创业引入大学，那么，或许在此基础上进一步提升人的创新精神与创造能力，达成创造教育。本书从创业型大学的人才培养特殊性出发，发现其致力于创业型人才的培养，正是创造性人才的目标追求，两者是一致的。也就是说，创业型大学培养创业型人才，但并不意味着在他们毕业后就成为创业工作者，主要是培养一种创业潜质，这种潜质体现的正是创造潜质，通向创造性人才。因此，创业型大学施行的正是创造性教育，培养创造性人才。对此，下面试作分析。

本书探讨创业型大学的人才培养，自然让我们想到其区别于其他大学的人才标准正是创业型人才。那么，这是否意味着创业型大学培养出来的人才正是创造性人才？应该说，这种创业型人才，从某个角度来说，正是

---

① 林崇德、林琳：《创造性人才的成长与培养》，《创新人才教育》2014 年第 1 期。

② 刘道玉：《论大学创造性人才培养体系的构建》，《高教探索》2011 年第 1 期。

创造性人才。对于那些以创业标识身份类别的大学，本身就是一所创业文化浓厚的大学，这里走出来的学生应该具有一种创业意识、创业精神以及一定的创业知识、创业能力。在此，我们可以将这种具有创业潜质的大学生群体称为创业型人才。如果一所致力于创业型大学建设的高校，培养出来的学生不具备一定的创业潜质，那么，我们就很难说该所高校已经迈入创业型大学的行列。创业型大学必定培养创业型人才，也必定出现且应该出现部分学生毕业后从事创业活动，但是，这并不意味着不同学科不同类型的所有毕业生都从事创业活动。可以说，创业型大学培养出来的创业型人才，不等于创业工作者，只是表明这些人才具备创业潜质。因此，评价创业型大学的人才培养质量，除了一定比例的学生创业实践这个量化标准外，更主要的是从创业潜质的角度评价人才培养的类型与水平。

所谓创业潜质，是指从事创业活动的潜在素质。在新的历史条件下，这种创业潜质主要体现在三个方面。一是分析能力，即判断哪种创业活动最值得做，能够做到什么程度，采取什么形式能够做得更好等，在市场竞争白热化的今天，这种能力最为重要；二是协调能力，创业活动是一项复杂的实践活动，需要与许多单位、个人打交道，协调各个方面的关系，可以说，能够处理好这些关系，也就能够开创一项事业；三是创业激情，社会上不乏具备创业素质的人才，但他们大都因为缺乏创业激情而远离创业活动，创业激情类似于火烧赤壁中的“东风”，属于创业潜质中最不需要花太多时间学习但最能引发创业活动的要素。

应该说，创业型大学培养学生的创业潜质，最需要且最值得花时间的还是那种创新能力，或者正如前面分析指出的那种创造能力。有了这种能力，学生自然会形成较强的分析能力，在完善个性以及学好技术性的交流工具之后，自然就培养出了协调能力。至于创业性的相关知识，则是在短期内可以获得的。可见，创业型大学培养创业型人才，关键在于培养学生的创业潜质，重点在于发展学生的创新或者说创造能力。从这个角度来说，创业型大学培养的创业型人才，正是创造性人才，两者的人才内涵及指向是一致的。因此，我们才会说，创业型大学的内部着力点在于培养创造性人才。①

① 付八军：《创业型大学的内部着力点在于培养创造性人才》，《中国教育报》2012 年 3 月 6 日。

创新精神与创造能力，是创造性人才的灵魂。事实上，从当前成功的创业型大学实践来看，它们在培养学生的创新精神与创造能力上，做得非常出色。从这一点来看，创业型大学无疑是推进创造教育、培养创造人才的重要平台。例如，在 MIT、斯坦福大学等创业型大学名校中，许多学生在校期间就随同导师或者独立开展科技创新活动，并且取得了巨大成绩。对此，前文中有许多鲜活的实例。确实，一个人要在激烈的市场竞争中捕捉商业机会，必须具有敏锐的头脑与强烈的热情，同时，我们强调的创业不是一般的创业，而是学术创业，这就必须提供创新性的科技成果与产品，显然，创业型大学的这种创业文化，正是创造教育最想塑造的一种文化。可以说，创业型大学必定施行创造教育，致力于创造性人才的培养，但施行创造教育的大学远非只有创业型大学，在其他高等教育形式中同样可以实现。只不过，创业型大学的特殊性，决定了成功的创业型大学必定有成功的创造教育。如果一所大学没有成功地开展创造性教育，培养创造性人才，那么，这所大学还不能称之为成功的创业型大学。在当前中国不少学者的研究视野中，往往更多地关注到了学术成果的转化，而较少考虑到创造性人才的培养。这也正是本书将创业型大学的内部着力点放在前面论述，而将作为其外部着力点的成果转化放在下面论述的重要原因。

二　创业型大学的外部着力点在于实现成果的转化

作为一种高校类别与身份标志，创业型大学最早出现在欧美发达国家。至于其原因，主要有两个：高等教育财政紧缩与知识经济曙光初显。一方面，大学面临财源紧缩，依赖政府资助的渠道越来越窄；另一方面，大学具有得天独厚的学术资本，知识经济曙光的降临为大学实现学术资本的市场化提供了契机。于是，在内外部因素的推动下，创业型大学首先在欧美发达国家诞生。从这里可以看出，创业型大学的发展逻辑之一就是不断推动学术成果的转化，然后从市场上获得相应的物质与信息资本，再而开展新一轮的学术生产与成果转化。对此，研究创业型大学的学者们，普遍能够认识到这一点。只不过，对于创业型大学诞生的深刻根源认识角度不一样。正如前面分析创业型大学的组织特性时所指出的，不少学者从逐利动机出发，将学术资本主义作为创业型大学的组织特性，但本书则是将学术资本转化作为创业型大学的组织特性，两者有着本质的区别，且有不同的发展导向。

（一）学术成果转化的内涵及外延

当前，学界对高校科技成果转化的研究，较为丰富。通过对文献的分析，大部分研究主要集中在：一是根据“发展历史—成果转化率低—成因—对策”的线索来探析我国科技成果转化的问题；二是从政府角度解析政府如何应对技术转移和发展高校科研产业化等问题；三是从高校、企业角度来探讨双方的合作模式，剖析为什么科技成果难以从学校转移到企业，从中发现原因并提出相应的对策；四是探讨各种如何提高高校科技成果转化率的模式或机制研究，在于找出适合我国自身的转化机制；五是结合国内外成功大学科技园的经验，分析我国高校科技成果的现状、问题，提出行之有效的转化模式、机制和评价体系等。①

但是，学界对于创业型大学学术资本转化的研究，极为贫瘠。从研究现状来看，主要是从宏观层面探讨创业型大学的内涵以及建设标准、价值、目标与路径等，难以找到有针对性、系统的专门探讨创业型大学学术资本转化机制的成果。那么，创业型大学的学术资本转化，是否等同于一般高校的科技成果的转化？对于创业型大学学术资本的转化来说，亦有其自身的特殊性，至少有三个不同的特征：一是创业型大学的学术资本转化，不是某个学科某位教师的行为，而是所有学院所有学科所有教师的行为，是一所大学的整体转型；二是创业型大学的学术资本转化，不是某些学科某位教师的自发行为，而是所有学院所有学科所有教师的自觉行为，是一所大学的工作中心；三是创业型大学的学术资本转化，不只关注科技成果的转化，同时也关注人文社会科学的转化，更要研制推动两者转化的激励机制、转化平台与差异评价。可见，尽管学界关于高校科技成果转化的研究较多，但是这些理论成果远远不能满足建设创业型大学的需要，加强创业型大学学术资本转化的研究仍是理论工作者的重要任务。更不用说，作为创业型大学的组织特性，学术资本转化属于创业型大学理论与实践的核心问题，加强创业型大学学术资本转化机制的深入系统研究，是构建创业型大学理论的前提与基础。

依上得知，创业型大学的学术成果转化，既体现出其他大学的科技成果转化行为，也有自己以创业作为身份标识所表现出来的特殊性问题，其

① 安沛旺：《我国高校科技成果转化模式研究》，硕士学位论文，哈尔滨工程大学，2010年。

内涵要丰富得多，外延要广泛得多。这就像我们对“成果转化”的广泛应用一样，凡是可以成为“成果”的，都力争转化出来。例如，我们不时听到各种各样类似的表述，“把专题教育成果转化为深化国资国企改革发展的强大动力”①；“把讨论成果转化为创新发展的动力”②；“把党建成果转化为司法审判实效”③；等等。创业型大学的学术成果转化，其含义与上述论断一样，尽最大可能最广范围将各种学术成果转化出来，成为办学资源，变成现实生产力。在这里，我们或许仍然会误解，只有研究型大学的科技成果属于学术成果，可以转化，对于教学型大学的教学服务，不属于学术成果，不可能转化。应该说，这种认识是不对的。对此，我们可以进行如下分析，以此证明创业型大学的学术成果转化，其外延要大得多，远远不再是平常所探讨的高校科技成果转化。

当创业型大学纷纷成为大学变革的战略选择之后，我们开始从某个角度将大学分为三种类型：一是教学型大学，以知识传承为主导；二是研究型大学，以知识创新为主导；三是创业型大学，以知识应用为主导。如前文所指出的，在许多学者看来，这三种类型属于递进关系，创业型大学致力于科学研究成果的市场转化，只有研究型大学才能成为创业型大学。暂且不论这种大学分类是否科学，但是，将研究型大学视为创业型大学的一个必经阶段，排斥教学型大学进入创业型大学行列，这种观点是不恰当的。考察教学型大学能否成为创业型大学，关键在于把握教学型大学提供的学术成果能否实现市场转化，能否贯彻学术资本化，能否体现学术创业。

在大学，没有不从事研究的教学，研究是所有教师专业成长的基本途径。只是对于教学型大学来说，研究主要为教学服务。因此，教学型大学的学术成果主要表现为教学服务。教学服务作为一种知识产品，是有价格的，当然可以实现市场转化，能够贯彻学术资本化。国外不少以教学服务为主导产品的私立大学，正是通过销售课程而迈入创业型大学行列的。教学型大学能够开发学生的创业潜质，培养各行各业的应用型人才。这些人才能够在社会的各个领域从事创业实践活动，这正是学术创业的体现。可

---

① 钟文：《努力把专题教育成果转化为深化国资国企改革发展的强大动力》，《成都日报》2015 年 6 月 30 日。

② 本报评论员：《把讨论成果转化为创新发展的动力》，《绍兴日报》2015 年 6 月 29 日。

③ 焦占伟、曹佩：《把党建成果转化为司法审判实效》，《山西法制报》2015 年 6 月 29 日。

见，不只是研究型大学提供的高新科研成果可以实现市场转化，体现学术创业，教学型大学提供的应用性知识同样可以实现市场转化，可以培养相应层次的创业型人才，同样属于学术创业。

（二）学术成果转化的理论基础

长期以来，大学被视为公益事业单位，而不当成企业，其产品被称为公共产品，不能在市场上自由销售。这或许正是我国政府忌讳提到高等教育产业化、商品化的重要原因。就创业型大学建设来说，在我国推行不能一帆风顺，阻力重重，其中最大的阻力之一也正是这种思想观念问题。在许多人看来，致力于学术成果市场化的商业文化与大学传统的学术文化格格不入。应该说，这种顾虑是必要的，但不是主要的。要从根本上消解这种顾虑，我们必须理解，大学提供的产品是可以进行市场交换的劳动产品，是可以也应该有价格的。

那么，大学的产品是什么呢？大学的产品不是学生，而是教学服务与科研成果。如果将教学服务也视为一种学术产品的话，那么，大学的产品就是学术成果。从广义的知识定义而言，学术成果也是一种知识。因此，我们也可以将知识作为大学的产品。事实上，知识是各种教育的逻辑起点，大学就是沿着知识的选择、传承、创造、应用以及储备而运转的。那么，作为一种劳动产品的知识，是否有价格？在市场经济的条件下，对这个问题是不难理解的。学生缴费上大学，实际上就是购买教学服务；企业委托大学从事开发研究，实际上就是购买科研成果。无论哪种形式，大家都承认了知识有价。只不过，付费的方式不同而已。例如，在我国，学生缴费比例并不高，大部分教学服务的费用由政府买单。

可见，知识是有价格的，是可以进行市场交换的。尤其在知识经济时代，知识在各种生产要素中的地位与作用越来越显著，更需要通过市场交换与竞争来实现其价值。因此，一所大学迈上创业型大学的道路，致力于学术成果的市场化，这是知识有价在高等教育领域中的深刻反映与时代体现，不仅合情合理，而且意义深远。对于社会科学研究成果，也有人提出，“我们必须把社会科学研究成果认作是一种智力和知识产品，恢复商品的价值属性……智库建设脱离不了市场化的运作和市场化的人才聚集模式。”[①] 简言之，知识有价是实现成果转化的理论基础。

① 于翔：《我国社会科学研究成果转化的困境与机遇》，《前沿》2015 年第 5 期。

对于知识有价，在美国等私立大学主导的国家，是一个不成问题的判断。前面在分析MIT、麻省理工学院之际，这些学校正是利用知识有价，并且在“二战”期间为政府提供军工服务，以此获得办学资源，才使它们在“二战”前后迅速崛起，并奠定了以后面向市场产业、面向政府资助的战略路线。在这里，这种知识更多的是一种科技成果，不过也包括教学服务。例如，这些高校为政府培训军工人才，正是利用教学服务这个产品。时至今日，知识有价已经成为美国高等教育发展的重要原则。实际上，这正是高等教育的产业属性、商品属性在实践中的运用。从属性论角度来分析，这就意味着知识有价是高等教育本身所固有的属性，在一定的条件下，这种属性就会展现出来。①

高等教育的产品——知识，确实不同于一般的其他产品。这种产品的重要区别在于，当我们消费之后，能够提升劳动能力，能够造福人类。例如，一位家庭贫困但学业特别优秀的学生，在接受教育之后，或许他比别人能为国家和社会做出更大的贡献。从而，不少学者坚持认为，教育服务这种产品，不能依据等价交换的原则，不遵循市场规律。但是，这并不能否定知识有价，也不能否定高等教育的商品属性。第一，从其受教育者个体来看，在接受教育提升劳动能力之后，他能获得更优厚的职位，对其自身的受益是最大的，哪怕他对社会的贡献巨大，也从这里获得了相应的回报，从而在教育过程中理应实行教育成本分担。基础教育，是一种国民教育，以提高全民族基本素质为目标，一个不合格的国民，对民众和社会的危害是极大的。这种付费，是全民全社会或者说国家，替那些接受教育的孩子们付费。从而，在基础教育阶段，世界各国普遍实施看起来似乎属于免费的义务教育。但是，高等教育是一种择优教育、提升教育，个人受益明显，在国家承受能力有限的条件下，自然会实行收费政策。第二，正因为教育服务这种产品的特殊性，所以各国的高等教育收费政策，并不是僵化的等价交换原则，会根据家庭承受情况、学业情况而灵活对待。例如，美国越是顶尖的私立大学，学费越高，但对于那些家庭收入在一定线以下的，会减免学费；在中国，国家每年拨付大量的国家奖学金、助学金，支持那些学业优秀但家庭贫困的孩子顺利完成学业。从这里，我们都可以看

① 付八军：《高等教育属性论——教育政策对高等教育属性选择的新视角》，江西人民出版社2008年版，第198—225页。

到高等教育产品的特殊性。但是，国家支付的那部分学费，实际上正是全民为他们承担，并不是这些成本等于零了。因此，我们承认高等教育产品的特殊性，但不能因此否定知识有价，否定高等教育的商品属性。

（三）学术成果转化的未来展望

高等学校是科技成果的生产大户、储备大户、专利大户，是培养高层次人才的重要基地，是基础研究和高技术领域原始创新的主力军，是国家科技创新体系中的重要组成部分。全国2000多所普通高等学校，每年发表的学术论文、出版的学术论著、申请的各种课题以及获批的各种科技发明专利，不计其数。据统计，在各类高等学校科技人力中，“211”及省部共建高等学校为108所，而R&D成果应用及科技服务人员达到了22884人，平均每所院校为212人；其他本科高等学校为583所，R&D成果应用及科技服务人员为18403人，平均每所院校为31.5人。[①] 然而，我国高校科技成果转化的现状极不理想，与高校的科研地位以及研究规模一点也不相称。调查发现，目前我国每年科技转化率只有20%，而西方发达国家科技成果转化率为80%左右，差距巨大。在这10%的科技转化成果中，最终形成实际产业的科技成果只有5%。[②] 确实，我国高等学校的科技成果生产目前还停留在重研究轻应用、重数量轻质量、重专利申报轻成果转化的发展阶段，大量的科技成果、发明专利仅仅是为了谋取职称、名誉、奖励等，没有有效地加以转化为现实的生产力。

我国高校科技成果转化现状不容乐观，但不能由此否定成果转化工作的重要性。甚至可以说，正因为成果转化现状惨淡，才知道转化任务的艰巨，才能看到转化征途的光荣使命乃至美好明天。在成果转化过程中，有三种转化工作最为困难，也最能体现转化的成效。第一是科技成果的应用与推广。例如，某位教授成功申请了一项重大政府课题，在该课题的资助下，他研制出了一种能够治愈并预防口腔溃疡的药品，具有世界领先水平。在这里，这种药品从论著，再到产品，最后面向市场推广开来，这个过程是高校大部分科技成果转化的基本过程。真正关注成果转化的高校，应该把激励政策的重点从论著转移到产品尤其是市场推广阶段上来。只有

---

① 数据转引自万慧颖、张辉《高校科技成果转化创新模式探讨》，《中国高校科技》2015年第5期。

② 吴顺恩：《如何破解高校科技成果转化的瓶颈》，《中国高校科技》2015年第5期。

这样，大量的科研成果才能被激发。至于如何引导教授们从论著走向产品，最后关注市场，这正是建设创业型大学的重要动因。对此，以后的章节中会有专门论述。第二是针对校外学习者的教学服务。当前，这种教学服务主要体现为各种类型与形式的培训。应该说，这块市场已经形成，但是并不健全，而且更多地体现在考证考级、职称培训、出国进修等刚性需求市场上，真正主动报名以实现自我提升、个性修养、知识扩展等软性需求并不多。在笔者看来，如果一所大学能够提供大量类似的教学服务，并从中获得办学资源以进一步改进教学质量与办学条件，那么，这所大学的成果转化工作就做得相当出色了。第三是针对校内学习者的教学服务。对于这种成果转化工作，许多学者似乎视而不见，或者说，尚且不能从中发现成果转化现状。应该说，这是当前高等教育中存在的最大问题，是教育质量疲软最为中坚的部分。我们首先要看到，教学服务作为一种产品，是存在转化的，即由知识转化为学生的素质，内化到学生个体身上，成为其一部分。而且，如前所述，知识有价，只是付费的主体不同。但是，这种知识货真价实吗？学生从大学课堂上到底能够学到多少东西，获得多少难从其他途径而适宜在课堂上获得的知识？反思这个问题，我们就会知道，在大学课堂上的成果转化工作，做得并不出色，似乎没有遵循等价交换的原则，没有体现商品接受方即学习者的利益。如果政府没有从证书文凭的权威性、保护性等角度对大学进行支持，在信息社会的今天，那么，许多大学或许真的难以找到生源，从而这种成果转化工作就自然消失了。

由此可见，我们若能做好以上三种转化工作，一所大学的活力就呈现出来了。如果一个国家大量的高校都能做好以上三种转化，那么，整个国家的高等教育必定焕发出活力。在这种情况下，一所大学哪怕没有政府的文凭守护，完全依靠自身的实力，也能像朝阳企业一样，傲立于市场经济的浪潮。最重要的是，这样的大学，才能为国家、社会与人类做出更大的贡献。试想，国家每年那么多重大课题，若都能转化为产品并推广应用，那么无论是成果生产者本人还是整个社会，都将大大受益；社会上大量的人士从高校中主动自觉地吸收知识养料，将大量的闲暇时间放在学习上而不是虚度年华或者物质挥霍上，这样的社会必将是一个学习型社会、智慧型社会以及和谐型社会；大量的在校学习者能够主动地回归课堂，从大学课堂上获得知识并且体验到学习的快乐，这样的学习者必定是最幸福的人，也是最可能成为创造性人才的人。有了这些，我们怎么能够放弃成果的转化工作呢？可以说，哪些大学真正关注到了成果的有效转化，哪些大学就可能在未来掌握了主动权，成为引领时代潮流的大学。

如前所述，学术成果转化是创业型大学的组织特性，使得该种类型的大学以推动学术成果转化作为历史使命与社会职责。这样的一种大学，必定具有无限的生命力。可见，学术成果转化既是创业型大学的组织特性，也是创业型大学建设的基本目标之一，在此称之为创业型大学的外部着力点①。仅凭这一点，使得创业型大学明显区别于其他各类大学。如果不能抓住这一点，也就没有把握住创业型大学的灵魂与实质。

三　从学术资本转化看商业文化与学术文化的消长

如果说，创业型大学最初诞生的动力之一是通过学术资本的市场化来缓解高校办学经费不足，那么，今天许多高校致力于创业型大学建设，其目的是将创业型大学的基本精神贯彻到人才培养的环节中来，造就创造性人才，同时贯彻学术资本化的原则，利用市场机制与竞争机制激活大学的独特产品——教学服务与科研成果，尤其要将学术成果转化为生产力，将学术产品引入竞争市场。也就是说，这些高校建设创业型大学的目的主要有两个：一是培养创造性人才，即创业型大学建设的内部着力点；二是实现学术成果转化，即创业型大学建设的外部着力点。至于扩大办学经费来源，则是创业型大学推进内外部着力点的自然结果。可见，建设创业型大学已经成为这些高校变革与发展的内在需要。与此同时，创业型大学具有很强的包容性与生命力。例如，从理论上来说，教学育人与科学研究并不矛盾，创业型大学的内外部两个着力点并不对立，如果处理得当，反而相得益彰；又如，不只是研究型大学可以成为创业型大学，教学型大学也可以成为创业型大学。但是，在建设创业型大学尤其是推进学术成果转化的过程中，那种展现商品属性的知识产品，其逐利行为一直被认为影响到传统上定性为公共产品的知识的纯洁性，产生了各种各样的文化冲突，最突出的表现是商业文化与学术文化的冲突。这种冲突，在不少学者看来，自然会影响到创业型大学两个基本目标的实现，甚至从根本上否定了创造性人才的培养。例如，南京工业大学调整战略定位之际，针对创业型大学建

① 付八军：《创业型大学的外部着力点在于实现成果转化》，《中国教育报》2012年4月30日。

设影响学习的问题，学校领导义正词严地指出：“人的精力有限，时间对任何人都是常数。政府受益了、地方经济发展了，GDP 上去了，但高校的人才培养就难免受到不同程度的冲击。许多教师因此而脱离了一线、无暇走上讲台，可能和自己的研究生一年都见不到几次面，甚至连出席研究生的论文答辩会都成为难事，还有学生投诉教师在课堂上打电话、发短信。长此以往，师道何存？大学何为？”① 这就是学术文化与商业文化的冲突问题。这种冲突是否成为必然，能否实现融合？从学理角度而言，不仅学术文化可以也应该走向市场，而且作为一种手段的商业文化也可以推动学术文化的繁荣，最终能够实现两者共存双赢。对此，我们可以再进行如下深入分析：

（一）从组织特性看创业型大学的文化冲突之源

在整个 19 世纪，科学研究进入大学受到广泛质疑。到了 20 世纪甚至 21 世纪，虽然“两个中心”的大学职能观逐渐成为普遍共识，但是，在大学中，教学与科研的文化冲突仍然存在，部分教师仍然坚守纽曼的观点，认为两者属于“不同性质的工作”。可见，教学与科研在大学中的融合，经历了一个漫长而又艰难的过程。20 世纪末，“创业”作为高等教育改革与发展的一种新动向，成为一种更具冲击性的浪潮席卷全球。勇于创新的高校，化被动为主动，走上了创业型大学的发展道路。然而，创业型大学面临的内部文化冲突，比传统的教学文化与科研文化之矛盾激烈得多、复杂得多。当前，对于创业型大学的各种文化矛盾来说，冲突是矛盾的主要方面。梳理创业型大学的各种文化冲突，应该从创业型大学的组织特性出发，寻找各种文化冲突之源。

本书认为，所谓创业型大学，是指将知识的生产、传承与应用融于一体的大学，在教学科研的基础上倡导创业职能、积极推动学术资本转化的大学。如果说，把坚持教学与科研“两个中心”的高校视为传统型大学，那么，创业型大学则在传统型大学的基础上，增加了“创业”的职能，形成了教学、科研与创业的“三个中心”。因此，相对于传统型大学来说，创业型大学是以“创业”作为身份识别。大学的创业，区别于一般

---

① 黄维：《改革统领全局　以创新推动发展　以团结凝聚力量　以实干成就事业——在 2014 年新学期全校工作会议上的讲话》，2014 年 3 月 5 日，http://tyb.njtech.edu.cn/view.asp?id=5735&class=929（2015 年 5 月 4 日）。

企业家的创业，而是以自己独特资本开展的学术创业，亦即学术资本转化。正如有文指出的，创业型大学从本质上可理解为大学主动通过知识资本转化进行学术创业，以实现大学的自身发展，是一种靠山吃山、靠水吃水的生存智慧与策略。[①] 可见，学术资本转化正是创业型大学区别于传统型大学的内在根源与外在表现，是创业型大学的组织特性。无论我们分析传统型大学转型为创业型大学所经历的阵痛，还是创业型大学在建设过程中新增的各种冲突，都与学术资本转化的特殊使命有关。

在有关创业型大学的内涵界定中，学界很少使用学术资本转化，而普遍认为“学术资本主义是创业型大学理论的中心概念，是其理论与实践的出发点，不从这一点出发，结果在理论上和实践上都不会是所谓的创业型大学”[②]，学术资本主义是创业型大学的组织特性[③]。笔者认为，这些观点是不准确的。学术资本转化与学术资本主义是两个完全不同价值取向和发展外延的概念，虽然两者会导致创业型大学同样的文化冲突，但是，采用不同概念作为创业型大学的组织特性，会形成不同的创业型大学发展模式与历史使命，甚至不能准确而又鲜明地体现创业型大学与传统型大学的显著区别。对此，前面有深入的分析，在此不再赘述。例如，若以学术资本主义作为创业型大学的组织特性，那么美国的营利性大学以及中国的民办高校都属于创业型大学。虽然我们可以将之纳入创业型大学的范畴，但大大降低了创业型大学历史使命，模糊了创业型大学与传统型大学的显著区别。一所大学要不要收取学费，这是一种选择，而不是一种使命。创业型大学的诞生与发展，是以开展学术创业、推动知识应用、促进经济转型作为历史使命的。显然，只有“学术资本转化”这个概念，才能彰显创业型大学的灵魂，才是创业型大学的组织特性。

为了推进学术资本转化，创业型大学必将从象牙塔中走出来，以一种新的姿态协调与政府、市场的关系，全面重新诠释大学的“两个中心”，大大扩展与丰富了高校服务社会的职能。从教学来看，创业型大学不仅要

---

① 宣勇、张鹏：《激活学术心脏地带——创业型大学学术系统的运行与管理》，高等教育出版社 2013 年版，第 3 页。

② 程广文：《创业型大学：走出象牙塔后的范式》，《泉州师范学院学报》（社会科学版）2010 年第 3 期。

③ 温正胞、谢芳芳：《学术资本主义：创业型大学的组织特性》，《教育发展研究》2009 年第 5 期。

面向市场培育学生的创业精神与创业能力，而且要尽最大可能实现知识的社会化、市场化；从科研来看，创业型大学不仅要从学科建设出发，通过“科学推动”间接开发新产品及工艺，即所谓的“前向线性模式”，更注重从生产实际出发，通过“市场拉动”实现直接服务社会与间接发展科学的双重目标，即所谓的“逆向线性模式”。[①] 因此，相对于传统型大学而言，创业型大学的市场取向更加明显，商业文化不可避免地成为创业型大学最受瞩目的外显特征。于是，外部注入的商业文化与内在传统的学术文化构成一对矛盾，两者既对立又统一，成为创业型大学各种文化碰撞的孵化器与加速器。也就是说，从创业型大学的组织特性出发，学术资本转化带来的商业文化与学术文化之冲突，是创业型大学的文化冲突之源。

（二）从学术资本转化看商业文化与学术文化的消长

所谓商业文化，是一种基于买卖关系、追求最大利润的文化。所谓学术文化，是一种基于学术自由、追求真理、崇尚科学的文化。无论从价值取向，还是从运行轨迹来看，两种文化都是有所区别的。过于弘扬商业文化，必定以功利性的利润空间作为目标导向，消减学术文化的自由与求真；过于弘扬学术文化，必定以非功利性的科学贡献作为目标导向，消减商业文化的经济回报与投入产出之要求。可见，从文化内涵来看，两种文化就存在此消彼长的关系，存在冲突与矛盾的一面。

当商业文化作为一种行事准则进入大学之后，外在的商业文化与大学内在的学术文化就构成一对矛盾，处理不当，容易造成两者的消长，最终影响大学学术文化的发展。从创业型大学的组织特性来看，创业型大学将以推动学术资本转化作为自己的办学定位与独特使命，从而必定会强化商业文化在大学中的地位与影响，造成商业文化与学术文化的消长。于是，在传统的教学与研究、学术与行政的文化冲突基础上，形成了商业文化与学术文化、行政文化的新的冲突。[②] 不过，在高校，行政文化应该服务与服从于学术文化，不属于办学的一种价值取向，不应该成为一种独立的文化体系。可以说，最大限度地提高人才培养质量、创造高水平的科研成果以及利用自身优势服务社会，应该是高校行政管理的出发点与落脚点，是

---

① ［美］亨利·埃兹科维茨：《三螺旋：大学·产业·政府三元一体的创新战略》，周春彦译，东方出版社 2005 年版，第 22 页。

② 温正胞：《大学创业与创业型大学的兴起》，浙江大学出版社 2011 年版，第 97—112 页。

高校最大的政治。对于创业型大学的行政管理来说，在此基础上，应该增加最大限度实现学术成果转化以及注重提高办学效率的任务要求。这些任务要求，都属于学术文化范畴。可见，从办学的价值诉求来看，我们在考察高校文化冲突时，不需要分析行政文化与商业文化的关系，只需从学术文化与商业文化出发。

从学术资本转化的角度来看，高校商业文化与学术文化的消长主要体现在以下三个方面：

其一，学术创业与教书育人、科学研究的消长。在传统型大学，教师可以专注于人才培养与科学研究。但是，在创业型大学，无论高校提供什么样的学术成果转化平台，教师必须消耗较多时间关注市场需求，甚至直接参与成果的试验与应用。显然，在同样的工作强度下，创业型大学教师在科学研究尤其教书育人上的投入相对会减少，与大学的特殊使命与永恒主题——人才培养——在时间上相冲突。

其二，忽视基础研究，强化应用研究。基础研究同样具有实践价值与应用前景，只是相对于应用研究来说，转化为市场产品所花时间较长、成本较高。对于讲求实效、崇尚应用的创业型大学来说，将完善甚至扭转评价激励机制，重视学术成果的应用，彰显具有市场前景的应用研究，从而忽视应用成本过高的基础研究。

其三，创业型教师与传统型教师的对立。在传统型大学，教师的地位与收入差距主要以学术水平作为衡量标准，而且收入差距并不大，大家往往能够心平气和地理解与接受。但是，在创业型大学，教师的地位与收入差距不再以学术水平作为主要依据，而是以学术创业绩效作为重要标尺，并且收入差距相当悬殊。学术创业绩效虽然与学术水平具有相关性，但更主要的是与学科应用取向有关。也就是说，学术能力最强的教师，不一定是学术创业绩效最大的教师；发展程度最高的学科，不一定是学术创业绩效最多的学科。在这种情况下，一所创业型大学内部就容易出现高收入创业型教师与低收入传统型教师的文化冲突，最终影响到人才培养的积极性，影响到学校的和谐发展。

（三）从学术资本转化看商业文化与学术文化的双赢

由传统型大学转型为创业型大学，必然经历由教学科研两个“中心”到教学、科研与学术创业三个“中心”的转变。这个转变是一个阵痛的过程，更多地呈现出文化冲突的一面。但是，一所成功的创业型大学，例如麻省理工学院、斯坦福大学以及沃里克大学，其文化冲突是暂时的，至少可以由矛盾的主要方面转化为次要方面。从学术资本转化的角度来看，创业型大学的商业文化与学术文化能够由以对立为主转化为以统一为主，最终两者相互促进，实现共赢。对此，我们可以从以下两方面进行分析：

一方面，学术文化可以也应该走向市场。大学自设立之日起，就是为解决社会实际问题服务的，具有应用取向。只不过，最初关注的社会问题主要不是科学技术与生产实践，而是专注于天理人伦与宗教信仰。在这种所谓的学术文化中，获得研究的乐趣，并实现自我价值与社会价值。人类进入工业社会尤其是知识经济时代之后，大学的应用取向日益转向科学技术与生产实践。但是，大学的学术成果并没有直接转化为现实生产力，与社会保持着一定的距离。当前，在倡导大学多元化发展的前提下，我们应该鼓励部分高校消除大学与社会的无形围墙，让学术文化走向市场。

其实，市场无处不在，任何一项活动都是在市场中进行的。就大学而言，至少有三个主市场：一个市场在学校内部，产品是教学服务，买卖双方是教师和学生，在免费教育中，政府为学生买了单；另一个市场在学校外部，产品是劳动技能，买卖双方是学生和用人者；还有一个市场在学校内外部之间，产品是教学服务和学术成果，买卖双方是校方与社会。从学术成果的转化来看，三个市场均同样存在。只不过，在大众眼中，其市场主要体现在第三个市场，即学校内外部之间的市场，例如学校面向社会提供有偿课程、面向市场开发科研产品等。可见，学术文化确实是有价的，其通向市场之路是存在的。同时，现代大学是为现代社会服务的，无论什么样的研究成果，都具有应用取向。例如，任何一项基础研究，我们都能找到其潜在的实践价值；以陶冶身心为主的人文学科，可以促进人的发展与社会的和谐，同样具有现实意义。一位医学教授不会当临床医生，一位法学教授不会当辩护律师，这是非常荒谬的。在人文社科领域，也有学者这样呼吁：建立社会科学研究成果的转化机制，避免社会科学研究成果烂在专家学者肚子里，睡在管理部门资料库、数据库里，发挥社会科学研究成果的理论价值、社会价值和经济价值，是当前深化文化体制改革、科技体制改革的应有之义。[①] 因此，大学的学术文化不仅可以走向市场，而且应该走向市场。

---

① 于翔：《我国社会科学研究成果转化的困境与机遇》，《前沿》2015 年第 5 期。

另一方面，商业文化可以推动学术文化的繁荣。在传统型大学，除了约束性的评价机制之外，主要通过学术奖励以及荣誉制度来激励大学教师开展科学研究，推动学术文化的繁荣。不过，这种学术文化没有走出象牙塔，没有走向市场，未经实践论证，无法确定其是否属于真学术，可谓象牙塔之内的学术繁荣。学术的生命在于实践，在于应用，要让学术文化走出象牙塔，走向市场，在社会实践中繁荣，同样需要一种激励机制。显然，除了传统型大学的那些激励机制外，我们还应该鼓励各种形式的学术创业，推动学术成果转化，并且以学术创业绩效作为主要的激励机制。这正是创业型大学利用市场机制与商业文化来推动科学研究由理论形态走向实践形态、缩短学术成果的转化周期、最大限度地实现学术文化真正繁荣的有效途径。可见，在创业型大学，商业文化既是目的，可以瞄准社会需求，筹措办学经费，实现大学可持续发展，更是手段，以此激励科学研究的热情，促进学术成果的应用，更好地履行服务社会的职责。甚至可以说，作为一种手段的商业文化，处理得当，并不会影响学术文化的发展，反而会大大促进学术文化的繁荣。

从学术创业与教书育人、科学研究的关系来说，三者可以相互促进、相得益彰。大学中的学术创业，是利用自身的学术成果开展创业活动，与科学研究紧密相连。无论是从学科本身出发，还是从社会实践出发，开展学术创业，鼓励学术成果的转化与应用，都能大大推动科学研究的发展，提高科学研究的社会贡献率，并且为人才培养提供了鲜活的课程资源，大大地提高了人才培养质量。最有质量与效率的教学，不是所花时间最多的教学，而是在单位时间内给学生最多有效知识的教学。而且，大学教学区别中小学教学，大学中的那种学术创业文化氛围，本身就是最佳的育人环境。可以说，中小学生是老师教出来的，大学生是跟随老师“游”出来的。①

从传统型教师的基础研究与创业型教师的应用研究来说，各自都可以得到发展，实现共存。其一，政府部门的纵向课题，可以让传统型教师获得学术资助，保证基础研究的繁荣；其二，基础研究一般都具有实践价值与应用取向，传统型教师同样可以走出象牙塔，走向大众。可以说，一位从事基础研究的学者，将研究成果转化为生产力，只是将知识向前推进了

① 付八军:《理想的大学——教育学术信札》，浙江工商大学出版社 2015 年版，第 205 页。

一步。而且，“这一步”只有研究者本人走得最准，所花时间最短，因为他最熟悉。如果一位教师没有创造新知识，仅仅从事基础知识的传承活动，这也是其对人类社会的贡献。其三，在一所创业型大学内部，传统型教师与创业型教师、基础研究与应用研究都为学校做出了贡献，理所当然需要综合考虑，保证各自利益大体平衡。例如，在沃里克大学，平衡创业机会不等的学院关系，主要采取“顶层切片”的做法，由学术创业能力较强的学院，补贴学术创业能力较弱的学院。

总之，学术资本转化带来的学术文化与商业文化既有冲突的一面，也有共存的一面，协调得当，可以实现两者由以冲突为主转化为以共存双赢为主，“既秉承洪堡理想又遵循学术资本主义内在要求的发展道路，致力于在学术理想与市场需求之间架起管理变革的桥梁，创造一系列学术导向的创业型大学。”① 诚然，从学理上而言，学术文化与商业文化虽然可以在大学中实现双赢，但这并不意味着创业型大学是高等教育变革的唯一指向。从现实性的角度而言，那些基础研究领先、财力雄厚的大学，可以坚守传统型大学之路；那些服务区域经济发展、需要拓宽办学经费、勇于开拓创新的大学，可以探索创业型大学之路。

第三节　创业型大学教师的转型方向

抓住了创业型大学的组织特性，继而理出了创业型大学的建设目标，再根据大学转型与教师转型一一对应的学理视角，我们就不难发现创业型大学教师的转型方向，亦即创业型大学的教师应该特别注重往哪些方向发展。根据上述分析，创业型大学教师的转型，至少要瞄准两个方向：一是推动学术成果转化；二是培养创造性人才。同时，对于创业型大学的教师来说，要将两者协调起来，做到相得益彰，而不能导致此消彼长。对于一位优秀的大学教师来说，不在于他给学生奉献了多少时间与精力，而在于他为学生带来了多少知识、技能与智慧。从这一点来看，创业型大学教师的教学育人工作，在量的方面会减少，但在质的方面反而会提升。从而，在理论上，要将两者协调起来并不困难。在此，本书从以下三个方面展开

---

① 刘叶：《建立学术导向的创业型大学——兼论洪堡理想与学术资本主义结合的途径》，《高等工程教育研究》2011 年第 1 期。

论述。

一 推动学术成果转化将成为创业型大学教师的新增使命

学术成果转化成为创业型大学的组织特性，成为创业型大学建设的基本目标之一，自然也就成为创业型大学教师的核心任务，成为最能彰显创业型大学教师身份的标志性使命。可以说，能否开展学术创业、推动学术成果转化，是传统型大学教师与创业型大学教师的分水岭。在一所创业型大学，任何教师都在为学术创业这种新的历史使命做出贡献。只不过，不同的教师，有不同的分工，有不同的侧重，有不同的体现。有些时候，我们甚至以为某些教师与大学转型之前的教师没有任何区别，但在他们内心深处，他们的精神追求、工作状态与价值体现，都发生了变化。这样的一种大学，是一所将大学航向引领到社会需求、市场前沿去的大学，是一所将所有大学教师都引导到学术创业、社会服务的大学。

（一）从整体上推动创业型大学教师的学术成果转化

在一所创业型大学，教师关注学术成果转化，并不是局部的，而是整体的。对于推进创业型大学建设来说，就必须着眼于整体教师的转型。在前文中，研究指出，创业型大学以学术创业作为重要的身份标志，但不意味着所有的大学教师都去从事学术创业工作。表面看来，前后观点似乎矛盾。实际上，这一点也不矛盾。其一，创业型大学的建设是一个渐进的过程。对于一所由传统型高校转型为创业型大学的学校来说，其学术创业是逐步推进的，当其学术创业的总量达到一定比例，哪怕仍有许多教师尚处在原来的工作状态之中，这样的高校亦属于创业型大学。当创业型大学发展到一定阶段，所有的大学教师自然会卷入进来。只不过，各自的创业方向不同，各自的工作职责有别。其二，对于一所创业型大学来说，虽然并不意味着所有的大学教师已经或者正在开展学术创业，但是希望并积极引导所有的教师瞄准学术创业的方向，尽最大可能推动学术成果转化。这两者是一个问题的两个方面，并不矛盾。也就是说，在一所创业型大学，某些教师可以暂且不去关注学术创业，但是学校会积极推动他们往这个方向发展，最后不知不觉必定会走向学术创业。这既体现了创业型大学的不同发展阶段，也表明了创业型大学具有相当大的包容度，更说明创业型大学本身就是一个强有力的学术创业磁场。那么，为何创业型大学需要引导所有的教师瞄准学术创业呢？原因至少有三点。

第一，文化上的要求。在一所高举学术创业大旗的高校，我们很难想象，一部分教师积极推动学术成果转化，另一部分教师固守学术象牙塔，依然我行我素，无动于衷。在一所大学中，学术创业的文化氛围就像一个大旋涡，会将每一位教师卷入其中。那些处在学术创业最佳阵地的院系，会在一些成果转化大户的带动下，积极加入学术创业阵营中，或者自立门户，或者跟随团队；那些处在学术创业不利阵地的院系，比如文史哲学科乃至基础理学等，他们会在学校政策的引导下，在同事的激励与鼓舞下，走出原有纯粹论著取向的研究，力争把文章写在大地上，写在市场上，产生社会效益与经济效益。总之，创业文化就像不断吹拂的春风，在学校解开紧闭的学术生产大门并且积极推进学术创业政策之后，必定会吹遍一所大学的每一个角落，吹到每一位大学教师身上。只不过，有些能够长成参天大树，有些只能是青青小草。但是，无论如何，他们都是一所大学中同种文化下的共同体，都在以自身特有的方式迎接这种春风，一起奏响学术创业的凯歌。

第二，冲突上的要求。冲突也属于一种文化，可以归入文化范畴。只不过，上文所说的文化影响，是积极的、潜移默化的，而这种冲突的影响，则是消极的、被动的。在最为理想的创业型大学模型中，许多人以为，对于专任教师来说，一部分教师专事教学育人工作，一部分教师重点关注学术成果转化，他们分工合作，共同推动大学整体的学术创业。应该说，这未免过于理想化，在现实中是难以实现的。一是因为若各自不熟悉对方的工作，双方的工作都难以达到最完美的程度；二是双方互不理解，也难以达成理解，最后使这种冲突上升为学校的矛盾，影响学校的改革与发展。例如，那些在教学育人上投入较多时间与精力的教师，会抱怨那些热衷于学术成果转化的教师，批评他们不重视人才培养，只顾增长个人腰包，而那些积极推动学术成果转化的教师，则抱怨这些传统型教师拖了学校的后腿，影响到他们经济收入的分配，甚至谴责他们从书本到书本、从理论到理论的课堂教学质量低劣；那些传统型教师，虽然能够从学校整体创收中分得一些利益，但相对于那些创业型教师来说，必定要少得多，当他们认为自己对学校的贡献一点也不少于那些创业型教师时，他们就会牢骚满腹，对学校的创业政策予以抵制，而那些创业型教师，尽管获得了更多的创收利益，但仍然对于那些尚未在市场与竞争风潮中搏击的传统型教师不满意，认为他们安于现状，不思进取。事实上，任何一种类型的教师，要做好相应的工作，都不容易，更何况那些既要承担教学育人工作又要推动成果转化的教师。可见，在一所创业型大学内部，尽管通过所谓的“顶层切片”予以平衡不同类型教师的利益，但由于缺乏角色体验，仍然会产生不少矛盾，影响学校的和谐与发展。这就要求创业型大学所有的教师，均能从成果转化的方向出发，至少要从关注学术创业的角度做好相应的工作，为学校整体的学术创业做出自己的贡献。

第三，分工上的要求。在某些定位于创业型大学的高校，一方面不乏一些大学教师开启了学术成果转化工作模式，但另一方面，却时常听到某些教师在课堂上或者会议上甚至在媒体上公开声讨学术创业。这就可以想象，该所大学无论在整体的学术创业，还是创造性人才的培养上，必定存在着人为的阻力与障碍。对于一所成熟的创业型大学来说，所有的教师均能从情感上接受既定的办学定位，并且结合自己的工作与特长，投身到学术成果转化与创造性人才培养工作中来。那些暂时没有走向市场或者说甚至决定固守象牙塔之内的大学教师，只要他们信奉学术的生命在于应用、认可大学的成果贵在转化、接受创业文化有利于创造性人才的培养，他们就可以对学校整体的创业文化以及创造性人才培养工作带来积极的正向影响。一旦他们能够投入到相应的学术创业中来，在一所大学内部各种分工合作、共同创业的氛围就形成了，这所大学就能以整体推进的方式迅速迈向卓越的创业型大学。创业型大学多半是理工科大学发展起来的，但并不否认文科的重要性①，而且文科同样可以走向学术创业。例如，在工科领域，能够以科技成果引领地方工业的发展；在人文领域，能够以人文读物引领地方文化甚至政策的发展。这种分工合作，构成一幅最美丽的创业型大学蓝图，使创业由局部走向整体，由片面走向全面。从人才培养角度而言，也实现了学术创业在综合大学的全面展示，在理论上有利于培养和谐发展、全面发展的创造性人才。

（二）从重点上推动创业型大学教师的学术成果转化

一所成熟的创业型大学，一定是从整体上推进学术创业。但是，这并不意味着该校所有学科所有教师同等程度地开展学术创业。无论是在创业型大学的转型初期，还是在创业型大学的建设过程中，一所创业型大学往

① 陈笃彬：《走进福州大学：创建创业型大学》，2008 年 10 月 23 日，http：//www.gmw.cn/content/2008－10/23/content_ 863253.htm（2015 年 4 月 20 日）。

往会重点推进某些学科，以此带动全校所有学科与所有教师的成果转化工作。至于其原因，主要有这么几个方面：

第一，任何一所大学，只能在有限的若干个领域出类拔萃。世界上任何一所著名的学府，往往是有那么一个或者几个世界著名的学科。再著名的大学，也很难把其所有学科领域都建成世界一流，更不可能开办出所有的学科领域。这对于创业型大学的建设来说，也是一样的。要打造出一流的创业型大学，首先要在一个或者几个学科领域上做出品牌，成为自身最为亮丽的特色与优势，让其他高校难以替代与超越。这样，这所大学就在市场与社会上占有一席之地了。涉及这些学科领域的科技开发、管理决策以及其他各种服务，大家首先考虑的便是该所创业型大学。事实上，任何一所大学，其财力、人力等各种资源，都是有限的。要在激烈的教育市场竞争中脱颖而出，只能把有限的办学资源用在少数学科领域上，让这些领域建成学科高峰，使得学校在大学之林中崭露头角。越是资源有限的大学，其重点发展的学科领域就越少，越应该关注在短时间内最能显示自身特色与亮点的学科。

第二，抓住重点与优势，可以迅速有效地形成创业品牌。在推进创业型大学建设的过程中，瞄准一个或者几个学科领域，重点推进，不仅缘于一所大学的办学资源总是有限的，而且这也有利于快速地提升学校的知名度与美誉度。当一所大学的综合实力还不被别人熟悉的情况下，人们往往根据其了解的某些学科实力来判断。毫无疑问，那些最体现学校办学实力的学科领域越有影响，这所大学就越被大众认可。在社会分工越来越细、产业领域越来越多样的今天，任何一个组织或者个人，不仅只能抢占有限的领域，而且只要在一个领域做出成绩，成为行业一流，也就成为世界一流了。在高等教育领域，有许多高校因其独特的学科优势与特色而受到社会的推崇。暂且不说世界或者国内的一流大学，就连那些难以在大学排行榜上跃居前列的地方院校，也会因为其致力于某一个学科领域的研究与成果转化，而获得较大的声誉，甚至形成了一定的品牌。例如青岛科技大学的橡胶研究与应用、吉首大学的猕猴桃研究与推广等，都成了学校的创业品牌，在全国产生了重要影响。

第三，在一个环境内部，只要产生一个榜样就能带动一片。如前所述，一所成熟的创业型大学，必定要求整体上的学术创业，而不是某个学科某几位教师的学术创业。这应该是创业型大学的发展方向，亦是创业型大学教师的理想状态。但是，这并不意味着所有学科的同步创业，并不意味着所有教师的同步发展。事实上，各种事物的发展，总是不平衡的。这就像国家选择共同富裕的道路一样，必然要走先富带动后富的道路。在古今中外历史上，任何寄望于同步富裕、同步发展的社会改造最终都成为空想或者乌托邦。创业型大学所有的教师全面转型也是一样的，必定要在少数创业型学科与少数创业型教师的带领下，从思想观念到实际行动，慢慢转型，最后成为相应领域的创业型教师，融入该所创业大学中来，成为其中的一分子，与大学同命运共呼吸。而且，这些榜样学科与教师的力量是非常巨大的，绝不亚于学校各种激励性的创业政策。可以说，最好的政策，就是形成最好的榜样，最后潜移默化地影响他人。

（三）人文社会科学领域的教师如何推动学术成果转化

要全面推动创业型大学教师的学术创业工作，从重点上推进只是一种有效手段以及发展策略，最终的方向还是要实现全部大学教师的转型。可是，一旦论及这个问题，许多人便认为在创业型大学，并不是所有的教师都需要转型，尤其是那些人文社会科学，根本难以实现成果转化。应该说，这种观点是不正确的。在创业型大学，大学教师的转型并不是同步完成的，但所有的大学教师都可以也应该实现转型，并最终迈上学术成果转化的征途。那么，就人文社会科学领域的学术创业来说，大学教师应该从哪些方面来努力呢？从当前较为保守的路径来看，至少有这么三条：

第一，大学文科教授应该成为大众读物市场的主角。在大学中，人文社会科学领域的教授们，开发的课程资源涉及人、社会甚至自然的方方面面，只要转换文字呈现方式，力争用深入浅出的大众语言表达，这些课程都可以也应该成为高校之外的大众读物。这既是文科教师推动学术成果转化的重要方式，更是他们服务社会、履行学术创业使命的重要体现。尤其看到各种庸俗、低水平的书籍占领市场，本人觉得这既是文化市场的悲哀，更是大学文科教师的失职。就像有文指出的，改革开放以后社会大众中的文化氛围日渐消散，转而为商业氛围所取代，书店中的畅销书再也不是文学、艺术，而是所谓的成功学、创业教程之类的。[①] 其实，商业氛围并不可怕，可怕的是那种过分甚至缺乏市场规范的包装与宣传，将许多优质的书本排斥在市场之外，或者挤压在浩瀚的书海之下。

---

① 于翔：《我国社会科学研究成果转化的困境与机遇》，《前沿》2015 年第 5 期。

第二，大学文科教授应该成为社会人文讲座的明星。文科教师走出书斋，走向大众，其实并非没有方向，而是需要实力。例如，早在近十年前撰写博士学位论文时，本人就指出，高等院校的学者们走出学校，在社会上开设各种精品文化讲座，以一种科学性、艺术性和口语化相结合的表现形式展示学者风范和知识神韵，比人们坐在电视前没完没了地看那种生活、武侠之类的电视剧，应该更加隽永和真切，这对于学校、学者、听众乃至社会都有着不可低估的意义和作用。[①] 这种讲座，正是文科教师的学术成果转化，在许多情况下，还是扩充高校资本的重要途径。大学教师针对校外学习者开设的各种讲座，包括各种培训班的授课活动，都属于知识的社会应用，都可以走向学术创业。社会所需要的，不在于这种讲座是否属于有偿服务，而是这种讲座能否给大众带来知识、智慧与快乐。从这一点来看，凡是那些在更广范围内受大众追捧的，最后都可以成为社会的文化明星。

第三，大学文科教授应该成为社会智库建设的嘉宾。创业型大学的文科教授们走出大学，走向市场，除了著作与讲座的大众化呈现之外，还应该将研究成果变成产品，直接交给社会各种组织包括政府机关。例如，承接各种企事业单位的委托课题，为政府部门提供各种政策咨询等，都属于这种形式。现在的问题是，政府每年发布大量的纵向课题，教师的考核指标体系都与此挂钩，使得教师再也难以挤出时间从事各种社会服务工作。而且，各种纵向课题的结项要求，大都属于那种纯粹学术取向的论文专著，这些成果基本上淹没在浩如烟海的理论文献堆中。在创业型大学中，若真正实现了从学术成果转化的角度来评价教师，那么，上述问题就会迎刃而解。在这种情况下，鼓励与推动大学教师服务社会的重要方式之一，便是吸收他们为社会各种组织贡献智慧，或以横向课题的委托形式，或者以咨询谋划的参与方式，这都相当于发挥智库的作用。

二　培养创造性人才将成为创业型大学教师的重要追求

创业型大学的内部着力点在于培养创造性人才，作为大学使命的履行者与任务的落实者，大学教师必定要承担创造性人才的培养工作。这也是

① 付八军：《高等教育属性论——教育政策对高等教育属性选择的新视角》，江西人民出版社2008年版，第294页。

创业型大学在人才培养上区别于其他类型大学的最重要的标志。可是，在我国推进创业型大学的过程中，时常为了彰显创业型大学的组织特性，只记得注重实现学术成果转化，却忘了创造性人才的培养。在许多学者眼里，自觉不自觉地以为，创造性人才的培养是一个自发的过程，只要生活在一个创造性的“染缸”，不需要老师们太多的指导，他们都会成为创造性人才。此话不无道理，指出了环境即教育影响，而且是非常重要的影响。但是，对于创业型大学来说，如果不培养人才，还能称之为大学吗？如果不在老师们有目的、有系统地进行培育，还需要学校教育吗？因此，对于培养创造性人才，仍然是许多创业型大学教师必须认真对待与思考的问题。

（一）培养创造性人才是体现创业型大学育人理念的核心要素

大学为培养人才而设，没有人才培养的需求，就不会出现大学。随着高等教育与社会的关系日益密切，大学的功能走向多元化，由过去单一的人才培养职能，走向教学育人与科学研究并重，后来又在致力于利用其独特资源直接服务社会。但是，无论大学承担多少社会角色，肩负几重社会责任，培养人才却是大学永恒的历史使命，也是大学区别于其他学术组织的特有属性。

事实上，科学研究与服务社会，都是高校培养人才的重要途径，甚至可以视为基本途径。从科学研究来看，科学研究是源，教学服务是流，没有一流的科研成果，就不可能出现一流的教学质量。大学教学，必须以科学研究为基础，这是人才培养的一条基本规律，是不容置疑的。至于教学与科研的矛盾，更多的在于两者的内容结合度不强以及工作投入比不当。从利用自身的学术优势直接服务社会来看，这正是大学培养人才的一条特殊途径。相对于中小学生来说，大学生更多地跟随老师们一起学习、研究与实践。大学教师带着学生做项目、搞研发、开展调研等，就是培养专业人才的有效途径。

遗憾的是，在高等教育功能多元化、科学研究功利化以及教育质量评价模糊化的今天，许多高校迷失了方向，不知道大学到底是干什么的。正如纪伯伦所言，我们已走得太远，以至于我们忘了为什么而出发。在高校的三大社会职能中，教学育人职能日益弱化，科学研究成为主导目标，服务社会着眼于经济效益而不是人才培养。这种办学逻辑，无法办出一流大学。世界上自古至今的著名大学，无不是因为造就了杰出人才而享誉全球的。尽管达此目标的起点有多个、路径有多条，但是，不能深刻领会与坚决贯彻人才培养是大学的内在规定性，理想的大学就会离我们越来越远。

理解大学的基本使命在于人才培养，对于建设创业型大学非常重要。因为创业型大学诞生在高等教育财政紧缩以及知识经济曙光初显的时代背景下，解决高校办学经费紧张成为其主要办学动因之一。在这种价值观的支配下，创业型大学很容易步入以创业致富作为主导目标的轨道，偏离大学的存在依据与中心工作。因此，我们必须深刻认识大学的本质与基本使命。只有这样，我们才可以非常果断地肯定，无论因何而建的创业型大学，无论走向何方的创业型大学，只要属于大学，必定以培养人才作为基本职责，作为学校的第一个中心工作。也就是说，创业型大学必定培养创业型人才。这种创业型人才，如前文所分析指出的，正是我们强调的创造性人才，以创新精神与创造能力作为其最显著的内在素质。

那么，传统型高校与创业型大学在培养创造性人才上有什么区别吗？在没有出现创业型大学之前，我们不也一直提倡培养创造性人才吗？这个问题，就如推动学术成果转化，在创业型大学诞生之前，也同样被众多大学与社会各个部门极力呼吁，并进行过努力尝试，但只有在创业型大学，才将学术成果转化作为大学一项重大的历史使命与一个独立的社会职责而提出来。在大学中培养创造性人才的工作，也只有在创业型大学，才会有那种积极主动尝试新事物、敢于冒险挑战新情况、贯彻理论与实践的零距离结合等创造性的文化氛围，从而使得培养学生的创新精神与创造能力有了最好的环境，能够获得最好的保障。

（二）课堂教学是实现创业型大学教师育人理念的主要阵地

创业型大学培养创造性人才，与其他大学一样，课堂教学仍然是最为基本的途径。在当前重研轻教的高等教育生态环境中，课堂教学的重要性往往得不到应有的重视。当创业型大学高举学术创业大旗之后，课堂教学或许会更加容易被人忽略。殊不知，课堂教学不仅是传统型高校培养人才的主要通道，同样也是创业型大学培养创造性人才的主要阵地。在高校的各项工作中，抽出课堂教学这项活动，恐怕这所大学存在的合法性与合理性都没有了，更何谈创造性人才的培养。对此，我们还可以从以下三个方面进行分析：

从学生学习时间来看，课堂教学是学生们学习的主阵地。学生们进入大学是为了什么？显然，答案是学习。那么，学习主要通过什么渠道，或者说在哪里接受学习？显然，答案是课堂教学。试想，学生们一天一夜在校24小时，除去休息时间，大部分时间是在课堂上度过了。也可以说，对于学生学习来说，最受约束也最花时间的，仍然是课堂教学。这就像他们的父母做工一样，每天工作若干个小时，这是他们获得劳动报酬并且支撑家庭的主要途径。学生们在课堂上认真学习，同样是他们在校接受教育、提升自我素质的主要途径。可是，现如今的大学课堂，还有多少学生在认认真真学习？这种现象，亟待重视。否则，作为实体的大学，只是名存实亡，长此以往，终有一天，将会成为历史的废墟。创业型大学，既要在成果转化上做出业绩，更要在创造性人才培养上做出榜样。唯有如此，才能引领大学变革的方向。在此，本书只是强调课堂教学是学生们学习的主阵地。至于创业型大学如何在课堂上有效地培育创造性人才，这是以后章节中探讨的路径问题。

从教师育人工作来看，课堂教学是教师育人的主阵地。在当前不少传统型大学的教师评价中，仍然只关注两个方面：教学育人工作与科学研究工作。在教学育人工作中，重点则是课堂教学的数量与质量。对于教学质量的评估，更多的是通过学生评教来判断。由此可见，课堂教学在实际上仍被认为是教师履行教学育人职责的最重要方式。确实，大学课堂是学习者们接受知识的主战场，教师正是课堂的主要设计者、组织者与实施者，毫无疑问，教师对于大学课堂的教学投入、教学水平与教学态度，在很大程度上决定了教学质量，决定了人才培养质量。正如有文所言：社会的发展，决定于高等教育所培养人才的数量与质量；而高等教育的质量，主要决定于大学教师的素质。[①] 可是，教师在课堂教学的投入上，花了多少时间与精力呢？有没有真正将课堂教学当成培育人才的主渠道呢？教师是将课堂教学当成一种工作任务来应对，还是作为一种育人使命来履行呢？本书之所以将这些问题一一陈列出来，是因为这个现象太不正常，太不可取了。在创业型大学，教师或许会在成果转化上投入较多，但是，他们一定不能忘记培养创造性人才的重要使命，一定不能忽略课堂教学在人才培养上的重要地位。为此，他们就得精心设计课程，深化教学改革，以针对性、高效率、求实效的方式提高课堂教学质量，保证创造性人才的培养特

---

① 张俊超：《大学场域的游离部落——研究型大学青年教师发展现状及应对策略研究》，博士学位论文，华中科技大学，2008年。

色在创业型大学得以彰显出来。

从大学人才培养来看，课堂教学是学校中心工作的生命线。大学的人才培养工作，确实有许多环节与内容。例如，班主任、辅导员都是人才培养的重要主体；毕业论文（设计）、教学实践、社团活动、各种讲座等都是人才培养的重要环节。但是，课堂教学是中心工作的中心环节。离开了课堂教学，大学也就不像学校了。试看看每年的学校教学工作，基本上都是围绕课堂教学而展开。例如教材选定、课程编排、教室布置、学生评教、期末考试等，都是针对课堂教学。对于创业型大学培养创造性人才来说，不但要对课堂教学予以重视，而且要力争从各种机制与政策上保障课堂教学在培养创造性人才上的重要作用。显然，这些工作仍然要从教师出发。只有教师，才能将课堂教学转化为培养创造性人才的主阵地，才能最终体现创业型大学在培养创造性人才上的独特意义与外显业绩。

（三）合作研发是落实创业型大学教师育人理念的重要补充

到了大学阶段，其实并不需要开设这么多课程。就算有许多门课程要学习，也不用像当前的课堂教学一样，教师花费这么多时间满堂灌。不少课程，只需要教师适当引导，并且加强考核与评价，就完全可以实现课程目标，并且更有效率。这也许是创业型大学以后需要努力改革的方向。与此同时，创业型大学会非常重视学生参与老师的科学研究与应用开发，这是创业型大学教师培养创造性人才的又一条重要途径，可谓课堂教学的重要补充。创业型大学之所以如此重视这条途径，其中蕴含着深刻的科学育人理念，也有着得天独厚的实践基础。

第一，大学生已经具备较强的自学能力与创新精神，有条件参与教师的研发工作。一个人思维最活跃的时期，应该在20多岁；一个人最具创造力的时期，应该在30岁左右。20多岁的时期，缺乏历练，但精力旺盛，思维活跃；30岁左右的时期，精力不减，思维不钝，却在知识、能力与经验上均有所积累，正是创造性思维展现期。正如爱因斯坦曾说："一个人如果在30岁时还没有发表科学见解，那么他一辈子就难以在科学界有所为了。"这句话虽然有些偏颇，但是表明，从成年到30岁前后，是一个人开展创造性活动的黄金时期。大学本科生，普遍在20岁左右，且属于成年人，他们经历过选拔性的高考，有着较强的自我学习能力，具有无限的想象空间与青春活力，蕴藏着巨大的创造潜能。这种潜能，特别需要正确有效的引导。参与教师的科研活动，或者在老师们的指导下，自己寻找并开展独立的研究与应用活动，都是发掘学生创造潜能的重要途径。应该说，相对于中小学生的学校教育来说，这是大学生接受学校教育最重要的区别之一，体现了大学生的成人特征与创造特性。

第二，在实际的科学研究与应用开发过程中，学生们获得的锻炼是课堂教学上所不能比拟的。当前，高校普遍重视学生的科研活动，要么设立各种由学生申报的创新或者创业课题，要么通过各种政策吸引学生加入教师的学术团队。例如，“在东北大学，50%以上的学生都曾深度参与过科研项目……在学校注册的100多家学生社团中，科技类社团越来越多，像东北大学物理协会、创意设计社团、数学建模俱乐部等都是学生以兴趣为导向、自发成立的社团组织……大一创意节、大二科普节、大三科技节、大四创业节，这四大针对本科学生的科普节，在学生科技创新中起着很好的引领作用”[①]。不少文章也已经指出，大学教育的一个重要内容是培养与提高大学生特别是本科生的科学研究和创新能力，鼓励大学生参与科研课题是培养创新型人才的重要途径。在高校教师的指导下，结合承担的科研课题，让大学生参与课题研究全过程，培养学生从实际上提取科学问题、获取知识、运用知识和掌握新知识的能力，具有重要的现实意义和可操作性。[②] 大学生参加科研训练，既是高校教学改革中加强实践教学环节的基本要求，更是在本科教学阶段就有机会进行科学研究和发明创造的训练，从而提高大学生的创新意识和实践能力，提高院校教育教学质量的必要途径。通过科研训练，可以培养学生主动学习的意识、创新精神、团队意识以及诚信的品格。[③] 可以说，在教师的指引下，大学本科生提前进入科研状态，跟随老师参与市场调研、产品设计、方案论证、应用推广等，都是重要的教育通道，可谓鲜活的课堂，是那种以理论知识传承作为教学目标的课堂教学所不能比拟的。

第三，创业型大学教师全面而又热切的学术创业活动，为学生参与教师的研发活动提供了广阔的天地。如果说传统型高校在新的时代背景下加

---

① 转引自毕玉才、许南《东北大学：50%以上的学生参与科研》，《光明日报》2012年12月10日。

② 易军、李太福、葛继科：《大学生参与科研课题的探索与实践》，《重庆科技学院学报》（社会科学版）2011年第18期。

③ 陈爱萍、王玉祥：《探讨大学生参与科研训练的意义》，《教育教学论坛》2013年第10期。

强了大学生的科研训练，那么创业型大学更应该注重学生创新创业能力的培养。相对于传统型大学来说，创业型大学在这个方面具有更加得天独厚的条件与优势。其一，创业型大学教师普遍具有创业意识与创造热情，能够带领学生们走出书斋，走向实验室，走向市场，走向实践。教育是具有磁场性与传染性的，有什么样的教师，自然会熏陶出什么样的学生。其二，现代社会的创新创业活动，往往需要团队合作，教师的学术创业活动，急需一批富有活力、有一定的学术与技能的大学生参与其中。同时，学生参与教师的研发活动，不仅有利于提升自身各方面素质，为自己在30岁左右做出巨大的创新成果奠定基础，而且有利于缓解生活经费压力，为顺利完成自己的学业乃至继续深造提供物质基础。其三，创业型大学往往具有宽松的创新创业环境，各种优惠与激励政策，能够为大学生参与教师的研发活动提供较大方便。所有这些，都是传统型高校在短期内难以做到的。

三　协调学术创业与教学育人的关系将成为创业型大学教师的基本能力

创业型大学教师应该往哪些方向发展呢？依据前文分析，创业型大学教师必须从推动学术成果转化与培养创造性人才两个方面出发，这是创业型大学教师的发展方向。但是，要在这两个方向上彼此兼顾甚至相得益彰，需要特别的素质与能力，需要特别的培训以及相应的政策。在此，本书只是将这个问题提出来，至于具体的策略将在以后的章节中论述。

（一）传统型高校的教师在应对几重任务时都已经感觉分身乏术

在传统型高校，虽然没有将学术创业作为一项独立职能普遍提出来，但是有些高校却多多少少带有这种倾向，要求教师既要做好教学育人工作，还要推出论著申请专利争取奖项，甚至还要求开展社会服务并由此获得科研经费。在这种情形下，不少教师疲于奔命，感到力不从心。例如，在H大学的青年教师座谈会上，30多岁头发就已经花白的D老师说："我现在有三种很强烈的感觉，第一就是作为一个老师非常困惑，我想我的产品到底是什么？是学生？是经费？还是文章？我不知道。因为我坐着写文章写书的时候我在想我的经费在哪里？跑经费的时候我又想我的文章在哪里？我上课学生评价是很不错的，文章发在核心权威期刊都有，教材也写得不错，还被纳入国家规划教材，但一考核，不合格，为什么？因为我就是搞不到钱，这几年我也四处在跑，但总是碰壁。作为教师我究竟该怎么做呢？第二就是，我对学校没有归属感，在这里学习工作十几年了，没有归属感，感受不到我是学校的主人。因为现在合同一签，我们就是老板和打工仔的关系啊，原来我走出去时，我想我是H大学的教师，很骄傲，很有荣誉感，你那个小学大专工厂算什么啊，但现在，这种荣誉感没了。第三就是我觉得当大学老师很痛苦，好像要走到尽头了，没路可走了，为什么？要求太多了，我达不到。”① 试想，在一所特别强调学术成果转化的创业型大学，教师要面对与肩负的使命，必定要比传统型高校的教师多得多，复杂得多。一方面，彰显他们学术业绩与社会贡献的方面，主要体现在学术成果转化；另一方面，作为人才培养的主体，他们又必须做好创造性人才的培养工作，这是他们之所以成为教师的职业本色，这是社会对他们寄予厚望的光荣使命。越是彰显学术成果转化，越容易受到社会各界对于人才培养的质疑，教师越要在创造性人才培养上做出成绩，让学生自己满意，让社会满意。这样艰难的使命，就使得我们更应该关注创业型大学教师的这种能力，即协调教学育人与学术创业的关系，让两者相互促进，共同发展。

（二）创业型大学的教师已经制造了厚此薄彼的不良倾向

创业型大学教师这种“两手都要抓好”的能力之所以要特别予以重视，还缘于在现有刚刚诞生的创业型大学中，教师往往只关注一个方面，导致顾此失彼，已经产生了很严重的负面影响。例如，有文痛心疾首地指出了某所创业型大学发展的种种偏颇，“相比于兄弟院校改革和发展的迅猛势头，N大学显得步子不快、甚至有掉队之嫌，除了个别‘山头’差强人意，大部分学科都处于洼地甚至低谷状态，竞争能力薄弱，整体水平亟待提升。而长久以来形成的粗放型、家长式管理也使师生奋发锐气有所不足、进取意识有所淡薄、工作状态有所松懈……我们曾委托麦卡斯数据公司对毕业生进行调研，令人遗憾的是，N大学60%的本科毕业生不愿意再推荐学弟学妹报考母校，理由是‘学风太差’，令人汗颜。所以学校党政领导班子一致同意，将2014年设定为‘学风

① 张俊超：《大学场域的游离部落——研究型大学青年教师发展现状及应对策略研究》，博士学位论文，华中科技大学，2008年。

建设年’。这是广义的学风，是以人才培养为中心，涵盖了学风、考风、教风、校风、政风和文风等多个方面，是学校的灵魂。而事实上，‘反四风、正学风’应当是N大学常抓不怠的永恒主题”①。在该文中，作者强调指出，无论是高校领导还是一线教师，他们往往为了突出某个方面而忽略了其他方面，尤其是教师淡忘了学生，淡忘了教学，淡忘了人才培养，作者对学校强调学术创业带来学风下滑的现象深表忧虑。如前文所论述的，学术成果转化与创造性人才培养，只要处理得当，两者可以和谐共处，而且会相互促进。那么，在这所创业型大学中，为何会出现这样的问题呢？应该说，除去学校政策与社会文化的大环境，还是在于教师没有掌握两种职责的平衡术，没有很好地将学术创业与教学育人这两驾马车统合起来。

（三）创业型大学教师能否兼顾双重职责决定了社会各界的态度与信心

当前，社会各界对创业型大学褒贬不一，不少人甚至将创业型大学视为大学的异端。至于其原因，最重要的论据之一便是认为创业型大学过于功利的学术创业追求，会阻碍纯兴趣的学术探讨，会抑制良好学风的形成，会影响到人才培养的质量。确实，学术发展与人才培养是大学的生命线，是大学赖以为世人瞩目的精神所系。但是，前文已经分析指出，创业型大学并不影响学术的发展，反而从实际需要出发的学术研究，更能在学术上做出成绩，何况，这种面向市场需求的学术研究，并不否定在国家与社会资助下的基础研究。对于人才培养来说，在理论上既与学术创业相互促进，却可能此消彼长，导致教育教学质量的下滑。因此，能否协调学术创业与人才培养的关系，是化解创业型大学舆论危机也是突破创业型大学发展桎梏的一个重要突破口。可以说，只要创业型大学能够以充分的事实依据表明，他们不仅在学术成果转化上为人类做出了重要贡献，而且在人才培养上同样为社会立下了不朽的功劳，得到了学生、家长与社会各界的普遍赞赏，这些创业型大学的声誉就会越来越好，他们就会在大学丛林中从异端走向高端，从边缘走向中心，从

① 黄维：《改革统领全局　以创新推动发展　以团结凝聚力量　以实干成就事业——在2014年新学期全校工作会议上的讲话》，2014年3月5日，http：//tyb. njtech. edu. cn/view. asp? id = 5735&class = 929（2015年5月4日）。

被漠视走向被追随。由此可见，在梳理创业型大学教师转型的方向之际，我们一定要特别强调，务必让教师领悟协调学术成果转化与培养创造性人才两者关系的重要性，并在不断地学习、培训与实践中慢慢掌握这种协调能力，最后能够得心应手地同时驾驭这两匹马车。这既是创业型大学教师必须学习的一种能力，也是创业型大学教师转型的又一个重要方向。

第四章

教师转型障碍：创业型大学建设的发展桎梏

前面的研究表明，传统型大学转型为创业型大学，亦即牵引这些高校的教师往这两个方向努力：培养创造性人才与推动成果转化。可是，回归现实，对应实践，我们发现，那些高举创业型大学大旗的国内普通本科院校，它们并没有忽略这两个方向，甚至将教师转型的这两个方向，作为推进创业型大学建设的头等大事来抓。这在第一章针对国内创业型大学建设的现状梳理中，亦可以体现出来。可以说，从表象来看，他们在轰轰烈烈地呼吁学术成果转化，声势浩大地倡导创新创业人才培养。但是，为什么我国创业型大学建设就如此艰难，乃至出现中西创业型大学的南橘北枳现象？前文从教师转型的理论视角出发，获得了创业型大学建设的某些理论见解。在此，再从教师转型的实践调研出发，进一步发掘并归纳创业型大学建设的掣肘因素。

第一节　创业型大学教师的调查研究

教师转型与大学转型具有一一对应的关系。传统型大学转型为创业型大学之所以如此艰难，最终原因在于传统型教师转型为创业型教师非常艰难。教师的转型为什么如此艰难呢？对于这个问题，教师自己最有体会。为此，本章选择从教师调查出发，来分析教师转型困难的原因所在，也可以进一步验证前文推导出来的一些理论观点。

一　创业型大学教师调查的相关说明

本书所谓的创业型大学教师调查，可从三个方面来理解。其一，调查的高校对象是指国内那些正在努力转型为创业型大学的高校，同时也包括曾经提出创业型大学战略目标但近期却更换办学定位的大学。其二，调查的具体对象是指上述高校的教师，尤其偏重理工科类的教师，当然，创业型大学教师的转型，是整体教师的转型，并不会放弃对文科教师的调查。其三，调查的形式多种多样，访谈调研的问题采取全开放性，问卷调查的问题偏重封闭式，但我们尽最大可能将所有的问题指向“创业型大学的教师转型为什么这么难、如何才能实现教师的转型”上来。在此，试从以下两个方面，对这次调查作如下具体说明。

（一）数据来源的三条途径

这次调研，远远不只是一次简单的访谈调研或者问卷调研，而是从2013年以来开始，持续至今的一次漫长而又多形式的调研。从与调研直接相关的内容看，在两年时间内，主要有这么三条调研途径值得介绍：

第一，创办会议。2013年，本人所在的高校正是一所高举创业型大学大旗的普通地方本科院校，而且是浙江省政府发文确立的7所创业型大学试点院校之首。为了集思广益，加快创业型大学建设步伐，甚至带着结成创业型大学战略联盟的初衷，由本人负责的所在部门具体策划并承办了一次全国性的创业型大学建设高峰论坛。这次会议，虽然不是完全针对创业型大学教师的调查，而是围绕创业型大学的理论与实践广泛而又全面地探讨各种问题，但是，这对于我们从不同角度、不同立场了解创业型大学的教师转型奠定了很好的基础，也对直接推进创业型大学建设获得了许多很好的建议。

在前期，本人策划了三类不同的与会代表：一是正在推动创业型大学建设的校长；二是研究创业型大学的学者；三是对创业型大学建设富有热情的政府官员以及新闻媒体。在吸收这些代表参会问题上，我们花了不少时间与精力。例如，为了了解国内哪些学者关注创业型大学，我们将那些近年发表或者出版创业型大学论著的作者，在期刊网络论文以及学术著作中找了一个遍，并给每位学者邮寄了会议邀请函；对于那些迈上创业型大学道路的校长以及支持创业型大学建设的某些政府官员与几家媒体，我们都多次联系，并寄发特邀嘉宾函。从最后参会的代表来说，这种策划由方案变成了现实。应该说，这是国内第一次关于创业型大学建设参与面最广、层次最高的学术盛会。例如，浙江省七所试点院校基本上参加了，而且是主要学校领导亲自参加，这种场景，在省教育厅以前组织的任何一次省级教育体制试点座谈会上，都不曾出现过。

在前期，笔者就计划将会议报告的录音全部整理出来并出版。笔者认为，这种口语化、思想性的报告，远远比那种绕来绕去、晦涩难懂的模型论文最能反映报告者的真实想法，最能被大众喜闻乐见。会后，请人将录音转换成文字，然后本人逐字逐句，对着报告者的课件，全部认真梳理了一遍。当然，在不少地方，需要本人根据其意思来重新组织文字。这让本人体会到，听起来绘声绘色的报告，与读起来引人入胜的文章，两者不是一回事。从报告中整理出来的字数，还不足以支撑出版一部学术著作。为此，除了创业型大学建设高峰论坛的报告外，本人还特意从本校几十篇关于创业型大学建设的研究文章中，选择了五篇有代表性的论文，收录进来。这五篇论文，分别从宏观与抽象的理念、学校整体的创业教育、创业型学院建设、继续教育学院的学术创业、创业型大学的图书馆建设等不同层面出发，来探讨创业型大学建设中遇到的方方面面的问题。最后，将这些报告与论文整理成一本学术著作，于2014年正式出版了，其中包括本人撰写的两个合计长达近3万字的报告①。

在这次办会过程中，本人接触了众多的创业型大学实践改革者与理论研究者。从他们那里，获得了不少关于创业型大学建设与研究的直接体会，这是创业型大学中一般专任教师很难感受到的。在创业型大学教师那里，他们既不是创业型大学的掌舵者，也不是创业型大学的理论研究者，并不知道也不会去关心推进创业型大学的压力与阻力，只知道自己在创业型大学建设过程中作为一位专任教师的困惑与感受。从而，这次会议包括后来整编《纵论创业型大学建设》一书，对于了解全国创业型大学建设现状、把握国内创业型大学学者研究热情与基调、有针对性开展创业型大学教师研究，都是非常有益且有效的。

第二，直接访谈。本课题组成员，基本上来自那些迈上创业型大学之路的学者，他们不仅对创业型大学的实践有切身的感受，而且对创业型大学的理论还有一定的研究，从而，在创业型大学教师访谈调研过程中，他们往往比访谈对象更能深刻地发现问题，更能全面地把握问题。但是，课题组成员往往文科出身，而创业型大学建设初期，往往关注理工学科的学术创业，何况，长期研究创业型大学的学者往往具有创业型大学情结，在价值取向上就有所偏离，从创业型大学对教师直接产生的影响与感受来

① 付八军：《纵论创业型大学建设》，浙江工商大学出版社2014年版，第107—124、169—183页。

说，很难与那些纯粹受到创业型大学牵引的教师相比。因此，本课题特别访谈了创业型大学中的一些理工科教师，当然也包括少数文科教师。

在这次访谈中，除了前期的系列教师座谈会外，从形式来看，有正式访谈与非正式访谈两种。对于正式访谈，我们会提前与对方取得联系，并告知我们的访谈目的，具体时间与地点一般由对方确定。对于不太熟悉的老师，我们一般采取正式访谈。例如，通过学术期刊以及网络信息，笔者认识了省外一所创业型大学的某位教师，为了访谈，笔者打了多次电话，并直接去了该校，赠送个人相应专著，最后该教师还与笔者成了朋友。对于非正式访谈，一般不需要提前预约，就是在聊天或者工作过程中，有目的地加以引导，主要听听对方关于个人由传统型教师转型为创业型教师的感受。应该说，由于课题组成员大多来自不同的创业型大学，我们较多地采取了非正式访谈，这样往往更能获得本真的意见。从内容来看，需要说明的是，虽然我们特别注意从教师转型来设问，但不少教师在交流过程中，往往上升到社会层面、职业层面等，这就需要我们对谈话实录进行适当的加工。

第三，问卷调查。这次主要在三所高校发放了问卷，以调查创业型大学教师转型情况。发放问卷240份，回收220份，有效问卷208份，问卷有效率94%。其中，针对理工科类教师发放问卷180份，回收168份，有效问卷165份，问卷有效率98%；针对文科类教师发放问卷60份，回收52份，有效问卷43份，问卷有效率82%。

问卷调查是获取信息、收集数据、了解事实的一种重要研究手段。这次问卷调查，我们主要采取封闭式问题为主，开放式问题更多地放在访谈调研中。从问题类型来看，这次问卷调查主要涉及四大方面：基本情况调查、感知与评价调查、压力与困惑调查、意愿与期待调查。共计24道题，主要集中在感知与评价调查部分。事实上，后面三大部分，内容相互交融。这样分类，只是为了更好地体现一位大学教师对创业型大学建设的整体认识、现实困惑以及未来期望。

（二）调查过程的几点体会

从举办会议及其间的交流，再到直接的调查研究，对于一位喜欢思索、不断反思的我来说，收获多多，体会多多。这种体会，既有学术性的，也有非学术性的。在这本著作中，主要谈谈学术性且与本论著有关的体会。

第一，不少教师将讨论创业型大学当成一个“政治话题”。教育系统是社会的一个子系统，大学是社会的一个细胞。社会是什么样子，大学必定也会是什么样子。如前所述，创业型大学战略目标的提出，往往与某位特定的学校领导有关，随着领导的更替，学校的办学定位有可能也会发生改变。从而，这种办学定位，在不少教师的眼里，就相当于政府部门领导提出的振兴地方经济口号一样，带有鲜明的政治色彩。在访谈时，除了能从教师躲闪的言辞中体会这一点外，还有极少数教师，甚至大胆而又率真地指出，这种没有经过全体师生认可的办学定位，只是学校领导的一种政治选择，体现个人的意志。

第二，兼有行政职务的老师要比没有任何行政职务的专任教师更明显地体现出官腔官话。本次访谈调研，既有教学一线的专任教师，也有一些双肩挑的老师。对于同样的一个问题，例如“贵校在实现教师转型上有多大成效”，专任教师表达非常直接，有些老师甚至说根本没有任何成效，反而大大影响了教学质量，然而对于双肩挑工作的老师来说，他们往往把重点放在前面的成绩上，然后再以“但是”，切换到问题与不足。对于研究者的我们来说，既要看到前面的成绩，更要关注“但是”后面的内容。对此，他们虽然提得不会太多，但是，这往往是实现教师转型、推进创业型大学建设的关键点、掣肘点与攻坚点。

第三，在铺天盖地、错综复杂的信息中抓住要点最终取决于课题负责人对事物全面而又深入的认识。举办全国性会议，使我们获得了来自不同学者、高校领导对创业型大学的看法；开展访谈调研，使我们更具体地了解了创业型大学在推动教师转型、实现大学转型上的障碍与感受；进行问卷访谈，使我们从一般性的角度了解了教师对创业型大学的认知、困惑与意愿。但是，这种调查结果的信息量之大、观点之不同、角度之复杂，让我们在很长时间内无法驾驭，无法理出一条清晰的线路。最后，慢慢悟出，作为课题负责人，必须在吸收各方观点的基础上，形成自己的判断，根据一定的逻辑，理出自己的思路。否则，这样的课题很难进展下去。

第四，交叉分析的有效性在很大程度上取决于不同研究对象的数量大体相当。原计划，我们拟将教师选择的答案与他们的性别、年龄、学历、学科以及职称等因素进行相关性调研。但在统计问卷时，发现这种调研的显著性并不高；同时，有些类型的数据相较而言偏少，不足以说明问题。例如，在调研中，80% 以上的均为男教师，76% 以上的均为博士研究生

（含博士后）学历等，这就使得年龄、学历等因素在调研中的交叉分析意义大大降低。因此，除了特别明显且可靠的证据外，本书不进行相关性分析。

二 创业型大学教师调查的统计分析

对于这次问卷调查的情况，本书从三个大的方面进行分析。

（一）感知与评价

针对问题6“您对创业型大学了解多少”，110位教师选择“一般了解”，占到有效调查对象的52.88%；40位教师选择“非常了解”，占到19.23%；另有56位教师选择“听说过，但不关注”，占到26.92%；甚至还有2位教师选择“从没听说过”。这表明，绝大部分教师对自己学校走上创业型大学的道路，有所关注，较为了解。确实，这些学校为推动创业型大学建设，召开了不少会议，发布过不少新闻，出台了大量的政策。

针对问题7“您对创业型大学发展前途的感知是”，135位教师选择“难有前途”，占到64.90%，还有6位教师选择“根本就是大学的异类”，两者合计达到67.79%；另有62位选择“比较有前途”，5人选择“非常有前途”，两者合计占32.21%。这表明，多数教师对创业型大学缺乏信心，只有少数教师坚信创业型大学是有发展前途的。这个问题，让本人大感意外，但是，从自我解释的论据中，或许正是由于创业型大学建设过程中的阵痛，使得不少缺乏对创业型大学有着深入了解的老师，产生了一种排斥心理，从而对创业型大学的未来缺乏信心。

针对问题8“您认为贵校在创业型大学建设上，取得的成效如何”，139位教师选择“没有成效”，占了66.82%，还有3人选择“不仅毫无成效，而且带来了负面影响”，两者合计达到68.27%；另有65人选择“成效一般”，1人选择“非常有成效”，两者合计占有31.73%。这表明，多数教师不仅对创业型大学没有信心，而且对本校建设创业型大学的实效并不满意。

针对问题9“贵校在推进创业型大学建设上，出台了不少政策文件，您对这些文件了解吗”，162位教师选择“一般了解”，另有15人选择“非常了解”，两者合计达85.10%；28人选择“听说过，但不关注”，占到13.46%，另有3人选择“从没听说过”。这表明，绝大部分教师知道学校出台了一些相关政策，但是并没有真正深入地琢磨这些政策。由此也说明，这些政策还没有从根本上影响到教师的行为。

针对问题 10“传统型高校转型为创业型大学，最关键的是教师要由传统型教师转型为创业型教师，对此，您认为自己有没有转型为创业型教师呢”，98 位教师选择“希望转型，但现在没有转型，仍与原来一样”，占到 47.12%；60 人选择“正在转型中”，占到 28.85%；39 人选择“不希望转型，也不可能转型”，占到 18.75%；11 人选择“成功转型”，占到 5.29%。这表明，近一半的教师希望自己能够转型，只不过目前没有任何改变；同时，有接近 1/5的教师不仅自己没有转型，也认为不可能转型。从交叉分析的情况来看，坚持认为不可能转型的教师，文科 20 人，占文科教师总人数（43 人）的 46.51%，接近一半；理科 19 人，占理科教师总人数（165 人）的 11.52%。看来，文科教师在推动学术创业方面，自我感觉要比理科教师困难得多。

针对问题 11“您认为推进创业型大学建设，其最主要的目的是为了什么”，73 位教师选择“筹措办学经费”，占到 35.1%；68 位教师选择“推动成果转化”，占了 32.69%；另有 32 人选择“彰显办学特色”，27 人选择“培养创造性人才”，8 人选择“体现领导意志”，没有人选择要求教师自己填写具体内容的开放性题目。这表明，将创业型大学诞生与发展的动因归于创收的教师，是所有人数中最多的。如前所分析的，这与本课题的研究结论并不一致。本课题基于历史使命与社会责任来看待创业型大学的建设，将创业型大学的组织特性定性于学术资本转化。对此，前文有诸多论述，在此不再赘述。不过，这也可以看出，在我国那些高举创业型大学大旗的高校中，仍然有许多教师的学术创业观念没有转变过来，没有将推动成果转化作为一项社会责任，作为一种提升大学活力的重要途径。

针对问题 12“在学校鼓励学术创业之后，您认为自己以及身边的教师，在教学育人上有什么样的变化”，163 位教师选择“与以前差不多”，占到 78.37%；另有 40 人选择“投入减少，教学质量下降”，4 人选择“投入减少，但教学质量反而更好”，1 人选择“投入增加，教学质量提升”。这表明，这些高校的大部分教师，在学校确定创业型大学战略目标前后，他们的教学投入与教学效果均没有发生什么变化，亦即创业型大学的办学定位对教学育人没有太多的影响。再结合前面几个题目，可以判断，创业型大学的办学定位对教师整体的工作均没有太大的影响。不过，有 4 人认为在教学投入减少的前提下，教学质量反而提升了，这正是本书前面从学理角度提出的，教学质量的高低与教学时间不成正比，在学术创业基础上提升出来的教学资源，往往是活的教科书，在更短的时间内传承给学生，教学效果反而更佳。若这 4 位老师真是这样，那么这正是我们推进创业型大学建设、实现教师转型的重要目标。一旦具有典型性，就可以作为榜样加以宣传并推广。可惜，难以确定是哪 4 位教师，否则可以进行一次访谈。

针对问题 13“您认为教师个人应该从学术创业中获得多大比例的收益提成”，179 位教师选择“80% 以上”，占到 86.06%；另有 17 人选择“50%—80%”，12 人选择“100%”，没有人选择“50% 以下”。这表明，绝大部分教师认为，学术创业的收益主要归于学术成果生产者本人。从欧美发达国家的创业型大学现状来看，大体如此。但从我国当前那些推进创业型大学建设的高校来看，远远高于 80%，甚至还要折算业绩点，予以再度奖励。由此可知，通过学术创业，不仅教师可以增加收入，学校也可以获得经济回报，对此，绝大多数教师并不排斥。

针对问题 14“要实现传统型教师转型为创业型教师，您认为最重要的是（最多选三项）”，204 位教师选择“转变教师评价机制”，占到 98.08%，可谓最有区分度的选项；184 位教师选择“提供成果转化平台”，占到 88.46%；另有 88 人选择“完善基层学术组织”，75 人选择“提供创业启动资金”，31 人选择“加强教师培训”，21 人选择“实现教师来源多元化”，没有人选择要求教师自己填写具体内容的开放性题目。这表明，要推动教师转型，教师从自身的实践体会出发，都认为首先是要转变教师评价机制，然后建立成果转化平台，帮助教师来转化相应学术成果。这种调研结论，与我们前面的理论研究结论是完全一致的。不过，从这里还可以看出，基层学术组织仍然是阻碍学术成果转化的重要因素之一。对此，这在前面的理论研究中是关注不够的。

（二）压力与困惑

针对问题 15“学校迈上创业型大学的道路，您感到有压力吗”，96 位教师选择“有一些压力”，54 位教师选择“有很大的压力”，两者合计占 72.12%；另有 31 人选择“没有什么压力”，27 人选择“根本无所谓”，两者合计占 27.88%。这表明，自学校提到创业型大学的战略目标以来，无论对教师的实际行为产生了什么影响，他们都感受到了压力。不过，我们无法进一步确认，这个压力是缘于创业型大学建设本身带来的压力，还是缘于教师的思维惯性，以致任何形式的大学转型都能导致压力的那种紧迫感。若是前者，那就表明创业型大学的办学定位对教师产生了一定的影响；若是后者，那表明教师对建设创业型大学还没有真正予以重视。另外，仍有 27.88% 的教师对创业型大学的发展方向没有什么压力，或者根本无所谓，这表明在推进创业型大学建设过程，向教师贯彻“什么是创业型大学、为什么要建设创业型大学以及如何建设创业型大学”的理论宣讲，还非常有必要。

针对问题 16“您觉得贵校推进创业型大学建设，对您产生的最大压力是什么”，71 位教师选择“市场参与难度加大”，占到 34.13%；69 位教师选择“科学研究任务更重”，占到 33.17%；50 位教师选择“社会服务比例增加”，占到 24.03%；另有 18 位教师选择“教学育人要求更高”，占到 8.65%。这表明，在教师的心目中，推进创业型大学建设，教师的压力排序依次是参与市场、科研转向、社会服务，最后是教学育人。看来，传统型教师转型为创业型教师，最大的短板或许正是与市场对接能力不够，从而难以从市场需求中找到应用性的科研课题。同时，18 位教师认为教学育人的压力会加大，若是从培养创造性人才的角度出发，需要教师更好地准备教学资源、更好地组织课堂教学以及更好地引领学生参与创业实践，那么，这样的教师，倒是一位真正悟透创业型大学实质、具有良好教师职业操守的好教师。可惜，最先在设计访谈方案以及实际的访谈过程中，都没有考虑到这一点，现在又难以再回去访谈这些教师，不能不说这是一种遗憾！

针对问题 17“在学校迈入创业型大学建设道路之后，相较于以前，您感觉个人发展有什么样的变化吗”，73 位教师选择“没有太多变化，与以前差不多”，占到 35.10%；68 位教师选择“各方压力增大，尤其成果转化”，占到 32.69%；62 位教师选择“方向更加迷茫，不知何去何从”，占到 29.81%；另有 5 位教师选择“方向更加明确，工作更有干劲”，占到 2.40%。对于这个问题，虽然选择“没有太多变化，与以前差不多”的教师数量最多，但前面三个选项的区分度总体上并不明显。这也许表明，虽然创业型大学的战略口号没有对教师产生实际的影响，但是从方向上给教师制造了一些压力，要么让他们感到学术成果转化非常艰难，要么让他们在转型之际不知所措。可喜的是，仍然有 5 人选择“方向更加明确，工作更有干劲”。这里，或许与他们成功的学术创业不无关系，同时甚至获得了学校相应政策的激励与资助。

针对问题18“如果学校要求您在推动成果转化上做出成绩，您觉得您最大困惑是什么”，69位教师选择“缺乏应用性的成果，找不到市场需求”，占33.17%，在所有选项中排名第一；67位教师选择“缺乏真正鼓励教师创业的政策，导致教学科研任务太重”，占33.21%，排名第二；44位教师选择“担心创业失败，又影响自己的教学科研工作”，占21.15%，排名第三；28位教师选择“缺乏成果转化平台，学校没有有效地帮助教师们转化成果”，占13.46%，排名第四。另外，没有人选择要求教师自己填写具体内容的开放性题目。从这里可以发现，推动学术创业，在大学教师看来，最大的压力还是在于没有好的成果，然后才是缺乏相应的政策。可见，如何激励教师面向市场，让他们生产能够“孵化”的“好蛋”，是当前学校政策最重要的出发点之一。

针对问题19“如果学校要求您在培养创造性人才上做出更大成绩，您觉得您最大的困惑是什么”，130位教师选择“学校偏重科研的激励政策，导致教师们普遍重研轻教”，占到62.50%，具有显著的区分度；52位教师选择“课堂教学改革难有创新，个人不敢突破常规”，占到25.00%；22位教师选择“学习关键靠自己，教师的作用真的很小”，占到10.58%；另有4位教师选择“学术积累与业务能力有限”，占到1.92%。另外，没有人选择要求教师自己填写具体内容的开放性题目。从这里看来，当前高校重研轻教的政策，对人才培养的负面影响颇大。从理论上来讲，教学与科研是相辅相成、相互促成的。没有一流的科研，就做不出一流的教学。从本人的亲身体会与周边观察来看，凡是科研做得好的人，只要语言表达能力不差，其教学水平就不会差，远远要强于那些科研能力平平的教师。至于要让他们上好每一节课，不是教学水平问题，更不是教学技巧问题，而是教学态度问题。因此，本人一直强调，科研是彰显大学教师职业特性的标志性要素。[①] 然而，现实的问题是，我们普遍都把教学育人的疲软，归之于重视科研的政策取向。应该说，这个结论远远没有这么简单。在本人看来，不是我们重视科研的价值取向出了问题，而是

① 详见付八军《大学与人生——献给那些在大学中追梦的人》，湘潭大学出版社2013年版，第95—99页。

重视科研的政策文本出了问题，导致教师完全一头扎在科学研究上，尤其扎在那些“纸上谈兵”的科研上，从这里引导教师去追求名与利，放弃了应尽的教学育人职责，看不到教师的社会使命与价值。

针对问题 20“如果学校要求您在成果转化与培养人才上双管齐下，齐头并进，您相信自己能做好吗”，113 位教师选择“两者根本就是一对矛盾，必定只能顾此失彼”，占到 54.33%，超过一半，具有显著的区分度；74 位教师选择“两者本身不会存在冲突，只是需要有效政策”，占到 35.58%；15 位教师选择“两者本身不会存在冲突，但是本人能力有限”，占到 7.21%；6 位教师选择“两者本身不会存在冲突，本人可以同时做好”，占到 2.88%。在该题的 4 个选项中，有 3 项是首先肯定两者不会存在冲突的。应该说，这是我们当初设计问卷时的故意为之。但是，最后仍有超过一半的教师认为，成果转化与人才培养，两者构成冲突，而且是无法避免的冲突。这不得不让我们好好反思，如何在协调两者关系上，研制更加简捷有效的方案，寻找两者相得益彰的榜样。

（三）意愿与期待

针对问题 21“作为一名大学教师，您对自己的职业满意吗”，81 位教师选择“基本满意”，占 38.94%；62 位教师选择“不太满意”，占了 29.81%；45 位教师选择了“极不满意”，占 21.63%；20 位教师选择“非常满意”，占 9.62%。从这里来看，基本满意的，要高于不太满意的；但是，极不满意的，大大高于非常满意的。另外，选择满意（基本满意与非常满意）的教师为 101 人，占 48.56%；而选择不满意（不太满意与极不满意）的教师为 107 人，占 51.44%，高于选择满意的教师数。可见，从总体来看，大学教师对自己职业的满意度并不算高。从社会舆情来看，大学教师职业是非常让人羡慕的，被认为幸福指数较高的职业之一。那么，为什么教师对自己职业的满足感不高呢？本人认为，这或许缘于这些高学历、高素质的精英群体，相较于他们在其他岗位工作的同学、朋友而言，其付出要比收获多得多。例如，相对于企业高层来说，大学教师的待遇要比他们少得多；相对于政府机关的各级领导甚至科员们来说，大学教师的地位要比他们低得多。尤其问卷调研的对象主要是那些一线的专任教师，甚至以年轻教师居多，无论是收入还是地位，确实还不能与耀眼的学习经历相媲美。另外，这也许与正处在探索之中的创业型大学有关，其转型带来的阵痛多少会暂时影响到教师的心绪。

针对问题22“作为一名大学教师，在没有学校政策引导的前提下，您会积极转化自己的成果吗”，195位教师选择“只要有机会，便会寻找转化途径”，高达93.75%，只有13位教师选择“不会，教师们的职责在于创造知识，应用知识是别人的事情”，只占有6.25%。这道题目看起来非常简单，却非常重要。该题告诉我们，瞄准市场，推动学术成果转化，获取经济回报，是教师的一种内生动力，哪怕没有学校的政策引导，他们也会力争这样做。但是，为何当前大多数教师仍然工作于象牙塔之内，闭门造车，不关心学术在社会与市场上的应用呢？从这个题目，我们就可以推导出许多种答案。例如，或许教师没有生产出能够转化为市场需求的学术成果，证明了教师的转化意愿与实际能力是两码事；或许学校压在教师身上的任务太重了，他们根本没有时间与精力再来关注市场需求，开辟新的研究领域……总之，教师并不是不想转化自己的成果，而是苦于没有这种成果，没有这种机会。由此可以肯定地指出，所有那种认为大学教师天生就是迂腐与保守的观点，都是错误的。

针对问题23“假如您主动或者被动地走上了学术创业的道路，您从事学术创业的第一动力是来自于”，159位教师选择“增加收入”，占到76.44%，具有显著的区分度，遥遥领先第一名；30位教师选择“晋升职称职务”，占到14.42%；12位教师选择“学校的硬性要求”，占到5.77%；另外还有4人选择“兴趣爱好”，2人选择“服务社会”，1人选择“提升个人声望”，没有人选择要求教师自己填写具体内容的开放性题目。由此可见，获取经济回报是教师开展学术创业的第一推动力。事实上，职称职务的晋升，也是指向收入的增加。这样，将改善待遇、获取回报作为创业动力之源的教师，就超过了90%。从这个调查结果，我们就可以断定，凡是将学术创业作为硬性任务甚至不给教师分配利润的创业型大学，必定会失败；凡是能将经济回报转让给创业型教师而将历史使命与社会贡献戴在高校头上的创业型大学，最有可能走向成功，走向卓越。从这一点出发，我们就能够很好地解释前面理论研究所指出的，创业型大学诞生的原始动力不是创收，而是学术资本转化。也就是说，作为一个组织，创业型大学的职责是推动成果转化，在此前提之下获取一定的办学成本是可取的，同时，这个组织一定要将绝大部分甚至全部利润转移到作为创业者的教师那里，否则，作为个体的教师，其学术创业的动力是不足的。这条在组织与个人之间的逻辑，必须悟透，因为他们两者的生长点与价值点，各不相同。

针对问题 24“您对自己未来的学术创业，有何信心”，103 位教师选择“信心一般”，占 49.52%，接近一半；65 位教师选择“没有信心”，占 31.25%，接近 1/3；28 位教师选择“充满信心”，占 13.46%；另有 12 位教师选择“不仅没有信心，而且极为反感”，占到 5.77%。这作为此次问卷调研的最后一道题目，是想从总体上了解教师对于学术创业的未来展望。从选择情况来看，明确表示没有信心的教师要远远多于充满信心的，甚至还有 5.77% 的教师不仅没有信心，而且对学术创业表示反感。另外，对于近一半的教师选择“信心一般”，这个还不表明教师对学术创业胸有成竹，或许大部分处在“想创业，但不能确信成功”的心理状态。这表明，学术创业的前景在教师心目中并不乐观。

三　创业型大学教师调查的实录枚举

面对面或者一对一的访谈式调研，最大的优点之一是能够随时将调研人员的疑问抛出来，并引导被访谈者按照调研人员想去了解的方面展开论述；最大的缺点之一就是被访谈者易受调研者的影响，不一定会真实地反映实际情况与主观感受。另外，访谈调研的结果不像问卷调研那样，便于统计，往往需要调研人员根据访谈对象的基本观点重新组织语言，并分门别类地进行归纳。在这次访谈调研中，主要有以下三种形式的访谈调研。

（一）教师座谈会

2013 年下半年，某创业型大学组织学校中层干部赴各个二级学院调研，主要了解自学校确定创业型大学战略目标几年以来，教师有何困惑与期望。本人所在的调研小组，前后去了三个二级学院，参加座谈的专任教师总数 90 人左右，理工科类教师 60 人左右。

首先需要说明的是，在这次座谈会之前，学校为推进创业型大学建设，不仅在全校进行了广泛的宣讲，而且出台了一系列文件，以推动全校师生学术创业，加快学校科研成果转化。可是，在这次座谈会上，没有一位教师主动提及自身压力来源于学校的创业政策。教师更多谈论的，主要是学校政策调整导致的收入变化、工作任务增加以及教学条件改善等。在工作任务增加方面，没有任何教师主动提及科研成果转化的压力增加，而是指教师教学育人、科学研究的总量相较于以前有所增加，具体体现在课时承担、论文发表、课题申报等传统工作上。

当本人主动询问某些教师，自学校走上创业型大学道路之后，他们有何感受、有何压力时，基本上都没有体现出对创业型大学的关注，更谈不上有多大的压力。其中一位教师说道，“当前，教师的压力就够大了。每周要承担这么多课程，每年都要有这么多科研分值，忙都忙不过来的，根本没有时间去准备学术创业……”这让本人想起张俊超博士对年轻教师的访谈，她在书中记述道，“我感觉自己像一台旧式电视，有七、八种观众，他们不停地拧着调换频道的开关，全然听不到我的呻吟。我疲惫不堪，我曾经对自己的领导说：再这样下去，我不到35岁就会倒下。同样的话，我根本不敢对妻子和母亲讲”①。在本人所调研的专任教师中，他们虽然不会如此带有夸张色彩地陈述自己的压力，尤其在学校相关管理部门负责人面前，表达都有些谨小慎微，但是，他们所表现出来的困惑与无奈，确实有点类似于那种面对七种观众的旧式电视机。

那么，创业型大学所确立的战略目标，所制订的创业政策，为何不被广大教师所熟悉与关注？这只能说明一个问题，那就是这种定位与政策，没有对教师造成实质的影响，没有引导教师更改自己的行动。也就是说，在学校层面，高校领导们在那里激情澎湃地研讨创业型大学建设，并且出台一系列的政策，以加快学校转型的步伐，可是，在专任教师层面，他们对学校的各项活动，根本没有有效关注，更没有发生相应的变化，依然像以前一样，做着既定的事情。至于其原因，主要在于牵引教师努力的主要方向，并没有改变。尽管增加了学术创业的任务，尽管将学术创业业绩折算一定比例纳入到教师工作总业绩中来，但是，在原来的评价体系没有发生任何改变的前提下，针对增加的这块业绩，教师根本无暇顾及。这就像甲、乙两军开战，突然丙军前来为乙军助阵，可是，丙军却按兵不动，只在那里鸣鼓呐喊，没有对甲军产生任何实质性的危险，那么，在甲乙双方你死我活的斗争中，甲方哪会去关注丙军的存在？更不用说去与丙军开战了。在这里，专任教师就相当于甲军，传统的教学科研任务就相当于乙军，为推进创业型大学建设出台的各种学术创业激励政策，就相当于丙军。

（二）正式访谈

这次调研，正式访谈的对象并不多，主要是笔者直接联系的两位老

---

① 张俊超：《大学场域的游离部落——研究型大学青年教师发展现状及应对策略研究》，博士学位论文，华中科技大学，2008年。

师，即教师 N 与教师 F。他们与本人均不在同一所大学，也不在同一座城市。在访谈前，本人与他们有过多次电话以及网络联系，在彼此较为熟悉的基础上，约定见面时间，本人直接去对方所在高校，与他们进行交流。教师 N 的高校所在地在南京，教师 F 的高校所在地在福州，两位教师均为双肩挑教师，对学校的政策以及教师的转型情况，较为了解。在建立信任的基础上，从他们那里获知创业型大学发展现状以及教师转型情况，要比从专任教师那里全面得多、真实得多。在此，先将他们各自的基本观点，整理如下。

教师 N：在正式提出创业型大学的定位以前，我校就在推动学术成果转化，并且取得了较大的成绩。2010 年，我校正式提出创业型大学的战略目标，进一步加快了学术创业的步伐。近年来，虽然我们更改了战略目标，不再将“创业型大学”的口号挂在嘴上，但是，这个方向并没有改变。只是在不同的发展阶段，学校的工作重点有所偏离。

创业型大学是舶来品，而且在西方国家的高等教育实践中，有着不同模式的运作。例如，在华威大学，更多的是将学校作为整体来运作的，学校直接从中获取经济利益；在斯坦福大学，更多的是鼓励师生学术创业的，学校较少从中直接获取经济利益。就我们国家的高校来说，要推进创业型大学建设，或许应该选择斯坦福大学的模式。

当前，我校不少教师创办了科技性的公司，取得了非常不错的成绩。但是，从整体来看，教师的转型情况并不乐观，不仅创业率偏低，而且各种新旧矛盾显现。例如，在处理教学育人与学术创业的关系上，存在一边倒的现象；许多应用型学科的教师，仍然走不出书斋，走不进市场。

那么，在当时如此大的政策激励下，为什么教师在转型上依然这么艰难呢？就个人的感觉来看，主要还是在于教师的科学研究与社会需求没有对接好，或者说，他们还没有这个能力提供市场想要的成果。事实上，每位教师都想转化科研成果，没有学校的政策引导，他们也会往这个方向努力。另一方面，教师的压力也还是蛮大的，要同时在几个战场开战，确实心有余而力不足。就我个人来说，有许多学术创业的具体思路，在行政事务、教学育人与科学研究几座大山面前，根本没法挤出时间来实施。

教师 F：我校是否在全国最早提出建设创业型大学，这个我不太清楚。近几年，我校对创业型大学的宣传力度减弱了，但这并不意味着我们放弃了这种办学定位。只不过当学校发展到一定的阶段，许多问题都清楚了，用不着去争论什么，而是努力做好应该做的事情。当前，我校就处在这种状态，这或许是创业型大学发展的一个新阶段。

从建设成效来看，我校在学术创业氛围的营造、学生创业教育的开展以及创业政策的完善等方面，还是取得了明显成绩的。但是，与西方发达国家的创业型大学相比，例如华威大学、MIT 等，我们还有很长的路要走。我相信，创业型大学建设的前途是美好的，但道路是曲折的，我们一定要有耐心，慢慢等待。

创业型大学建设的主体，当然是教师。创业型大学建设的成效，关键在于教师的转型情况。显然，我校教师转型情况并不理想，创业型教师比例偏低。在我看来，教师难以转型的主要原因在于原有的评价体系仍在发挥作用，而且是最不可动摇的指挥棒。虽然我们鼓励教师的学术创业，但现在学校做不到让"转化效益"代替"学术论文"，学术创业最多只是教师的一项副产业。现在的问题是，许多教师原有的工作任务都很难完成好，更不用去说做副产业了；而且，学校的科研奖励政策、职称评聘制度、其他高校的教师评价标准，都吸引着教师坚持走原路，坚决不冒险。

（三）非正式访谈

课题组成员基本上来自创业型大学，随时随地都能接触到创业型大学教师，并且围绕学校的战略定位、教师自身的工作体会，在不设防的情况下，非常轻松自由地交流。这种非正式访谈，接触到的教师不下于近百人，分别来自 A、B、C 三所创业型大学。在此，选择一些较有代表性的观点，将他们的主要观点，整理如下：

教师 A1：早些年以前，我就听说学校要走创业型大学的道路，而且也出台了一些鼓励学术创业的政策。那个时候，自己想过尝试一下创业。不过，时至今日，我仍然没有走上学术创业的道路。主要原因，还是在于自己实在分身乏术，另外也没有找到合适的创业门路。可以说，我的心分成了三份：一份要交给学生们，教学育人的工作任务也不轻的，现在评职称，对教学工作都有量与质的要求；一份交给科学研究，每年都要出成果，否则无法完成当年工作量，这也是评职称最重要的一杆秤；还有一份交给家庭，要照顾孩子，要关心父母，要体贴妻子，要承担家务，作为一个平凡的职业人，这里的任务一点都少不了的。在这种情况下，我既挤不出更多的时间从事创业活动，也没有太多精力去与各方面打交道，获得创业信息与资源。就这样，几年下来，我也一直没有创业。不过，我还是认为，我之所以没有成功转型为创业型教师，主要原因还在于我个人，缺乏那种冒险精神，我是比较守成的那种，否则，我也不会来做一名大学教师，早年研究生毕业后就去一家外资企业了，收入可要高得多。

教师 A2：大学教师再去办企业，就是不务正业。你看哪几位大学教师，既办好了企业，又做好教师的呢？在美国，哪怕在 MIT、斯坦福等创业型大学，如果教师想去创业，那么他可以离职，一般也鼓励他们离职创业，在创业进入稳定期后，再来大学做教师。在我们学校，一些教师还没有站稳讲台，就准备在职创业，拉着一帮学生，做他们的廉价劳动力，美其名曰锻炼学生，实际上是祸害学生。连基本功都没打好，就想着搏击市场经济浪潮，造成学生们急功近利的思想倾向，这种腐蚀学生灵魂的行为，其危害比耽误他们的学业还要严重。另外，大学教师的主要职责，除了教学育人，应该是生产知识，从事科学研究，创造学术成果，至于这种成果是否要转化，是否为社会所采纳，则是企业家的事情。社会本来就存在分工的，大学就做大学应该做且能够做好的事情，否则，社会也就不需要这么多机构了，干脆都用一个组织名称，因为这个组织什么事情都能做。就我个人来看，我从来不热衷学术创业，我就做好自己的本职工作。不过，我鼓励学生们在毕业后尝试创业，因为这个社会没有那么多就业岗位，而且有些人也热衷创业。社会上这么多企业，这么多产品，这么多品牌，这么多商标，不都是人创造出来的吗？……总之，大学就是大学，根本没有必要另行弄出一个所谓的创业型大学，创业型大学就是高等教育的怪胎。

教师 B1：前几年，我们学校对教师创业非常支持。事实上，在这之前，我就开始利用自己学科优势，做一些社会服务工作，从中获取一定的报酬。后来，在学校政策的鼓励下，我正式成立了公司。近年来，公司发展还不错。从我的经历来看，大学教师确实应该转型。因为我身边的不少同事，就在争那几个课题，发那几篇文章，我实在看不出有多大社会价值。可以说，当他们还在研究的时候，其创新性的思想早就在我的产品中体现出来了。而且，要应付学校那点科研任务，我觉得一点都不困难。另外，那些从书本到书本的课堂教学，学生听之都索然无味，哪还谈得上教学质量呢？对于大学生来说，书上许多内容，他们都可以自学了。大学教师所起的主要作用，还是把学生引入五彩缤纷的知识宝殿，让他们感受到这里的丰富与奥秘，在适当牵引与辅导的情况下，让他们自我探索，自我教育。我教过的学生，现在好些都自己创办公司，业绩都不错；还有一些学生，上了名牌大学的博士，他们同样感谢当初我给他们与众不同的教育……总之，我支持大学教师创业，而且这种动力主要应该来自自身，而不只是学校的政策引导。

教师 B2：2011 年，在学校创业的号角下，我创办了一个公司，主要是提供软件开发与技术服务。前两年做得还可以，略有盈余。从 2013 年下半年开始，公司就面临许多问题了。2014 年，出现亏本现象。随后，我便转让出去了。为什么前期可以，后面反而不行呢？主要原因在于，前期是我的一项研究成果，技术新颖，能够很快获得认可。可是后面，自己实在太忙，疏于技术开发，就这样败下阵来。我想，如果后来我把主要精力投入到公司上，或许不会这样。不过，一个人要应付几件事情，什么事情都想做好，还是不容易的。我是一名专任教师，没有任何可以依靠的资源，各种科研工作都得自己做。因此，我目前调整了计划，先尽快把职称评上去，以后若有机会，再去做做技术顾问，或者在研究的基础上，开发某项产品。结合自己的经历，我认为应用型学科的教师，还是要能够走出去，另外，学校在职称评聘与人才选拔上，真的不应该过分看重那些 SCI、EI 等，这种导向使得教师只顾发表，不关心也不敢再往前走，从而也很难验证这些成果，到底能否转化，到底是否有意义。

教师 C1：我是一名广告专业的教师，虽然属于文科，但在许多人看来，也可以利用学科专业进行创业。例如，开办广告公司，或者直接承接各种广告业务等。但是，事实上，远非如此简单。我有一些朋友是办公司的，我在他们那里待过一段时间。真正办公司的时候，我们才发现，那个时候根本没有什么所谓的创新，做的事情大都属于重复性的技术劳动，而且一天到底沉浸在各种事务堆中，根本静不下心来。在我看来，大学教师应该站得更高一点，根本没有必要去搞什么创业活动。若真想赚钱，赚大钱，那么他可以创办公司，可以辞职下海，在商海中自由遨游。我觉得，大学教师最大的追求，应该是自己的思想王国，在那里找到自己的精神世界。有了这种世界，可以培育优秀的学子，可以造福人类，可以颐养天年。那些做企业的人，应该从这里找到思想养料，然后再来推动自己的发展。这种养料，当然不是直接的营养，而是需要自己结合实践进行加工的养料，最后变成自己的工作智慧。我认为，大学教师应该是高于实践工作者的，而且就是应该与实践保持一定的距离，以保证自己的思想基于现实而又超然于现实。因此，若问我教师如何转型，我倒认为教师根本不需要转向创业型，而是继续向思想高地迈进，成为思想的巨人，成为各个行业各个领域的旗手。

教师 C2：我在做某种药材的研究，也同时做这方面的销售，应该说，两个方面都做得不错。在我看来，这两者可以相得益彰。例如，让一些学生进入我的研究与销售，大大提高了他们的专业兴趣与专业素养，整体上要比那些长期只顾啃书本的学生优秀得多，这怎么能说我不关心教书育人呢？何况，如果公司运营良好，我还会给他们支付更多的报酬，大大缓解了他们的经济压力。从研究的情况来看，我近几年争取的课题以及发表的成果，基本上都是从生产与销售实践中提炼出来的。如果没有这种实际工作，根本没法产出这种论文，更没法申报这些课题。因此，在我的观念里，大多数教师都应该走出去，从生产实践中找到研究的方向，并将研究成果尽可能地转化出去。而且，这种研究成果的转化，交给学校也不行。学校有几个人，比你对你的产品更了解、更热心？当前，我做我的研究与推广，与学校从不沾边。就学校那点创业业绩奖励，根本吸引不了我，说不定最后还要从我这里提取管理费，可是他们能够给我什么帮助呢？可见，学校呼吁创业型大学建设，只是一种舆论引导，唤醒那些处在沉睡状态的教师，除此以外，对教师转向学术创业，没有什么大的效用。

第二节　大学教师转型难的客观因素

根据以上调查研究发现，工作于创业型大学之中的教师，不仅对创业型大学整体关注度不高，而且对于创业型大学的价值认可差异太大。但是，无论怎样，他们都认为传统型教师向创业型教师的转型存在难度。将他们对于转型困难的各种观点综合起来，我们同样会发现，既有评价机制、平台建设、学术文化、学科性质等客观因素，也有职业价值认同、学术创新能力、个人负荷超重、学科性质认识等教师个体自身的主观因素。这里某些观点，而且属于调研中普遍比较认同的观点，与本书前面的理论研究结论是一致的，这就同时表明，从教师转型推导出创业型大学建设的理论视角是非常可取的。只不过，通过调研，使我们对教师转型难的原因认识得更加丰富，同时，大量的教师个案，为创业型大学的理论研究提供了坚实的现实基础。在此，针对从调研中得出的代表性观点，我们可以具体分析一下教师转型困难的客观因素。

一 传统的评价机制没有改变

按照创业型大学的建设目标，创业型大学的教师应该从两个方向努力：培养创造性人才与实现成果转化。从创业型大学制订并出台的各种政策文件来看，这些高校似乎并没有忽略从这两个方面去努力，尤其在推动成果转化上，有着许多激励性的政策文件。但是，创业型大学建设整体疲软，教师转型依然阻力重重。最重要的原因之一，正如前面理论研究与实践调查所分析出来的，创业型大学依然采取传统的教师评价机制。在传统的评价机制面前，所有的创业激励政策只是一种摆设，自然无法达到激励教师关注成果转化的作用。而且，这种传统的评价机制，从根本上否定了培养创造性人才，否定了推动学术成果转化。在此，不妨进一步剖析传统评价机制对创业型大学建设目标的负面影响。

（一）传统的教师评价机制在创业型大学中的体现

高校教师评价体制，总体上经历了一个从以教学为主导到以科研为主导的评价历程。而且，当前的高校教师评价，普遍不分类型、不分层次，全国所有高校几乎可以采取同一套评价指标体系。正如有文指出的，目前我国大部分高校在教师评聘过程中依然实行主要依据科研成果的“统合式”管理模式，没有明确依据不同专业领域、不同职称层次及不同岗位特点等进行分类管理和评价。① 那么，高校教师评价体制未来走向何方，是否改变以科研为主导的评价模式，注重成果的应用价值，以及推动分类分层评价等，或许是一种发展趋势。但是，就目前我国高举创业型大学大旗的高校来说，并没有制订与众不同的教师评价轨道，仍然执行传统的教师评价机制，以科研为主导，以理论为主导，在实践上忽略教学育人，忽视成果转化。具体而言，创业型大学现有教师评价机制仍有以下特征。

偏重科学研究，轻视教学育人。大学中的重研轻教现象，在我国已经不再是一个新鲜的话题，而是一个被人讨论得厌倦了的话题。早在2005年上海交通大学的“晏才宏现象”以及浙江大学的“朱淼华下岗

① 于畅：《基于分类管理的高校教师考核评价机制》，《沈阳师范大学学报》（社会科学版）2015年第2期。

事件”，将大学重研轻教作为一个重大问题推到了风口浪尖上。可是，十年过去了，这个问题仍然没有解决，甚至愈演愈烈，尤其在另辟新路的创业型大学，依然不改初衷，走上了同样的一条路。如此这般，就不得不让我们旧话重提，再度引起关注。例如，某所创业型大学虽然制订了各种鼓励学术创业的政策，并且折算为科研业绩，但是，可操作性极差。同时，在年终测评时，仍然是以前的那种评价指标体系。例如，一个学期承担一门 32 个学时的课程，还抵不上一篇 B 类的学术期刊论文，若能够获得一项省级以上的科研奖励，则可胜过几百个学时的教学工作量。对于教学评价，主要看课时数、论文指导数等，在教学“质”的评价上却是模糊的。而对于学术成果，则是可以对应学校的科研成果奖励办法，进行精确计算的。这一点，与全国所有高校大体差不多，在此不赘述。这种教师考评机制，只会引导教师关注可统计且显示度高的科学研究，而忽略或者说只是应付难以定性且显示度不高的教学育人工作。这种重研轻教的评价机制，不仅无法使之与其他传统型大学区别开来，也没有使自身与过去区别开来。从这里，我们就不难理解，在迈上创业型大学之道后，教师仍然与过去一样，没有太多改变，甚至不知道学校发生了什么。

重视理论成果，轻视成果转化。重视科学研究，对于创业型大学来说，其实也是可以理解的。因为要推动学术创业，必须具有创新的一流科研成果，否则成果转化只是一句空话。尤其对于一所学术水平一般的地方本科院校，在创业型大学发展的第一个阶段，或许还处在学术积累的阶段。可是，创业型大学对于教师的评价，出现了让我们极为不可思议的现象：一方面，学校单独制订系列政策，鼓励学术创业；另一方面，在教师评价时，成果转化的激励条款很难进入指标体系，依然按照传统的教师考评方案，注重理论成果分值的累加。要知道，真正指引教师前进的，还是这种教师评价指标体系。如果在这个体系中，教师看不到成果转化的可测性，看不到成果转化的重要性，依然只需也只能统计论文论著、科研课题、学术获奖、发明专利等，那么，教师也就不太关注科研成果的转化。而且，我们对于老师的评价指标棒，不可能同时强加几套标准。一会儿这样，一会儿又那样，那老师们真的实在太累了，根本适应不过来。

重视科研奖励，轻视实际应用。当前，科研奖励是激励高校教师开展科学研究的重要推动力，也是导致教师收入差距的重要砝码之一。事实上，科研奖励，完全属于重复奖励。这是因为，这些科研成果不只是可以作为教师职称评聘的基本依据，而且是教师获取各种荣誉与学术地位的重要保证。尤其是那些学术成果奖，本身就是论文、论著等成果，却在各种评价中再度作为一项独立的成果，并且年终时还另有奖励。其实，对于真正的科技文化创新，在市场经济的今天，再多的奖励都不足为过。只不过，这些奖励能够带来什么，这就值得我们深思。除了仅供圈内人甚至还必须是正在研究这个方面的几个人看看外，就没有多少人关注了，最后造就了所谓的学术表面繁荣，却没有带来任何实际的文化发展，更不用说科技变革与社会进步。从创业型大学的建设来说，就是要破除为了发表而发表、为了奖励而奖励的传统学术制度，推动学术服务社会、理论促进实践的新型学术制度。可是，现有创业型大学对于教师的激励政策，主要体现在学术奖励上，这与其他的传统型大学并无不同。

（二）传统的教师评价机制严重影响到创造性人才的培养

创业型大学培养创造性人才，虽然教师满堂灌的时间减少了，但并不意味着教师的教学投入减少了，教学育人的责任感降低了。从某个角度来说，反而对教师的实践创新能力要求更高了，对教师的课堂教学设计能力要求更高了。只有这样，才能培养出创造性的人才来。可是，创业型大学仍然遵循传统的教师评价体制，推动成果转化的教师激励机制既没有体现人才培养的新要求，也没有发挥应有的作用，从而教师还是原来的样子，满堂灌的状况没有改变，应付教学的风气大行其道，创造性人才的培养根本没法落实。

创造性人才的培养，需要那种富有创新精神与实践能力的师资队伍。长期以来，传统的教师评价机制，造就了重理论轻实践、重成果轻应用的师资现状，极不利于创造性人才的培养。在封闭的象牙塔里一问一答、批判创新，就如在小池塘里抓鱼，大家拥挤在一起，连小虾都差不多捉完了，更何况这里根本没有任由师生们大展身手的太多空间。在现实世界中捕捉真问题、活知识，就像在大海里捕鱼，有着广阔的舞台，有着丰富的体验，大大地释放与锻炼了师生们的身心。因此，从实践与理论相结合的世界里走出来的教师，其创新精神与实践能力普遍要强得多，更有利于创造性人才的培养。正如有文所言，当前，高校教师评价中存在着“重理论、轻实践”，“重定量、轻定性”，“重科研、轻教学”，“重结果、轻发展”等倾向，导致高校教师队伍专业素养较低、创新能力不足。①

事实上，当前重研轻教的学术生态环境，教师的教学投入不但没有增加，反而减少了。例如，20 世纪 70 年代，所有类型院校的教师投入教学的时间占全部工作时间的 60%—66%，研究占 14%，管理占 18%。90 年代，教师从事教学和管理的时间分别下降至 53.8% 和 12.8%，研究的时间增加到 20.1%。② 应该说，这只是保守的估算。现如今，许多教师的研究时间差不多占到工作时间的 90% 以上，所谓的教学时间，除了课堂教学及规定的论文答辩等显性时间外，几乎没有任何其他时间投入了。这样的教学投入，在教师素质并没有根本改善的情况下，根本无法造就出创造性人才。这一点，还在于创业型大学的教师教学评价，缺乏强有力的敦促与指引作用。例如，在美国大学教师评价体系中，教学评价具有特别重要的地位。在美国大学中，教学被看作每一位教师的最高职责，尤其在州立大学和社区大学，教学的地位更为突出。一旦教学没有获得学生的好评，教师不仅不能晋升终身教授，而且甚至难以在本校顺利工作。③

（三）传统的教师评价机制严重影响到科研成果的转化

从调研中可以看出，有一些教师根本还不知道学校出台了激励学术创业的政策，还有一些教师对这些政策根本不关心。究其原因，正在于这些政策没有像惯常的教师评价机制一样，起到真正的激励作用。从科研的评价来看，创业型大学仍然沿用传统高校或者自身过去的那套教师评价标准：只看重科研成果数量而不重视其质量和科学意义；只看重成果产出速度而不遵循科学研究的规律；只看重科研成果而不重视成果转化。④ 正如有文指出的，当前，一些高校对科技成果转化的重视程度和投入力度不够，体现在教师的评价体系中往往就是对教师取得成果的转化缺少明确的导向和足够的重视，这一方面使得一些教师在进行研究时没有去考虑研究的实际价值，仅仅是为了项目、论文的数量而研究，为了研究而研究；另

① 张浩：《高校教师评价机制的创新》，《教育评论》2014 年第 9 期。

② 转引自张凤贤《美国高校教师聘用评价机制研究及启示》，硕士学位论文，河北大学，2007 年。

③ 吕淑青、问筱平、秦兴方：《美国大学教师评价机制及其启示——以加利福尼亚州立大学富乐敦分校为例》，《扬州大学学报》（高教研究版）2014 年第 6 期。

④ 左文龙：《我国高校教师评价机制的主要问题和几点建议》，《电子科技大学学报》2007 年第 3 期。

一方面，一些有实际应用价值的科技成果没有得到进一步的开发利用，实现成果转化，造成成果的严重浪费。① 这说的不只是传统型高校，同样针对我国近几年兴起的创业型大学。

前面的理论研究指出，创业型大学的组织特性正是学术资本转化。而且，创业型大学也制订了众多激励学术创业的政策。但是，为什么创业型大学的学术成果仍然进展不大呢？或者更具体地说，为什么创业型大学不能更改传统的教师评价机制，将现有激励教师开展学术创业的条款放入教师评价体系中来呢？对此，笔者认为，最大的问题不是我们不能制定出新型的教师评价体系，而是创业型大学的领导者们在推动大学变革时缺乏足够的信心与无畏的勇气。确实，环顾四周，其他高校都是这样评价教师，学校过去也是这样评价教师，如果一下子更改教师评价指标体系，会不会产生巨大的风波呢？若是只在办学理念、发展战略上提提空洞的口号，不触及教师的实际利益，没有多少教师会关注，不会产生任何动荡。更重要的是，学界对创业型大学的讨伐声音，一直没有停止过，万一改革失败了，高校领导得承受巨大的变革风险。这样坚持走原路，只需在理念上别树一帜即可，让创业型大学这面大旗高高举起，或者在坚持传统的教师评价标准上，再开一条激励教师的路径，往往是最保险的，也是富有特色的。这种办学举措，在本质上仍然属于依靠市场力量而不是行政力量推动教师转型，这对于一个封闭保守且行政色彩非常浓厚的教育学术环境来说，自然是一个非常缓慢的过程。

二　有效的平台建设严重匮乏

传统型教师向创业型教师转型之所以艰难，评价机制没有从根本上转变确实是其关键因素。但是，科研胜出的教师完全有余力在应对传统考评的前提下，重新开辟一条战线，推进学术创业。何况，大学教师的学术创业，往往是利用现有的科学研究成果，相对于现有工作来说，只是延长了知识链条。同时，创业型大学虽然没有将学术创业非常明朗地纳入教师考评，但毕竟在政策文本上有所鼓励与支持。可见，从外部因素来看，创业型大学的教师应该非常热衷学术创业，关注科研成果的转化。在前面的调

① 陈颖、李勤耕、刘新：《论高校科技成果转化》，《重庆工商大学学报》（社会科学版）2006 年第 1 期。

研中亦可以看出，高达 93.75% 教师选择“只要有机会，便会寻找转化途径”。但是，在调研过程中，却有 67.79% 的教师对创业型大学缺乏信心，一半以上的创业型大学教师并没有发生任何转型。这是为什么呢？应该说，在客观因素上，还有一个很重要的原因，正是成果转化平台建设缓慢，科技成果转化渠道不畅，教师很难凭借自身的实力与精力去打通科技界与产业界的桥梁。

（一）原有的科研成果管理平台没有实现转型

国内创业型大学的机构设置，与其他传统型高校并没有太大的区别。尤其在传统型高校长期设置的那些窗口性的业务部门，例如教务、科研与财务等部门，在组织构架、功能作用甚至部门定位上，大体一致。作为创业型大学科研成果管理部门的科研处（有的称科技处，还有的将该部门分成科技处与社科处等），我们无法从其看出学术创业的学术发展志向。正如有文形容传统型高校科研管理特点所指出的，同样适用于创业型大学的科研管理部门：政策导向偏重上项目、报成果，不重视科技成果的转化；评估机制多数停留在学术性、先进性的层面，而对成果的实用性、市场性估计不够，更不能量化该成果的社会价值、经济价值；科技管理的手段相对落后，不能有效地激发科技工作面向经济建设的活力……总体而言，还停留在统计、报奖等过程管理的低级阶段，还没有进入将成果有效地推入经济建设主战场的最终目标管理。①

为了更好地分析创业型大学科研管理部门的职责与运行，本书选择某创业型大学作为案例试作分析。自确立创业型大学的战略目标以来，该校的科研管理部门，在职员人数以及内部架构上没有太多变化，在职责分工上亦体现不出学术创业的重要地位。该科研管理部门设一正两处，7 个职员岗位。与所有单位、部门一样，正处往往是负责全面工作。在两个副处的工作职责上，一位主要分管纵向课题与知识产权管理；另一位则主要分管横向课题、学术交流（包括各类学术团体）、研究中心（含其他学术平台）等。从这里来看，推动学术成果转化的工作，在副处岗位职责中并不明确。所谓知识产权管理，作为一个人的工作职责，而且还是属于高校中层领导岗位，往往只是负责审核、登记、上报等的一般性岗位，根本谈

---

① 任青青、叶深溪、陈焕新：《打造高效的高校科技成果转化平台》，《科学与管理》2009 年第 2 期。

不上如何推动成果转化。

再从 7 个职员岗位来看，同样体现不出创业型大学的组织特性。职员 1 的工作职责：负责高层次科研创新平台（含团队）、协同创新中心的申报、建设和管理工作；负责学校研究中心组建、建设及预研项目管理工作；负责科协、社科联、学会等各类学术团体日常事务；负责省科技资源调查统计、科普统计等工作。职员 2 的工作职责：负责自然科学类纵向科研项目的组织申报、过程管理、结题验收以及经费下达、档案管理工作；负责省教育厅项目管理与经费下达工作；负责项目绩效评价与项目执行、跟踪调查统计等工作。职员 3 的工作职责：负责人文社科类纵向科研项目的组织申报、过程管理、结题验收以及经费下达、档案管理工作；负责学校学术出版基金、科研发展基金（含人才启动项目）管理工作；负责全国高校人文社科类统计等工作。职员 4 的工作职责：负责科研横向项目立项、审核、经费及档案管理等工作；负责学术交流与合作、各类学术会议组织；负责科技成果转化推广等工作。职员 5 的工作职责：负责组织各类科研成果的评审、鉴定、登记、交流、保密、报奖等；负责学校知识产权的保护管理，以及成果转化等；负责学校科研工作量认定、科研奖励核算统计以及科研成果库与成果档案管理等工作。职员 6 与 7（办公室）：负责部门办公室综合管理工作（含考核管理）；负责科研数据库建设与科研信息收集、发布等信息化建设工作；负责全国高校科技统计等工作。

在以上职员的工作职责中，只有职员 4 负责科技成果转化推广，还有职员 5 负责学校知识产权的保护管理以及成果转化等。两位工作人员，还有其他大量的工作要做，而且他们两人属于一般的管理人员，根本无法对学术成果的好坏优劣做出初步的鉴定与评判，更不用说架起科技界与产业界的桥梁。或许我们会说，他们的主要职责是聘请专家认定成果，选择出那些有转化价值与市场前景的成果，再来由学校转化或者向社会转让成果。应该说，这种情况在该校既没有发生，也根本行不通。因此，这两位工作人员的成果转化工作，则与以前的科研管理职责一样，仅仅承担统计、登记甚至确定是否属于奖励范畴的任务，远远达不到遴选、指导、协调等成果转化平台的作用。

（二）新建科技成果转化的平台尚未有效运转

就像在传统的教师考评机制基础上，增加了激励教师学术创业的优惠政策一样，创业型大学也大多在传统的科研管理平台上，增加了新型的科研成果转化平台。只不过，不同的创业型大学，其成果转化平台的名称甚至机构数量并不一致。但是，无论哪所创业型大学的成果转化平台，均没有达到理想的功能效果。那么，最理想的效果应该是怎样的呢？在笔者看来，最理想的科研成果转化平台，应该能够让一些教师安心从事自己的科研工作，主要由这些平台协助转化，也就是说，教师的主要职责还是教学育人与科学研究，科研成果的转化工作主体上交给学校的公共平台，此其一；其二，能够让一些教师有条件、有机会自我转化自己的科研成果，这取决于学校的政策措施甚至转化平台，例如高校科技园区等，这些教师能够在推进科技产业化的过程中，将积累的各种知识、经验与智慧等，转化为课程资源，实现教学、科研与创业三者的共同发展；其三，学校的科研转化平台，还应该能够主动为教师实现科技界与产业界、学术与经济的联姻，向教师提供产业发展新动态、社会市场需求新变化，向社会各界披露教师的科技新成果、新亮点；等等。就这样的科研成果转化平台来看，确实目前没有任何一所创业型大学能够达到。对此，本书再来分析某所创业型大学专门设置的科研成果转化机构。

某创业型大学的科学技术开发部，是该校专门从事科技成果转化以及服务于各行业的技术成果转让、技术培训、技术咨询、技术合作开发的全校统一归口服务管理部门。该部门的主要职能包括：开展和促进该大学科技成果的转化；开展与省、市、地区的各行业的一切横向科技合作，组织横向科技合作项目的联合攻关；促进并审批各院、系（所）与企业联合建立有利于该校学科建设和科研工作进一步发展的研发机构；促进学校与全国各省、市、地区、企业之间的信息沟通，代表该校参加各类科技成果发布会、洽谈会；审核、签订和管理该校的横向技术合同以及横向合同经费的管理；负责该校日常的知识产权管理和保护工作；组织项目策划、包装、无形资产评估，以及项目孵化和高新技术企业孵化；以高新技术成果作价入股的股权管理；学校生产力促进中心和校企合作委员会日常工作的开展；为学校和政府部门提供科技发展战略与科研成果转化方面的建议；为企业的发展提供咨询服务等；开展其他科技、技术中介服务。从公布职能内容来看，该校的科研成果转化平台可谓较为理想了，既能架起教师与产业界的联系，又能协助教师转化成果，甚至还具有管理全校各二级机构自行设立的各种成果转化平台的权限。但是，理想与现实总是有差距的，在实际运作过程中，该校的这个科研成果管理平台，仍然很难达到真正打通校内科研与校外产业的作用，很难真正做到为教师实现成果转化排忧解难的作用。对此，我们并不是说该部门做得不够，而是这本身确实属于一个非常具有挑战性的工作，也处在一个不断发展的过程中。试想，就那么几位工作人员，面对不同的科技领域，在高校科技管理观念整体落后的背景下，哪能达到我们的理想状态呢？对此，我们还可以进一步分析其具体的工作职能。

该部门主要设置了三个办公室。一个是综合办公室，其工作包括日常管理与合同管理。在日常管理中，主要职责是：负责开发部的日常行政管理工作；接待寻求科技合作的各界人士，介绍该校科技发展情况，提供学校科技成果和在研科研信息；促进学校科技成果转化，加强学校与省、市、地区、厂矿企业合作，并及时将各界的科技需求信息反馈给学校有关科研部门和项目负责人；学校校企合作委员会日常服务和管理工作。在合同管理中，主要职责是：根据有关法律法规向各课题组提供合同文本、进行有关签订技术合同常识的咨询服务；制订和修订横向技术合同管理办法、审批程序、审定规则、学校保护知识产权的规定等；技术合同审核、盖章、合同履行情况的跟踪调查，横向经费核对、统计；办理技术合同在技术市场管理机关的认定、登记以及落实税收优惠政策；横向技术合同数据库的维护及统计数据的汇总、分析；组织申报火炬计划、星火计划、重点推广计划、产学研工程项目、创新基金等。另一个是信息与对外合作办公室，主要包括各种相关信息工作和对外合作工作。在信息工作中，包括代表学校参加各类科技成果发布会、洽谈会；在对外合作工作中，除了部门职责的许多工作外，还特别指出要做好重大重点项目的推广、跟踪和全程服务。还有一个财务办公室，较多地体现了该部门区别于传统型高校的科研管理平台。从这里来看，该校的科学技术开发部，其功能接近于斯坦福大学的技术许可办公室，体现了创业型大学的组织特性。但是，正如前文分析所指出的，要达到理想的状态还需要一个过程。因为理想状态，并不是体现在组织的功能定位与具体职责，而是体现在教师的参与度与满意度。不过，我们相信，就像中国创业型大学必定会发展起来一样，这类科研成果管理平台也会随之走向理想状态。

（三）科技与产业的分离制约两个目标的实现

从前面的调研与分析来看，在实现理论与实践的对接、加强科技与产业的联姻方面，当前创业型大学并没有比传统型高校胜出许多。可以说，我国的创业型大学，更多的还只是举起了学术创业的大旗，发布了鼓励成果转化的政策，增设了一些相关的科研成果转化平台，形成了一定的学术创业氛围。但是，远远没有真正实现创业型大学的两个组织目标：培养创造性人才与推动成果转化。“问渠哪得清如许？为有源头活水来。”创业型大学科研成果转化平台就像连接校内科研成果与校外产业市场的一根大水管，如果这根水管的水流顺畅，那么，校内教师的科研活动必定是活水一潭，反之，则是死气沉沉。死气沉沉的科研氛围，自然不利于创造性人才的培养，更不利于学术成果的转化。

如果教师的科研成果不能有效转化，或者转化途径不畅，那么，教师面向产业与市场工作的信心就会大大降低，只得重新回到传统型高校的工作状态，注重理论学习满堂灌的教学方式，忽略学生们创新精神与实践能力的培养，自然培养不出创造性人才。事实上，那些应用性强的学科课程，如果教师仅仅停留在课本上，停留在理论讲解上，而没有自己的实践经验与自我体会，既不能将知识讲活，也难以把学生引入课程，只能通过考试逼着学生们记一些似懂非懂、考后全忘记的理论知识点。因此，对于许多应用性学科来说，推动学术成果转化，也是培养创造性人才的前提与基础。至于在学术创业的过程中，某些教师疏于教学育人，最终影响创造性人才的培养，那是另外一回事了。

三　整体的大学文化导向不足

传统型教师向创业型教师转型困难重重，其客观原因除了评价机制、平台建设等因素外，还有各种各样的原因。例如，学科壁垒森严的基层学术组织、捉襟见肘的创业启动资金等，都在很大程度上影响了传统型教师向创业型教师的转型。这在前面的调研中，亦有体现。但是，本书在此还需要特别提到在调研中没有明确指出的一种因素，那就是整体的大学创业文化导向不足。这种文化导向不足，主要体现在社会对大学功能定位的认识偏颇，认为大学主要从事基础研究，好好培养人才，至于成果应用、学术创业等都是企业家的事情。对此，我们不妨将这种文化导向不足称之为反大学创业文化。这种反大学创业文化，在不少学者的大力呼吁声中，更加强劲，在很大程度上影响到学校的决策、教师的信念以及学生的热情。

（一）反大学创业文化影响到学校的决策

在我国近千所普通本科院校中，真正高高举起创业型大学大旗的高校并不多。至于其普遍原因，并不是那些高校的领导没有听说过所谓的创业型大学，而是他们对创业型大学的未来并不乐观，甚至存在反大学创业文化的心理。还有一些不明确提出走创业型大学道路，但却在实践中坚持学术创业、致力于成果转化的普通高校，他们之所以这样做，普遍原因在于他们认为学术创业有悖大学本意，或者认为这会招致各方的反对，从而“不举旗，不声张，不讨论，静悄悄地迈上了创业型大学之路”。显然，这也是受反大学创业文化的影响。在此，我们既不分析全国的高校，也不分析那些静悄悄走上学术创业之路的大学，而是来看看创业型大学本身是如何受反大学创业文化影响的。值得说明的是，以下表现只是笔者的观察所得，探讨的问题或许不在一个层面上，而是从不同角度不同侧面来说。

首先，传统的教师评价体系之所以仍作为指挥棒，没有被后来以激励教师推动成果转化为重要方向的教师考评标准所替代，重要原因之一正是反大学创业文化的强烈影响。在高校工作若干年，谁都可能知道，最能影响创业型大学教师完全转型的正是评价机制。要让传统型教师向创业型教师转型，最有效最彻底的办法之一正是革除传统的教师评价体系，实行鼓励学术创业与培养创造性人才为目的的教师评价体系。对此，高校领导们都非常清楚。但是，为什么创业型大学的宣传活动轰轰烈烈，也出台了许多激励学术创业的政策，却不替换传统的教师评价体系呢？

或许有人会说，国内的创业型大学还处在学术积累的发展阶段，当前还不能取消理论层面的学术奖励。可是，从成果应用、学术创业的目标出发，同样可以推出理论成果，或者说，必定依托一定的理论创新。从这一点来看，瞄准学术应用的前提必定是学术创新。而且，从事一定的理论研究，并发表论文出版著作等，应该是教师的本职工作，是教师晋升职称、获得同行认可乃至评上各种奖项的重要途径。因此，对于一所加快发展的创业型大学来说，应该把有限的资源用在刀刃上，而不应该再像以前一样让教师将主要精力放在创造理论成果，以便获得更多的科研奖励上。可以说，传统型大学最大的问题之一，就是对于理论研究的刺激作用太大太强了，以致教师忘记了研究的目的，而将公开发表作为研究的目的了。在笔者看来，我们还应该加大课堂教学的报酬，加大人才培养的投入，同时为教师实现成果转化创造条件，让他们从这里获得更多的收益。对于那些难以实现成果转化的教师，其收益的增加正体现在教学育人上，为学生甚至社会大众提供更多的优质课程。

或许有人还会说，创业型大学既需要成果转化，也需要理论成果，社会对大学的认同正是依据理论创新，从而不能放弃原有的教师评价机制，同时增加教师学术创业的鼓励性政策。可是，传统的教师评价机制是一个实实在在的指挥棒，太过强大了，而成果转化的指挥棒属于附加性的，几乎没有太大的约束性，怎么能够推动传统型教师转向创业型教师呢？若将两者合一，统一于一个教师考评体系中，其换算的难度绝不亚于教学与科研的关系。再说，正如前所述，开展理论研究，既是推进学术创新的前提与基础，也是教师获得学界认同的基本途径，根本不需要大学更多的刺激与鼓励了。如果只是因为社会包括政府对大学的评价，过于看重其理论成果，那么，这正说明当前反大学创业文化的影响非常强大，至少说明当前重学轻术的传统影响依然存在。事实上，当前政府非常重视成果应用，甚至还提出“大众创业，万众创新”，对于大学来说，更应该加快科研成果的转化。因此，这些都不是创业型大学领导依然坚守传统的教师评价机制的主要原因。

总之，传统的教师评价机制依然如此坚挺，并不是创业型大学的领导们没有想到这种现状的危害性，更不是他们没有看到彰显成果转化在教师评价体系中的必要性，重要原因之一正是在于原有的教师评价机制依然存在很大的合理性，那种排斥大学市场化、产业化的抵触情绪仍然存在，亦即反大学创业文化的影响依然存在。

其次，创业型大学许多推动成果市场化的决策，之所以雷声大雨点小，另一个重要原因是学校领导的意见很难完全统一起来，在某些学校领导这里，那种反大学创业文化的思想观念依然根深蒂固。中国高校的主要领导有校长与书记，但是，作为一个领导班子，其他副校长、副书记们都是其中的重要成员。虽然一所传统型高校走上创业型大学，往往与至少其中的一位主要领导有关（基本上不是副职将高校拉入创业型大学轨道的），但在具体执行的过程中，需要副职们的协力推进。在一般的调研活动中，我们很难发现一所高举创业大旗的高校中的副职们，对创业型大学有所排斥或者在具体政策上有所微词，但是，作为在创业型大学工作中的中层及其以上管理干部们，他们是能够发现高校领导班子中的不同的观点与主张的。这种不同声音，可以从工作汇报中直接表露出来，可以在闲聊时的只言片语中捕获，可以从其他多种场合与途径察觉。毫不夸张地说，无论一位领导在政治上具有多强的敏感性，在性格上具有多高的沉稳度，他都很难在大众场合一直掩饰自己区别于主要领导的政治立场、价值取向与发展路径。当前国内这些高校的主要领导在推进创业型大学的过程中，同样碰到类似的问题，即其他领导存在一种反大学创业文化的观念，虽然没有明确表露出来，但在凝聚人心、制订政策、加快推进等方面，产生了一定的消极影响。

另外，创业型大学对反大学创业文化的反思，会引导高校自身逐渐调整政策的重点，既有积极的一面，也有消极的一面。例如，某所创业型大学自确定其战略目标以来，在前几年主要关注学术创业，甚至将人才培养都放在次要地位了，更不用说培养创造性人才，以体现创业型大学在人才培养上的特色与贡献。后来，在听到越来越多各种讨伐创业型大学的声音，尤其是学界那些捍卫大学育人本位的绝对正确的理论见解之后，该所创业型大学开始强调培养创造性人才的重要性了，在创业教育、人才培养、课堂教学等方面，进行一系列的改革与完善。应该说，这一方面有利于推动创业型大学的可持续发展，体现了人才培养是大学的永恒主题，培养优秀人才是大学的生命线，但另一方面，从一个重点突然转到另一个重点，没有在起点上同步推进，很容易弱化创业型大学的组织特性，即成果转化，从而自然就会让反创业文化现象在一定时期内再度高涨。这种细微的变化，是无法通过调研获取的。

（二）反大学创业文化影响到教师的信念

从前面的调研来看，不少教师是反对大学走上创业道路的。在这些教师中，情况各有不同。有些教师是从自己的价值判断与自身信念出发，认为大学就是应该与市场保持一定的距离，但还有些教师则没有自己坚守的原则与信念，他们反对大学从事创业活动更多地受外在环境影响，亦即反大学创业文化的影响。例如，当学校极力鼓励教师开展学术创业之际，这些教师很受鼓舞，也觉得学术创业有其可能性甚至必要性，但是，当学校调整政策，将创业型大学的战略重点从教师的学术创业转移到学生的创业教育上来时，他们又马上觉得教师的学术创业走不通，继而反对将成果转化作为一项硬条件套在教师头上。这样的教师，深受外在环境影响，缺乏自己最坚守的立场，在反大学创业文化的影响下，再加上学术创业的艰巨性与曲折性，他们逐渐走向反大学创业文化迷雾中，并且再而影响周边一批人。在此，我们不妨来听听课题组某成员身边一位教师的经历与感悟。

这位教师D，从事化工研究，博士毕业于国内某“985工程”高校，在学术上做得很不错。该校刚刚提出要走创业型大学之际，学校领导在许多场合大力宣传创业型大学，尤其那些学术创业的成功范典，极大地激发了其将学术瞄准市场、成果推向产业的雄心大略。为此，他也花了不少时间与精力，重新理顺自己的研究取向，调研相应的产业领域。但是，一年多时间之后，他又回到原来的研究阵地，不再关注研究成果的市场方向，坚守象牙塔之内的研究与教学。这是什么原因呢？应该说，原因多种多样。例如，在成果转化方面，他做得并不成功，从而对未来没有信心；过去仅仅关注理论成果的累积，自己已经做得很好了，较有成就感，现在一年多时间忙于成果转化，在传统的教师考评机制面前，不仅没有获得回报，反而丧失了原有的优势；在对外关系的协调上，过于烦琐与折腾，远不如自己在实验与文献中发现那些高高在上的新事物、大真理有趣得多；……但是，最终或者说直接促使他转变观念的，则是一位学者的一席话。在这位学者看来，世界就是存在分工的，大学就是利用人类文明成果培养学生，利用最新原创成就造就学生，至于推动成果转化，服务社会经济发展，从来都是企业家的事情；同理，大学教师也是存在分工的，你要在研究上做出成就，就必须专注于象牙塔，至于推动成果转化，从来都不是一流研究者们应该做的，因为在成果产品化、市场化的过程中，已经没有太多的创新了，不过是包装与经营而已。该位教师最后向我们说道，大学就应该像大学的样子，大学教师也应该像大学教师的样子，让那些鼓吹学术创业的聒噪滚出安静、高雅与神圣的大学殿堂吧！由此可见，这位教师受反大学创业文化影响之深，非同一般。而且，这不是个案，类似教师，为数不少。

（三）反大学创业文化影响到学生的热情

一般而言，在一所创业型大学，反大学创业文化主要影响到学校领导以及教师，对学生的影响不会太大。反而，创业更有可能激起学生们的志趣。理由至少有三：其一，年轻人的天性就是爱做梦。创业就是一个追梦的动力，对于那些热血沸腾的年轻人来说，鼓舞性是很大的。其二，他们需要就业，创业不仅能够解决就业，而且也可能成就事业。可以说，许多年轻的大学生都怀揣成为乔布斯、比尔·盖茨、马云第二的梦。其三，许多在校大学生非常茫然，像一只迷途的羔羊，像一只断线的风筝，不知道

"我应该怎么度过美好的大学时光"①，突然得到大学生创业的方向性指导，而且被各种鲜活的事例鼓舞得蠢蠢欲动，自然会激发学生们的创业志趣。但是，笔者没有想到，这种反大学创业文化也影响到了学生。在一所创业型大学的学生群话吧里，有一篇反对大学创业的帖子，典型地体现了这种反大学创业文化。需要特别指出的，就这一点来看，并不能说明该校的创业文化宣传做得不好，反而说明该校的创业政策落地了，变成了教师的行动指向与学生们的讨论主题。

在这篇帖子②里，该学生开篇提到"大学之道，在明明德"，其目的正是袒露心中的理想大学，应该是以学术为本、以真理为鹄。然后，该帖子再来分析亨利·埃兹科维茨与伯顿·克拉克两位美国学者首倡的创业型大学，是指大学要贯彻创新精神，并推动成果转化，但不是将"创新"换成"创业"，不是培养学生创业。最后，该帖子结合自身所处的创业型大学，从其危害性的角度出发，强烈抗议学校鼓吹学生创业的做法。例如，该帖子提到，××大学"似乎都在歪曲着'创业型学校'的概念，在校领导的观念中，创业型学校就是要培养学生去创业，不管学生是否有能力是否有资本去创业……这也就导致了××大学的氛围太过浮躁，在各种创业讲座创业课程创业案例的轮番轰炸之下，能够保持冷静的学生没有多少了，太多人被创业的成功案例的美好所吸引，于是太多人不再踏实做事，就连最基本的交朋友都是带有功利色彩的进行……这样的氛围，导致的是什么？导致的是××讲坛，一年来过几次学术专家？请来的大都是某某老总，某某创业达人，最让楼主感到无力的是××老总来学校的盛况，那真是人山人海也不为过……不管你是否合适创业，学校在你的大学四年都在灌输各种各样的创业理论，都在宣传师兄师姐创业成功的案例。可我想问，一年创业的那么多，真正成功的有几何？……××的校训'明德至诚，博学远志'，有何创业的含义？一个学术性的大学，一个强调'创业型强校'的大学，本该注重学术水平的提升，本该注重教学水平的建设，注重对学生学习能力和综合素质的培养，培养学生的目的就是发展学生，现在倒好，××（大学）的目的就是培养你创业"。在后面的跟帖

① 详见付八军《大学与人生——献给那些在大学中追梦的人》，湘潭大学出版社2013年版，第184—186页。

② 单挑中的小傻叉：《为什么我一直在说福大大氛围浮躁》，2013年7月16日，http：//tieba.baidu.com/p/2461866540（2015年8月15日）。

里，学生们讨论很热烈，各种各样的观点都有。应该说，该学生虽然没有很好地理解创业型大学两位鼻祖的理论，也没有很好地理解学校推动创业型大学建设、狠抓大学生创业教育的初衷，但是，他能够引经据典、关注学校，结合自己的所见所闻，谈谈自己真实的感受与见解，实属不易。对此，我们倒不是要去纠缠于这位学生某些偏激的观点，而是应该思考反大学创业文化对培养创造性人才、推动科研成果转化的影响。

第三节　大学教师转型难的主观因素

一所传统型高校已经迈进了创业型大学行列，可是其教师整体上仍处在传统型，并没有转向创业型。而且，从调研来看，普遍反映教师的转型非常艰难。这种艰难，既有前面具体分析的客观因素，这是教师个体短期内很难扭转的，也有这里将具体分析的主观因素，更多是属于教师个体自身的问题。在某些情况下，两者往往是合而为一的，很难分清楚到底是客观导致了主观，还是主观意志下的客观。例如，本章上一节没有对学科性质这个客观因素进行具体分析，不同学科的教师在向学术创业转型过程中也确实存在难易程度的区别，但是，任何学科都可以走上学术创业的道路，只是途径与效益有所区别。诸如被认为难以转化为现实生产力的基础研究，只要将研究再往前推进一步，同样有机会通向相应的产业领域，具有广阔的市场前景。只不过，需要我们有更多的耐心与决心。正如李克强总理所说的，“一个国家基础科学研究的深度和广度，决定着这个国家原始创新的动力和活力。国家需要一批甘于寂寞、枯坐冷板凳、投身高精尖的大科学家，科学家受尊重，创新才蔚然成风。”可见，学科性质导致教师转型困难，既属于客观因素，也带有主观认识的成分。但是，教师转型困难，确实存在外部因素与内部因素，而且将两者区别分析，有利于我们寻找加快教师转型、推进创业型大学建设的路径。在此，针对从调研中得出的代表性观点，我们再具体分析一下教师转型困难的主观因素。

一　保守的思想观念难以扭转

前文所说的反大学创业文化，其实也是一种保守的思想观念。只不过，相对于教师个体来说，那属于外在的文化环境，可以将之列为影响教师转型的客观因素。在此，我们则是探讨影响教师转型的自身因素。也就是说，许多传统型教师之所以难以转型成为创业型教师，不是他们不能够转型，而是他们不想转型。在他们看来，大学教师就是创造知识、整理知识并且传承知识，并不需要应用知识，更不应该将知识产业化。这种关于大学教师的职业价值认同，实质上属于一种非常保守的传统知识观、大学观与学术观。从前面的问卷调研来看，持这种价值认同的大学教师，并不是非常普遍。例如，在问题 22“作为一名大学教师，在没有学校政策引导的前提下，您会积极转化自己的成果吗”的回答上，高达 93.75% 的教师选择“只要有机会，便会寻找转化途径”，只有 6.25% 的教师选择“不会，教师的职责在于创造知识，应用知识是别人的事情”。但是，不少研究者却认为持这种价值认同的大学教师相当普遍。例如，有文在分析科技成果转化率低时指出，“科技成果转化率低的原因有多种，激励机制不完善、服务体系不健全、经费投入不足，特别是科技人员对发现及创新概念的顽固、僵化的理解是关键因素”①。在这里，将科技人员守旧的思想观念列为第一关键因素，正说明了该种职业价值认同在多大程度上影响了教师的转型。那么，这种保守的观念在大学教师中是否普遍呢？笔者认为，不管是否普遍，但这种类型的教师确实存在，而且作为一种先导性的思想观念，对教师的转型、成果的转化以及大学的发展带来一定的负面影响。因此，本书将这个问题作为教师转型困难的第一个主观因素，予以更全面的分析。

（一）坚持保守观念的教师类型

结合前面的问卷调查尤其访谈调查，本课题试对持这种价值认同的大学教师进行分析，看看到底什么类型的教师，普遍持该种观点。在这种统计、评析与梳理的过程中，我们发现，思想观念的保守性与年龄、性别、学历、职称、籍贯、科研能力等因素相关性不强，显示度不高，但与教师的学科类型、性格取向、工作经历等有一定的相关性。

从学科类型来看，基础理学类与文史哲类偏多。在访谈中，那些工科类以及其他应用性学科的教师，普遍认为，大学教师若能有一定的社会实践，对教学育人是有帮助的，而且他们往往支持学术成果最好能够与社会生产结合起来。有一位与笔者交情甚好的工科博士教师，刚刚获得一项国家自然科学基金。应该说，这对于一位年轻且处于地方院校第一线的大学

① 张虹：《广东特色高层次科技成果转化平台构建初探》，《广东科技》2012 年第 11 期。

教师来说，是一件非常难得且荣耀的事情。不料他竟然向我随意抛出一句话："这些东西，都是浪费国家资源。"其言外之意，无不表明该博士学以致用的务实型科研观。然而，那些物理、数学等基础理学类以及文史哲类教师中，不少反对大学开展学术创业，认为大学不是企业，大学是启发良知、培育德行、训练思维的地方。这正如有文所指出的，"传统上，大学是大学，企业是企业。按企业的逻辑来办大学，或把大学作为企业来办一直是大学之所以为大学的最大的禁忌。这种禁忌就像在现代社会里不能将科学与宗教相联系，不能将国家与教会相联系一样"①。

从性格取向来看，个性鲜明、意志坚定者偏多。在访谈的对象中，各种性格的教师都有。有的大胆直说，快言快语，有的谨言慎行，拐弯抹角；有的声如洪钟，余音绕梁，有的温声细语，从容自如；有的眉飞色舞，绘声绘色，有的冷峻严肃，不动声色；……从这些声音表达的不同语速、音量、姿态以及交流内容中，都体现了教师的不同性格。笔者发现，那些说话不容置疑、以判断语句居多、个性鲜明的大学教师中，他们往往偏向某个极端，要么坚持大学教师就必须注重成果转化，要么坚持大学教师的本职只是知识的传承与创造，而不是知识的应用。在调研中，我们还发现有一些教师尚未形成确定性的观点，他们在大学教师是否要注重成果转化、传统型大学是否应该转向创业型大学上，没有属于他们自己非常果断、明确的态度。这些教师，最容易受反大学创业文化的影响，最后走向保守型教师的阵营。

从工作经历来看，单一职业及单位经历者偏多。在被访谈的对象中，有些是直接从学生到教师的，没有更换过工作岗位，一直从事一线教师的岗位工作，也没有更换过工作单位，一直在现有的高校从事教育活动。还有不少教师，从事过多种岗位的工作，或者更换过几个工作单位。笔者发现，坚持保守观念的教师，普遍属于那种从学校毕业然后直接到学校工作且一直在一所学校工作的大学教师，反而那些在多个学校工作尤其有过多种不同性质单位工作经历的教师，普遍支持教师应该走出象牙塔，走向市场，走向社会。

（二）保守观念形成的原因分析

知道了哪些类型的教师容易走向保守，再来分析保守观念形成的原

---

① 王建华：《我们需要什么样的大学》，《高等教育研究》2014 年第 2 期。

因，就显得轻松多了。不过，本书不完全一一对应教师类型来分析，而是在以上调研的基础上，从笔者的主观判断来梳理，到底是哪些因素导致部分教师坚持该种职业价值认同。

思维取向是导致教师观念保守与否的直接因素。在研究保守型教师的外在特征时，我们可以从性别、年龄、学历等方面进行分析，并发现学科性质、性格特征、工作经历等方面与教师的保守性有一定的相关性。但是，在研究教师保守观念形成的原因时，就不能再从这种表象特征来分析，而是要透过现象看本质，抓住最关键的要素。例如，学科性质确实与教师的保守性呈现正相关性，而且在各种相关因素中最具有显示度，但是，我们绝不能说学科性质导致了教师的保守性，或者说学科性质是影响教师保守性的第一因素。那是因为，同一学科中，有些教师力推学术成果转化，有些则反对学者走出象牙塔。应该说，教师的保守性主要是受他们的思维取向所影响，而且是最直接的最根本的影响源。具体而言，认同“学”“术”一体、强调学以致用的学者偏向大学学术创业；反之，坚守“学”“术”分家、力主学术本位的学者反对大学学术创业。同时，这种思维取向，不只是来源于学科性质，还包括学习经历、工作经历、家庭环境等许多因素。也就是说，一位大学教师的思维取向，其形成远远不只是因为他选择了这个学科，而是与他以前的所有实践经历与理论学习都有关。例如，文史哲领域的易中天先生，就具有那种知识贵在应用、强调学以致用的思维取向，假若他在物理学领域从事教学科研，那么，他很可能就像史蒂芬·霍金先生一样，写出《时空简史》，将高深的理论物理通俗化、大众化与市场化。

另外，我们可以通过调研发现教师的保守性与性格特征有关，但是不能由此断定某些性格特征导致教师的保守性。性格特征，只是一种外显状态，其本身并没有表明教师的思想深度与价值取向。同样的性格特征，或许源于不同的思维取向。例如，一个极力反对大学走上创业道路的教师，与一位极力推崇大学走上创业道路的教师，他们的性格特征相似，都属于那种富有激情、言语果敢、个性鲜明的教师，但他们却有着不同的思维取向。事实上，导致一位大学教师是否坚持传统的大学理念，是否固守其保守的观念，并不是因为其性格特征，而是其思维取向。这也表明，现象分析与原因分析，在某些情况下并不是一一对应的关系。正因如此，在分析保守观念形成的原因时，我们要从思维取向出发，而不能从性格特征出发。

学科性质、工作经历等是导致教师观念保守与否的间接因素。我们不能因为学科性质具有最大的显示度而将此列为教师保守性的第一因素，但确实在很大程度上影响到教师的思想观念。有些时候，笔者不知道到底是性格、思维影响了某个人的学科专业选择，还是某个人的学科专业选择造就他今天的性格、思维。无论回顾十年以前的同一宿舍但不同专业的大学本科同学，还是观察近来身边工作的不同学科专业的老师，学科专业与性格、思维，确实具有普遍意义上的相关性。例如，在本科生学习期间，身边历史学专业的同学总体上要比我们这些旅游管理系专业的学生保守；在一所大学中的同一个二级学院中，师范专业出身的老师往往要比我们这些没有读过师范专业的老师保守一些，在某些技能素质上总体上要强一些。除了学科性质之外，工作经历、学习经历、家庭环境等都会影响到教师的保守性。例如，笔者一位朋友，在去美国之前，坚决反对高等教育产业化、市场化，在美国获得博士学位回国后，他现在则认同大学应该企业化经营，大学教师应该面向市场。当有些教师认为大学不应该强调直接服务社会、推动成果转化时，他常常把一句话挂在嘴上："大学不就相当于一个企业了嘛!"

当然，我们必须知道，学科性质、工作经历、学习经历等都是形成一个人思维取向的外部条件，可谓孕育思想智慧与价值取向的温床。也正因此，本课题才将思维取向作为影响教师保守性的直接因素，而将学科性质等条件性要素作为影响教师保守性的间接因素。

（三）保守观念带来的文化影响

本书在此所探讨的保守观念，主要是指坚持传统的大学观、教育观尤其是传统的科研观。这种科研观，是一种重学轻术、重理论轻实践、重研究轻应用、重思辨轻实证的大学学术观，崇尚真理至上，反对学以致用。这种保守的观念对于一位创业型大学中的教师来说，负面影响是多方面的。可以说，不仅影响到自己在创业型大学中的成长与发展，而且也影响到自己在教学育人、科学研究与社会服务等相关业务工作上的进展。最可怕的是，一位大学教师的保守观念，如果影响到周围一群教师，则极有可能造成小范围的反大学创业亚文化，从而像前文分析指出的，继而影响创业型大学的领导出台相应政策、更多教师走向保守以及挫败学生的创业热情。可见，在一所创业型大学中，这种保守观念是非常可怕的。作为一位创业型大学的保守型教师，你可以说你只是完成学术链条中的一段路程，个人不去开展学术创业，但是不能说大学学术不能打通理论与实践的通道，不应该实现成果转化。

保守而又激进的教师在创业型大学之所以难以获得事业上的发展，答案是显而易见的。因为在中国的高校，行政权力与学术权力并不是并列平行的，更不是学术权力支配行政权力，而是行政权力掌舵下的学术权力。一位极有个性的保守型教师，不仅在行政上难有发展空间，而且在课题申报、评优评奖、岗位评聘等都处在极为不利的状态。其实，在当前国内的创业型大学，如果一位教师确实从教育理念上反对学术创业，那么他可以对此选择沉默，可以不关心学校的各种创业政策，只需专心做好自己的教学与研究，但不能公然抨击创业型大学。因为毕竟许多大学教师应该转型，他们也乐意转型，而且推动成果转化必将成为大学发展的又一个中心工作。不过，由此也说明，我们这种访谈式调研，也存在许多问题，如果有不少保守而又激进的教师，正如笔者刚刚所言，变得八面玲珑，那么，我们的调研结果就不能反映实际问题了。

任何一所大学，尤其那些率先创新、大胆改革的大学，更应该形成精神同盟，全校师生员工在学校的办学理念、战略目标上达成一致，才可能让这艘迎风破浪之舟顺利前行。对于在中国高举创业型大学大旗的高校来说，更是如此。因此，全校教师，不管是第一方阵中的创业型学科，还是最后一个方阵中的传统型学科，都应该理解学术创业的重要性与必要性，将个人目标与学校目标统一起来。大学教师建构正确的教育观念是其进行科学有效教育实践活动的前提条件，① 在创业型大学的各种学科教师，就是要形成理论与实践相统一、学以致用等教育理念，以这种理念来做好人才培养、科学研究与社会服务工作。例如，在长期的创业教育过程中，特温特大学确立了一个基本的理念："只有当教师从事了真正的创业活动，才可以从事创业教学。"② 我们推进创业型大学建设，并不会要求所有的教师都去创业，创业型大学培养的创造性人才也并不等于创业人才，但是，创业型大学的教师就必须理解研究成果转化的意义、明确自己在学术

---

① 李海芳：《论大学教师教育观念的建构途径》，《山西高等学校社会科学学报》2013 年第 12 期。

② 戴维奇：《创业型大学是如何组织创业教育的？——以荷兰特温特大学为例》，《比较教育研究》2014 年第 2 期。

服务社会中的价值，从而在履行自己三大职责的过程中不那么偏激，不那么我行我素。

如果一位创业型大学教师的保守观念影响了周围一群人，甚至再而扩展到更大的群体，那么，这种后果是非常危险的。除了上文分析反大学创业文化带来的几种负面影响外，甚至有可能引起学校办学定位的更改，或者导致学校出现极不稳定与和谐的局面。这也许正是国内创业型大学至今普遍没有将传统的教师评价体系更换掉，并以注重学术成果转化的新型教师评价体系取而代之的原因所在，以免激起反大学创业文化的集聚与爆发。不过，这也表明，一所致力于创业型大学建设的高校，必须对这种现象予以高度重视，积极疏导，加强引导，同时，在聘任各个学科的教师时，要特别关注其职业价值认同，远离那些极为激进的保守型教师。

二 低劣的研究成果难以转化

创业型大学的教师转型困难，极少量缘于顽固的保守思想，只不过这种保守观念后果极为严重，更多的应该是缘于学术创新能力不够，生产不出适应社会与市场需要的研究成果，从而难以转化。在前面的调研中，针对问题 18 “如果学校要求您在推动成果转化上做出成绩，您觉得您最大困惑是什么”，33.17% 的教师选择“缺乏应用性的成果，找不到市场需求”，在所有选项中排名第一，甚至略高于“缺乏真正鼓励教师创业的政策，导致教学科研任务太重”。这就表明，当前传统型教师难以转型为创业型教师，最大的障碍在于教师生产不出创新性且能与市场对接的成果。那么，创业型大学的教师为何走不出象牙塔，生产不出适应社会需要的学术产品呢？应该说，这个原因非常复杂，但至少与以下三点密不可分。

（一）师资的来源渠道过于单一

我国创业型大学的师资来源，与其他传统型高校一样，基本上是从毕业的研究生中选聘，或者从其他高校、研究机构中选调。这些师资的共同特点是，学术成果突出，科研能力较强，这也是创业型大学选择师资的核心指标。至于前文分析指出的，是否具有创业理念、有无工作经历等，这些都不重要。如果一所高校的师资来源大体如此，那么要让这所高校真正走上创业型大学，其任务的艰巨性与长期性可想而知。

一方面，在一个平台上已经积累了学术优势，教师不愿意轻易走下来。那些从学术世界里走进创业型大学的教师，他们在自己的学科领域里多少取得了一些成绩，拥有了自己的学术圈子，甚至形成了自己在短期内很难扭转的思维定式，必然会津津乐道于自己既定的科学研究，不会因为学校鼓励学术创业而更改自己的平台、变换自己的方向。何况，考评他们工作业绩的仍然是传统的教师评价标准，他们能够沿着原有的通道，继续向上爬。总之，他们来自学术世界，在这个世界里有着他们千丝万缕的联系，也有着他们纵横驰骋的舞台，还有着他们割舍不弃的思维定式，他们自然不愿意走出这个世界。连创业的意识都不具备，哪谈得上创业能力？

中科院博士毕业生 E，来到某创业型大学工作之后，无论学校多么鼓励学术创业，无论身边的同事如何创办实体，他都视若无睹，无动于衷，只专注于自己的研究领域。两年后，他成功晋升副教授，入选省级人才工程，比同时入校的教师在学术上要胜出许多。有一次，笔者与他交流，问道："你们这个专业这么好创业，你为何不响应学校号召，关注研究成果的转化呢？甚至考虑去创办一个科技公司？"他说，"我从小学到大学，再到博士毕业，一直在学校工作，习惯校园生活了，不愿意走出校园。在学术圈子里生活久了，不愿意去与各种人尤其商道上的那些人打交道。我最大的快乐，就是听到别人尤其我的朋友向我道贺，在哪里发表了一篇论文，又获得了什么样的国家课题。至于赚钱，我觉得远远没有发表 paper 有趣，至少目前我是这样的……"

另一方面，望着模糊不清的另一个平台，又没有非去不可的命令与制度，教师也不愿意走过去。那些拥有自己的学术世界，又能从中找到归宿的教师，一般不会轻易走下现有的平台，去一个不可捉摸的另类世界。在他们看来，要推动成果转化，瞄准成果应用，必定要在另一个世界重构人际关系，重塑知识体系，消耗更多的时间与精力。更让他们担忧的是，那个瞬息万变的现实世界，具有太多的不确定性，假若在那里跌倒了，那么在学术世界也耽误了。于是，在可以自由选择的大多情况下，他们仍然留在原来的世界里，不会走向危机四伏的现实世界。分析到此，又让笔者想到一位同事兼好友讲述的一个故事。

同事 G：20 世纪 80 年代末，我们这些学习成绩好的，大都在浙江 LA1 中学就读，而那些成绩较差的，则在 LA2 中学就读。现如今，LA1 中学毕业的同学，大多考上了大学，后来找到了体制内的工作岗位，基本上在学校、医院、公司、政府机关上班，但 LA2 中学毕业的同学，基本上没有考上大学，现如今却都是老板，个个都比我们神气。这个事例反衬当前创业型大学的教师，不到迫不得已，他们不会跳下波涛澎湃的商海。连创业的勇气都没有，哪谈得上创业能力？

（二）创业的文化氛围尚未造就

创业型大学教师转型困难，主要缘于教师的创新创业能力偏弱，研究的学术成果难以转化。但是，我们不能简单地归为大学教师创业能力不强。如果将创业能力不强定为最终答案，作为根本原因，那么，我们就无法分析造成这种创业能力不强的原因所在了。事实上，大学教师并非不具有创业潜质，只不过由于选择的道路不一样，所处的文化环境不一样，才会导致各自思维取向、能力结构与发展现状的不同。在笔者看来，那些在千军万马中挤高考独木桥的胜出者，正是各种智力因素与非智力因素综合胜出的结果，他们有着更出色的创业潜质。当前，大量的高校毕业生涌入创业市场，必将掀起中国创业的春天，远远胜过 20 世纪 90 年代前后那场凭勇气创业的大潮，会极大地改造中国的创业市场，可以预测，未来的市场竞争会更加激烈、市场前景会更加美好。那么，当前创业型大学的教师为何推不出适应市场需要的研究成果，在表面上体现出较弱的创新创业能力呢？这就要从教师的来源分析，即上文所说的教师长期生活与学习于一个与世隔绝的学术世界，他们不想走出来，还要从教师现有工作环境来分析，那种不利于创新创业的学术生态环境，也让他们不容易走出来。

虽然身处创业型大学，但是，教师面临的创业文化氛围仍然不理想。对此，在前文的许多地方，都有论及。只不过，所选择角度不一样罢了。例如，传统的教师评价机制仍是指引教师开展各项工作的指挥棒，自然难以形成一个活跃的学术创业氛围，使得教师仍然按照以前的方式来学习与工作。又如，创业型大学教师要应对繁重的教学育人与科学研究任务，生产出来的科研成果又得不到学校的有效支持，缺乏良好的学术成果转化平台，这种学术创业环境只会挫败教师关注成果应用的积极性。再如，教学自主权虽然已经下放给了高校，但教师在课堂教学上是很难进行创新的，只得以理论灌输为主，而且每周固定的教学安排，在很大程度上限制了教师的自由行动。当教师没有兴趣也没有更多机会关注现实世界之际，自然就无法寻找到对接现实的研究课题，推不出能够实现转化的科研成果。

教师 I 原是某创业型大学一位专任教师，前几年他辞职下海了，创办一家以生产服装某配件为主业的公司，不过，他的妻子仍然留在学校工作。有一天，笔者与他妻子交流，问为何要离岗创业。他妻子回复道，

"虽然学校鼓励在岗创业，但总体上创业氛围并不好。你创业做好了，人家眼红你；你创业失败了，人家嘲讽你。而且，这么多教学科研任务，也很难保证创业工作投入的时间与精力。因此，我建议他，若在大学，就安心地做好自己的教学科研工作；想去创业，就辞职，不要在乎这一点工资，把全部心思投入到创业中去。"

（三）正确的创业观念远远滞后

教师来源渠道单一，反映了创业型大学教师的出身背景；创业的文化氛围尚未造就，反映了创业型大学教师的工作环境。两者都属于教师的外部因素，都不利于创业型大学教师打通学术世界与现实世界的桥梁，从而推不出适应市场需求的科研成果。除这两个因素之外，创业型大学教师创新创业能力不足，还与他们自身的创业观念不无关系。这种观念，不是前面所说的反大学创业文化，而是在重创业文化之下的急功近利。

《论语·子路》中提到，"无欲速，无见小利。欲速则不达，见小利则大事不成。"这告诉我们，过于追求速度，忽视效果，反而达不到目的。孔夫子的训导在今天的创业型大学中，仍然发挥着重要的作用。有些年轻的教师，自己还没有在学术上有重要的创见，甚至没有在现实世界中进行过很好的调查研究，就开始筹划创办公司。要知道，创业型大学鼓励的创业，是学术创业，尤其是教师利用自己的学术所长进行创业，而不是脱离自己的专业，荒芜自己的教学阵地，重新开辟一块创业天地。只有结合自己的学科领域开展创业，才能不至于影响自己作为一名学科教师所应该履行的职责，才能体现自己作为一名学科教师所肩负的历史使命；只有把自己的研究触觉深入社会实践，潜心研究，杜绝浮躁，最终做出创新性的且能够对接现实需要的研究成果，才能配得上学术创业的桂冠。

《论语·里仁》中提到，"君子喻于义，小人喻于利。"其意思是君子看重的是道义，小人看重的是利益，体现了儒家"重义轻利"的经济价值观。时至今日，人们一直将"义""利"对立起来，笔者尚未见到过将两者统一起来的深刻论述。例如，有文指出：长期以来我国知识分子的崇高理想是为社会、国家的"义"而献身的，"君子喻于义，小人喻于利"的古训始终是知识分子行动的准则……自 20 世纪 80 年代中后期以来，义、利之争一直在左右着大学城里的教师思维方式、行为选择，不同专业、学科经济效益的差距所引发的心理不平衡，刺激着不少教师直接务利而虚义。[①] 在推进创业型大学建设的今天，如果我们仍然将“义”“利”对立起来，那么创业型大学的建设永远都没有让人稍微满意的“句号”。对此，本书从以下两个方面来分析。

一方面，创业型大学的学术创业，首先就是要重“利”。古往今来，利益原则是一项促进个人成长和事业发展的最根本、最持久和最具有普遍性的原则。[②] 创业型大学，就应该以“利”激励教师关注现实世界，推动成果转化。在条件允许的情况下，创业型大学可以将百分之百的利润都划归创业者个人。创业型大学获取的，就是创业者以学校的共同名义对社会、对国家、对世界、对他人的贡献。只有以这种大胸怀大眼界来理解大学中的学术创业，才能让大学教师以更加长远的规划来开展自己的研究与创业。我们可以宣传大学教师的学术创业，应该重“义”，力争从个人贡献出发，从社会需要出发，推进成果转化，服务社会发展，但是，我们无权批判他们重“利”。

另一方面，在重“利”的基础上，要让大家知道，没有“义”也就没有“利”了。我们强调某一个方面，并没有否定或者放弃另一个方面。这样支持与鼓励大学教师的创业，是建立在教师从自己学科领域出发、从社会使命出发而进行的学术创业。同时，让那些学术创业者率先富裕起来，亦建立在有法制的市场经济平台之上。“君子爱财，取之有道”，这应该成为所有创业型大学教师开展学术创业的基本准则。在创业逐“利”过程中，他们不能放弃教师教学育人所应尽的“义”，不能放弃以劳动与成果获取社会回报所应遵循的“义”，不能放弃作为一名大学科技工作者或者人文学者所应履行的“义”。未来的社会难以估料，但笔者预测，理想的明天，一个人最快乐的事情，或者说一个人最大的追求，不再是从社会上攫取更多的物质财富，而是为社会做出更多的个人贡献。

三　繁重的各种压力难以抽身

创业型大学教师之所以转型困难，如果要用一个问题来分析其主观上的原因，即教师个体方面的原因，那么便是低劣的成果难以转化；若用两

---

① 舒志定：《大学教师学术观念的哲学思考》，《大连理工大学学报》（社会科学版）2001年第2期。

② 付八军：《大学教师的培养与成长》，中国社会科学出版社2010年版，第100页。

个问题分析，则增加“保守的思想难以扭转”；若用三个问题分析，则再增加“繁重的压力难以抽身”。只有置身于创业型大学的教师，才能真切地感受到，当学校号召大家开展学术创业、推动成果转化之际，那种热血沸腾的创业激情在面对各种接踵而至的生活与工作任务，就像一个又大又美丽的肥皂泡掉在地上晒着太阳顷刻飘忽不见。虽然大学教师延长学术链条，推动成果转化，开展学术创业，算不上跨界发展。但是，从某个层面来说，这也是同样在几个领域奋斗，可以称之为广义范围的跨界发展。在笔者看来，跨界发展的难处，不难在一个人的能力，而在于一个人的精力。知识是相通的，能力是可以迁移的，在一个领域能够崭露头角，在以相同核心素质竞争的不少领域，同样可以开创一片天地。只不过，这个过程需要跨界发展者投入更多的时间与精力来适应、熟悉并超越。可是，对于创业型大学的普通教师来说，他们身上压着许多沉甸甸的担子，现实的生活根本不允许他们有更多的时间与精力来适应、熟悉，更不敢奢求超越了。具体而言，这种压力体现在以下几个方面。

（一）作为教师的基本工作压力

一位大学专任教师的基本工作，主要包括教学育人与科学研究两大部分。教学育人工作，一般称之为教学工作，是最能体现教师职业特性的工作。在教学育人中，又可以包括课堂教学、论文指导、学生辅导甚至班主任工作等。其实，我们可以将之分成两个方面：课堂教学与课外辅导，亦即将课堂教学之外的各种直接的教学育人工作统称为课外辅导。在许多人看来，教学工作在量上是含糊的，在质上是不清的。其实，当前许多高校都将教学工作纳入量化管理。例如，一位大学教师，根据不同的职称，每年要完成多少教学基本量是确定的。没有达到要求，则会扣除津贴；超过规定课时，则会增加津贴。这些教学基本量的计算，普遍是将课外辅导折算成课时，例如指导一篇本科毕业论文折抵几个课时等，再加实际上的课堂教学时数，最后数出教师一年的教学工作总量。不同的高校，在细节上会有差距。例如，有的高校不仅规定了一年最低的教学工作总量，而且规定了课堂教学时数最低要达到多少节；有的高校不仅规定了科研业绩可以折抵课时工作量，而且规定了折抵的最高课时量。在教学质量的考评上，针对课堂教学，主要依据教学评价排名，在某些高校，学生评教排得靠后的教师，当年难以正常晋升职称，连续几年排名靠后的教师，有可能由教师岗位转为管理岗位；针对课外辅导，则根据毕业论文指导的优秀率、班级管理中的评优情况等综合评价。总之，越是教学型院校，越是地方院校，在教学上就会显得越严格。有的院校，针对教学业绩，可以将整个学校或者某个二级学院的所有教师，从第一名排到最后一名。在这样的情况下，一位专任教师的教学工作压力，就可想而知了。

其实，无论是教学型院校，还是研究型大学，教师的最大工作压力不是来自教学工作，而是研究工作。在研究上，这种量化指标更加明确，更加具有强制性。对此，大学教师自己也更加了解。例如，一位大学教师，根据不同职称，每年必须完成多少个科研业绩分。这些业绩分值，如何计算的呢？每个高校都有自己的测算办法与评价标准。但是，基本上都做到了分级管理、单独计分，最后综合统分。在某高校，将学术期刊分成了七个等级，不同级别的期刊论文获得不同的业绩分值。一般而言，教师的教学分值不能折抵科研分值。每年年终，大学教师就被要求统计科研分值，不能达标者则要扣减津贴，超过最低业绩要求且属于学校另行奖励的科研成果则给予奖励。在某些“985 工程”高校，甚至规定大学教师在聘期内必须晋升到高一级职称，否则在下一个年度评职称时，就会在原来标准上再增加科研指标。在地方院校，引进的教师学历越来越高，科研成果越来越多，竞争压力越来越大。在一个关系导向的大环境里，一位基层的一线教师要凭借自己的学术成果去“叩问”那些众“师”瞩目的期刊、奖项、课题等，既要数量，还要质量，更要效率，其难度可以想象。这些教师投身于此，还有多少精力与时间做其他呢？在面临教学与科研双重压力的条件下，教师哪敢奢谈推动成果转化，在市场大潮中再来搏击一把？

（二）作为家庭支柱的生活压力

当前，关于教师压力研究的著述非常多。但是，在这些著述中，较少论及教师的生活压力。我们关注高校中的贫困生，却忽略了高校中那些处在生活重压之下的教师群体。其实，在调查教师时，我们不仅要把耳朵对着面前的教师，还要把眼睛投向教师的背后。同样的大学教师，或许面临着同样的工作任务，但是，他们背后却有着不同的家庭，不同的处境，自然有着不同的压力。在许多教师那里，家庭压力远远大于工作压力。这种双重压力，让他们根本没有追求理想的勇气与机会；要应对这双重压力，也让他们根本不敢轻易转换既定工作轨道，开创另一条学术创业之路。而且，这样的教师，在高校中所占的比例并不低。那么，教师的生活压力到底指什么呢？为何当前高校中生活压力巨大的教师比例不低呢？这种压力对教师工作有何影响呢？

有文根据压力交互作用理论，结合工作压力源和压力反应状况的实证调查结果，将大学教师工作压力划分四种类型：低压力感低压力反应型、高压力感低压力反应型、高压力感高压力反应型、低压力感高压力反应型。[①] 其实，针对生活压力，同样可以分成这样的四种类型。只不过，本书主要针对低压力感高压力反应型，尤其是高压力感高压力反应型。这就是说，我们探讨的生活压力，更多的只是关注了教师的自我感受与反应。例如，对待同样一个生活问题，不同的教师或许会有不同的压力反应，我们要关注的正是其反应对工作的负面影响。如果这些生活问题对教师的工作没有太大影响，我们一般也不宜将之当成压力。那么，教师的生活压力，具体有哪些呢？在调研中，我们发现，主要有经济压力、家庭矛盾压力、抚养压力、赡养压力、身体疾病压力、亲朋好友压力等，在某些教师身上常常背负着几重压力。有人说，这些压力最终上升到经济压力。应该说，经济压力是教师生活压力中最外显、最广泛的一种压力，但绝对不是一切生活压力的最终集聚点，也不能当成各种压力中的核心压力，例如，一位要照顾家庭成员中身体多病者的教师，以及要不断接济或者帮助家族成员的教师，其生活压力或许不是物质上，而是精神尤其是时间上的。

不同行业不同职业，其工作人员的出身情况如何，有没有规律性的问题，对此，本人至今尚未看到这个方面的研究。但是，本人有一个初步的估测，那就是自 21 世纪以来，国内大学教师往往比银行职员、公务员、娱乐圈等工作人员的出身，从整体的比例上来说更低微一些。从观察身边熟悉的人员来看，似乎是这么回事。从理性的分析来说，似乎也有道理。例如，高校教师的入职门槛比较高，那些寒门子弟相对而言更加勤奋努力，依靠自己在学习上的优势一步一步胜出，最后主动或者被动地在那些高学历者最普遍的就业单位——大学——安营扎寨；那些家庭条件较好，非富即贵者，在本科毕业之后，相对较容易在入职门槛中等待职业光环效应明显的岗位上竞争胜出。当然，这种状况也许某一天会改变。因为博士学位越来越成为各级大学最基本的一个入职门槛，攻读博士学位越来越不是一件具有投资效益的事情，而是一件奢侈的事情。

只要构成了生活压力，就必定对教师的工作带来负面影响。只不过，

① 详见曾晓娟《大学教师工作压力研究》，博士学位论文，大连理工大学，2010 年。

有些压力过大，大到让他们没有任何理想。在这种情况下，他们不再是为了学术而生活，而是为了生活而学术。更重要的是，在生活压力不断挤压的情况下，他们为了生活而学术的空间越来越小，被挤压在一个小小的角落，只够自己一家人安静地活着。这就像一只折翅的雄鹰，再也无法在高空中飞翔。写到此，一位大学教师的身影映入我的眼帘。为了安排妻子工作，某著名高校毕业的35岁工科博士J来到一所地方院校工作。从表面看，他安定下来了，可以全力以赴地做自己的工作了。可是，深入他的生活，才发现他在家庭生活上的投入，必须要远远高于自己对工作的投入。他出身贫穷，作为家族中最有出息的男子，必须赡养近来卧病在床的母亲，若将母亲送到养老院之类的机构，请专人照顾，反而被视为不孝，遭到乡亲们的指责；年幼的女儿还在读书，不只学业辅导，仅早晚接送就得占用不少时间；农村重男轻女的顽固愚昧思想仍然牵引着他，作为独子的他，还被希望再生育一个儿子；妻子那个待遇低却又要早出晚归的工作，使得大量的家务事还得他亲自操办……他私下告诉我："原来在中学当教师时，一个人自由自在，家庭责任尚未显现出来，感觉这个世界都是我的；当成家之后，尤其近来生活的压力让我觉得，我的使命就是赡养与喂养，工作只是手段了。"在创业型大学，这样的教师能够做好最基本的"象牙塔"内工作，就相当不错了，哪里还能走出象牙塔，去将理论之花播撒在实践大地上。

（三）作为学术成员的精神压力

印度文豪、诺贝尔文学奖获得者泰戈尔有一句名言：鸟儿的翅膀如果系上了黄金，就再也无法飞翔。在笔者看来，这句话最好形容人只有淡泊名利，两袖清风，才能浩然正气，勇往直前。如果要用来反对大学的学术创业，强调学术价值与经济价值水火不容的话，那么，我们就把这句话用偏了。试想，我们将"黄金"换成"石头"，不同样无法飞翔？这样不就扯到其他问题去了？这样优美动听的诗句，这样让人遐思的哲言，我不想破坏它，更不敢主观臆断地使用它。为此，笔者不妨依此创造一句：一只驮着沉重石块的骏马，无论多么膘肥体壮，都难再纵横驰骋。在创业型大学，那些在既定的工作压力之下感受到巨大生活压力的教师，就如"驮着沉重石块的骏马"，纵使再有创新精神与创造潜能，他们都难在学校学术创业的指引下，快速奔向那绚丽多姿的前方。如果这些教师还套上了一层精神压力，那么，在本能够"躲进小楼成一统"的精神世界中，他们在比较中不断受虐，幸福感便会荡然无存。岂敢奢谈如何创业，连听起来都觉得心神不宁。

那么，本文所指的精神压力到底是什么呢？人是社会化的动物，在基于物质生活满足的前提下，人的精神压力往往来自比较。这里作为学术成员的精神压力，主要是指教师在将自己与昔日同窗或者今日同事比较时所体现出来的落差感。这种落差感，体现在许多方面，既有物质财富上的，也有政治地位上的，还有学术成就上的。确实，作为普遍博士毕业的大学教师，当自己的财富或者社会影响还比不上在本科时期各个方面都不如自己的同宿舍好友时，心理上的精神压力会情不自禁地袭击过来。但是，本书在此主要是指学术成就比较上的压力。作为创业型大学的教师，当看到曾经的研究生同学或者身边的同事在学术上获得重要业绩的时候，他们会产生很大的精神压力。尤其长期在学术圈子里学习与工作过的老师，这个圈子才是他们的精神家园，只有在这个圈子里的绽放与烂漫，才是真正的精神享受。有这种学术情节的大学教师，要让他们放弃或者疏离自己的学术研究，转而将主要精力投放在另一个暂时仍算新开拓的领域，就像告别自己的故乡远赴他乡一样难分难舍。如果一位大学教师同时拥有了生活压力与该种精神压力，那么，无论他所在的创业型大学多么努力宣传与支持教师创业，无论他身边的某些教师在学术创业上制造了多么傲人的业绩，他都难以转型了。

第五章

教师转型路径：创业型大学建设的有效举措

实现了教师的转型，也就实现了大学的转型。两者的转型，完全一一对应。从这一点来看，探讨大学教师的转型路径，亦正是探讨创业型大学建设的有效举措。不过，从传统型教师到创业型教师的转型，需要的环节与措施则是全方位的。如果将这些环节与措施全部罗列出来，则相当于将我们带入一个迷宫，达不到研究的效果。可以说，最高明的研究不是将他们全部呈现，而是去繁就简，分类汇总，从中寻找到最根本也最全面的几条路径。这些路径，就是"牛鼻子"，牵一发而动全身。那么，推动教师转型的"牛鼻子"，到底是什么呢？前面从理论与调研两个层面全面深入分析了创业型大学教师转型困难的原因及表现，为本章寻找创业型大学教师转型的"牛鼻子"提供了基础，指明了方向。可以说，如果只抓一个"牛鼻子"，那么便是评价机制；如果想抓两个"牛鼻子"，那么再增加平台建设；如果想用三个"牛鼻子"，那么又增加观念转变。从体例来看，本书喜欢"三"。因为这个数字体现了精与稳："二"显少，"四"显繁；"三"构成的结构图最稳定，不会变形。因此，本章从三个方面，分析创业大学教师转型的路径，亦即创业型大学建设的有效举措。

第一节　创业观念的确立是教师转型的先导

思想观念问题，从来不是孤立存在的，必定依存于一定的现实基础。从推动教师转型来看，若能实现相应的评价机制与运行相应的转化平台，那么，大学教师学术创业的观念就会逐渐得以确立。因此，从推进工作的效果来看，观念问题从来不是第一位的。但是，从推进工作的顺序来看，观念问题却是改革的先导。而且，在这里探讨教师转型路径，就创业观念的确定这条路径来说，还有某些无法通过评价机制与平台建设来解决的问题。因此，本章仍然将观念转变列为第一个“牛鼻子”。那么，如何让一所创业型大学的教师，树立成果转化、学术创业的思想观念呢？应该说，除了下文将要重点分析的评价机制、平台建设等外，还有不被创业型大学普遍关注的以下几点值得我们特别重视。

一　教师选聘是培育教师创业观念的第一环节

创业型大学的教师选聘现状，在前面已有论述。简言之，与传统型高校没有任何区别。甚至可以说，创业型大学在招聘教师时，连选择具有创业价值认同教师的意识都没有。这就不难理解，创业型大学如此热火朝天地宣讲学术创业理念乃至出台如此让人鼓舞的成果转化政策，不但不能激起大部分教师的创业热情，反而会受到少数教师的冷嘲热讽。如果一所高校真正要迈上创业型大学，并立志坚持下去，成为一所成功的创业型大学，那么，该校必须全方位谋划，落在实处，从教师选聘的第一个环节就要予以重视，而远远不只是高喊口号。

（一）教师选聘的重要意义

关于教师选聘的重要性，在拙著《大学教师的培养与成长》一书，有详尽的论述。在该书中，笔者强调指出：办大学，其实就是抓师资，要培育一支高水平的师资队伍，主要抓好三个环节：人才招聘、职称评聘与教师福利。[①] 在此，本书不再赘述，而是从以下几个方面来说明创业型大学选聘具有创业价值认同教师的重要性。

其一，一个人的价值取向在很早就已定型，以后改变的可能性不会太大。人文社会科学研究，与自然科学不一样，许多结论不是来自实验，不具有可验证性，仅仅来自研究者个人的判断，至多具有统计学意义上的规律。关于人的某些价值取向在而立之年前就初步确定的判断，正是一个人文学科范畴的研究话题，同样没有更多的科学依据，只是个人根据直接经验与间接经验综合思索的一个观点。高等教育服务可否成为商品、大学可否开展有偿服务等，正是这样的一些价值取向问题，在那些获得博士学位的教师入职之前就基本上确定了。在此，本书试举两个例子说明。需要特别指出的是，这个观点不是通过一些有限的例子推导出来的，而是在笔者

---

① 详见付八军《大学教师的培养与成长》，中国社会科学出版社 2010 年版，第 171—225 页。

坚守这个观点的前提下随便抓两个例子说明之。例如，在读研究生期间，本人就在理念上确立了“大学就相当于一个企业”，认为高等教育的知识与产品可以成为商品，只不过在同等录取的条件下不能实行双轨收费，近几年接触并研究创业型大学之后，本人很快认同创业型大学，并将之视为高等教育变革与发展的重要走向之一。这种认同，绝非自己是学校的一名中层干部，行政角色使然，而是来自本人心中深藏的价值取向。但是，与笔者一起读研究生的另一位同学 K，他在读书时就表现出传统保守的观点，坚持反对高等教育企业化、商品化，现如今成为一所大学的知名教授，同样还是类似的观点，并且逐步将大学局限于道理教化之场所。总之，无论“一个人的价值取向在很早就有定型，以后改变的可能性不会太大”这个观点是否科学，但至少是在千千万万个例子里确立起来的，成为笔者个人的一种思想观念，远非建立在零星的几个例证上。

其二，公办高校“只进不出”的师资通道，限制了创业型大学主动更换教师的自由。教育问题从来不是孤立的，与社会有着千丝万缕的联系。就拿公立高校的师资队伍建设来说，虽然目前校方与教师大都按照企业用工方式签订了聘用合同，规定了几年一聘，但基本难以作为学校辞退不胜任、不满意教师的依据，除非教师触犯了国家法律或者校纪校规。完全依照合同聘用教师，任期结束之后主动辞退不合格教师，这倒不是高校不可以这样做，而是高校不应该这样做。重要原因之一在于，社会化的保障体系并没有完全建立起来。这正如葛剑雄先生在《中国的教育问题还是教育的中国问题》一文中提到的，“钱学森之问”不是问大学，而是问社会。[①] 假如有一天，社会上所有人都按照在岗时的社会奉献与所缴纳的个税来从社会上统一领退休金，不再实行双轨甚至多轨的养老保险制度，那么，事业单位的企业属性就非常明显了，大学按照合同管理教师就有社会保障了。但是这样的一天，在中国还有很遥远的路程，这就注定了中国的创业型大学在选聘师资时，尽最大可能选择那些具有学术创业价值认同的教师，否则“只进不出”的师资通道难以优化创业型大学的师资队伍。对此，只有站在高校管理者的立场，才能深刻体会到。

其三，一所创业型大学中那些具有反大学创业文化倾向的教师，有时

---

① 葛剑雄：《中国的教育问题？教育的中国问题？》，2014 年 12 月 18 日，http：//news. xinhuanet. com/2014 - 01/06/c_ 125963538. htm（2015 年 8 月 21 日）。

会对创业型大学的舆论导向以及政策制定产生诸多负面影响。在一所创业型大学，越是那些在学术上有影响力的教授，如果他反对大学走上创业之路，那么，这种负面影响力是相当大的。尤其在讨论鼓励学术创业的政策出台之际，这样一位教授的不和谐声音，会让这种会议不决而散甚至不欢而散。如果一所大学有那么几位个性鲜明、特立独行的教授，很有可能会让一种反大学创业文化蔓延开来，这对于学校创业政策的推进尤其是其后接任的学校领导决策，带来极大的消极影响。因此，那些有志于创业型大学建设的学校领导，从一开始就必须为学校的远航选好教师，为后来的接任者储备人才，为学校团结一致、同舟共济的创业型大学文化奠定基础。

（二）教师选聘的来源分析

要从教师选聘这个第一环节上抓好师资队伍建设，我们就必须认真分析，创业型大学的师资来源到底有多少条途径，当前最可利用的是哪几条。从现实来看，当前创业型大学的师资来源，主要有三类：一是刚从学校毕业的研究生，主体是博士研究生。应该说，这是师资来源的主要通道，在创业型大学中同样占绝对优势。二是从其他教学研究机构调派过来，这类人才中，以教授的流动最为突出。三是从企业等非学术性组织选聘过来。这类人才，若作为专任教师引进，一般也属于专业技术类人员，往往被界定为双师型教师。例如，某创业型大学在某个年度总共选聘教师（含管理人员）69 人，其中第一类 52 人，第二类 11 人，第三类 6 人。而且在第三类人员中，有 5 人是作为第二类人员的家属调入，只有 1 人是从企业中引进的一位高级工程师。可见，高校毕业的研究生是创业型大学师资的主要来源。

不同类型的师资来源，各有其优劣。从刚毕业的研究生中选聘师资，普遍学术功底扎实，科学研究的基础较好，同时，年龄相对较轻，具有学术理想，正是出成果的最佳黄金年龄阶段。从一位大学教师的成长过程中来看，其成果创造的高峰期，大都处在博士毕业之初的那几年，不只是因为自己要晋升职称，需要拼搏奋斗，更是因为从学术训练场走向学术实战场，对于年轻的职业学术人来说，有精力也有激情展现自己的学术创造力。从其他教学研究机构尤其是高校中选聘教师，普遍较为熟悉高校教师职业，适应期大大缩短，而且往往属于学术骨干，经验丰富，能够在学校发挥引领作用。但是，这类教师的可塑性更差，如果年龄偏大，则基本难以依靠个人能力产生创造性成果，更多地依赖于相应的平台并在这些平台上发挥领导作用。从企业等非学术性组织选聘过来的教师，学术创业的理念较容易认同，也具有一定的社会实践能力，但普遍缺乏学术积累，在按传统的教师考评标准来评价时会显得平庸。

创业型大学在选聘教师时，当前尽可能坚持多元化的教师来源，这样可以取长补短，在一定的政策引导下相互借鉴。例如，那些刚从学校毕业的研究生，许多正是从学校到学校，在职场上可谓白纸一张，较容易在创业型大学这样的全新文化中扎根、开花并结果；从其他高校等引进的优秀学术骨干或者学科带头人，往往要比本校土生土长的教授们更有号召力，能够快速引领大家推动相应学科迈向学术创业的新方向；从企业等非学术组织中招聘的双师型人才，他们较为熟悉市场行情，能够更好地架起科研与实践、大学与社会的桥梁。但是，在这些教师中，有一点是共同的，那就是他们必须具有学术创业的价值认同。

（三）教师选聘的价值辨别

在教师选聘时，如何辨别教师具有学术创业价值认同，针对不同类型的师资来源，会有不同的辨别方式。同时，对于管理岗位人员的招聘，同样要关注他们的价值认同。不过，相对而言，管理人员比专任教师更容易接受学术创业的文化。在此，本书主要从招聘环节分别论述。

对于那些刚从学校直接毕业的研究生，若作为专任教师引进，要辨别其学术创业价值认同，有至少两个环节：第一，分析其公开发表的学术论著，看看其应用价值如何。我国不少高校在教师招聘时，往往不太关注其公开发表的论著写了什么，而是发表在什么级别的刊物。对于创业型大学来说，要选择到具有学术创业价值认可并且尽可能走上学术创业道路的教师，就必须分析其研究成果的内容与取向。第二，在面试环节直接提问，那些特别有个性的教师或许能够坚持自己的价值取向而拒绝迎合性的回答，其他的教师则往往具有一定的可塑性。应该说，这个环节比其理论研究成果更具可信度。因为他们在校期间，关注理论研究或者跟随导师一起做课题，在新的环境与条件下，研究方向能够根据自己的价值取向迅速调整。

对于那些主要从其他高校选聘过来的专任教师，其考察则有三个环节。除了前面分析其公开发表的研究成果与在面试环节直接提问两个环节外，还要特意考察其在原单位的表现及调离原因。当然，我们要充分考虑到创业型大学教师招聘中的两难。一方面，希望他们在学术领域非常优秀，进入学校之后，能够跟随或者带领团队推动学术成果的转化；另一方面，那些在学术上极其出色的研究者，往往个性鲜明，若无这种学术创业价值认同，则很难融入创业型大学这种文化氛围。无论如何，我们要知道，我国创业型大学建设正处在缓慢爬坡的艰难转型期，不像那些传统型高校可以招聘各种个性鲜明的教师以体现大学兼容并包的办学精神，必须统一思想、团结一致，保证在整个大学学术文化中显得微弱的创业火花不被舆论吹灭。在某些情况下，一所创业型大学更换主要领导，往往不是该主要领导想改弦易辙，更换创业型大学的战略定位，而是反大学创业文化的教师太多太激烈，逼得这些领导不得不放弃创业型大学的定位。

对于那些从企业等非学术性单位招聘过来的专业技术人员，从我们的调研情况来看，他们更倾向于学术创业。当然，目前创业型大学在人才招聘上，并没有比传统型高校更为特殊与优惠的政策，利用有限的教师编制招收有限的企业人才，目的正是提高双师型教师的比例，培养学生创新精神与实践能力，加快学术创业的步伐。对于这类人才创业价值的辨别，与前面从其他高校招聘教师的环节大体相同。只不过，我们分析的重点则是他在市场经济中的表现。不少从企业转入高校的专业技术人才，虽然在价值取向上支持学术创业，但他们却是因为厌倦了市场经济的躁动与多变而转入进来的，寄希望在高校寻找一片自由宁静的天空。对于这种情况，学校就要准确估计，他们原有的优势在来到学校之后是否仍然产生影响。

对于管理岗位的教师招聘，可以通过这么两个环节来辨别其学术创业价值认同：一是前面所说的在面试中直接提问。在提问中，对于那些普遍硕士毕业的应聘者，不能像招聘专任教师那样直接，最好让他们在不经意的表述中，透露自己对于学术创业价值的认同。因为管理岗位教师的招聘，供大于求，隐蔽自己的价值取向远远没有落实岗位重要。当然，获取这些人员真实的创业价值认同感，并不完全针对其价值取向本身，更重要的理由实际上还在于了解这些应聘者对于工作本身的态度。这是因为，只有那些踏实可靠、不打无准备之战的应聘者，才会特意关注学校的基本情况与办学特色，这种品质在以后的行政管理工作中非常重要。二是当前不少高校的管理岗位人员招聘，一般要求采取公开招考的方式，而且报名者较多的还要求以笔试作为初试形式，从而在由创业型大学自己组织的笔试环节中，可以通过设置某些题目来间接测试应聘者的创业价值认同。例如，某创业型大学在招聘管理岗位的教师时，其中设置了一道“两选其一”作答的题目：“你觉得大学的产品是毕业生，还是教育服务？请说明理由。”或者“大学与企业的相似点是什么？区别是什么？”在数百名报名考试的应聘者中，只录取2—3名，这道题目起到了一定的筛选与甄别作用。

二　有效宣传是培育教师创业观念的主要手段

在重学轻术的大学学术生态背景下，要转变创业型大学教师的思想观念，宣传手段非常重要。当前，中国的创业型大学在创建初期，确实极为重视宣传工作，铺天盖地的“创业”信息，让教师淹没在创业的热潮中。但是，这种宣传往往缺乏实效，教师最终还是没有明白什么是创业型大学，为什么要走上创业型大学，更不知道他们在创业型大学中该如何做，最后这种宣传缺乏持续性，就像一阵风，刮一阵就没有了。那么，如何才能使宣传富有实效呢？本课题研究结论认为，创业型大学的理论宣讲要抓住关键、深入浅出、与时俱进；政策宣讲要在酝酿环节上调动教师、在制定过程中吸收教师、在发布之际鼓舞教师；案例宣讲要分专题进行、注重经验推广、变成办学资源。

（一）要把理论宣讲作为起点

国内的任何一所创业型大学在创建之初，都会将理论宣讲作为起点。只不过，宣讲的方式与效果不一样。有些创业型大学，会分学院或者分学科组织专任教师讨论。在笔者看来，专任教师没有必要弄清创业型大学的来龙去脉，他们需要的是一个确切性的答案，一个最有力度的理由，一个方向性的道路。可以说，能在最短的时间内让教师理解并力推创业型大学，就是最有效的理论宣讲。因此，本课题认为，在理论宣讲时，我们应该把握这么几点：

第一，要抓住关键。关于创业型大学的理论著述，虽然学界研究的时间并不长，但现如今已经汗牛充栋。要在这浩如烟海的文献中，把各种观点整理出来，把创业型大学的由来与发展理顺出来，然后一并告诉教师，这是完全没有必要的。专任教师，他们有自己的学科专业，时间非常宝贵，任务非常繁重，我们应该学会减轻他们的负担，在最短的时间内告诉他们最有效的信息。那么，怎样才能做到呢？

在理论宣讲上，首先就要学会抓住要点。创业型大学的宣讲要点是什么呢？应该就是三个方面：在什么是创业型大学上，抓住学术成果转化与培养创造性人才两个着力点；在为什么要建设创业型大学上，抓住大学变革的发展趋势、国家对大学使命的呼唤以及高校自身的办学需要等三个层面；在如何推进创业型大学建设上，抓住管理体制、评价机制、平台建设等几个改革点。

其次要学会深入浅出地表达。表达能力是选拔中国高校领导的重要标准之一，从而我们不会怀疑创业型大学领导们的表达艺术。但是，对于创业型大学理论的宣讲，要达到一个理想的效果，不取决于我们的表达能力，而在很大程度上依赖于我们对于创业型大学本身的理解。可以说，理解是表达的前提，理解得越透彻，表达出来越清晰，大家听得越明白。从而，要想把这些关键点向专任教师传达下去，宣讲者本人就必须深入全面地研读创业型大学理论，最后以深入浅出的语言表达出来。对于一位领导者来说，在面对大众宣讲时，凡是过多地引用别人的语言尤其是那些学术色彩浓厚的语言，往往是缺乏理解力或者创造性的外显，这样的宣讲效果也是非常糟糕的。最有效的大众宣讲，就应该把别人深刻的语言转换过来，尽量使用自己的语言、群众的语言，不经意安插少量几句别人的语句，且必须是受大众欢迎、乐于传诵的语言。

理论的宣传，既不能天天讲、月月讲，也不能只讲一次就没有了。某些高校，属于前者，事倍功半，徒有声势；某些高校，属于后者，虎头蛇尾，毫无实效。有效的理论宣传，应该具有生命力；要有旺盛的生命力，贵在与时俱进。从而，理论宣讲，不是为了宣讲而宣讲，而必须让每次宣讲都具有历史意义。例如，创建之初的宣讲，应该抓住以上关键词；组建之后一个学期或者一个学年的一次宣讲，或许就重在国际高等教育或者国家层面的创业动态。例如，李克强总理在 2015 年《政府工作报告》中，38 次提到“创新”，13 次提到“创业”，尤其 2 次专门提到“大众创业，万众创新”，使得“大众创业，万众创新”成为新时期社会改革与发展的重要风向标。正如李总理所言，这是一股“科技创新”和“大众创业，万众创新”合力激起的浪潮。大众创业万众创新需要最新的科学技术引领，科技变革有助于激发蕴藏在人民群众中无穷的创造力；而创业创新的“大众”“万众”之中，科学家、科技工作者是生力军，他们的科研成果在“双创”热潮中能更好地得以转化。毫无疑问，创业型大学的理论宣讲，就是与时俱进的宣讲，体现了理论的生命力与时代性。

（二）要把政策宣讲作为重点

在前面的调研中，我们发现，某些创业型大学教师对于学校的各种创业政策并不知悉。个中原因，或许与理论宣传没有打动教师、政策宣传又没有到位有关。确实，某些创业型大学，制订了一系列鼓励教师创业的政策文件，却没有通过任何渠道让教师参与，出台之后也没有更多的解释。从而，挂在相关部门网页上或者正式发布下去的各种创业政策文件，就像不少收入教育学术期刊的理论文章那样，除了研究相应理论问题的“作者”看外，没有多少人关注。而且，不少创业型大学在宣传上还犯了一个本末倒置的错误，重在宣讲创业型大学的宏观理念与个人观点，轻视了创业型大学的政策宣传。事实上，政策宣讲远远比理论宣讲要重要得多，有效得多。这是因为，在讲解政策的过程中，就包括了对于创业型大学理论的解读，指明了教师行动的方向，比纯粹的理论讲解更具体、更有针对性，也更有激励性。那么，在理论宣讲上，要注意哪些方面呢？我们应该把政策的酝酿与制订，纳入到理论宣讲过程中，体现创业型大学的民主管理，更有效地推动学术创业。

高明的领导在出台一项政策时，虽然自己已经非常明朗了，但他们仍然会将此作为一个话题交给大家讨论，最后将自己的观点以大家讨论的共识呈现出来，变成了政策，成为行动的指向。在制订创业型大学政策时，就可以采取此种办法。因为该项政策对教师的利益冲击颇大，并且最终要依赖教师来实现。笔者认为，在酝酿阶段，可以将某个政策方案，设置成若干个问题，发给各个二级学院或者学科，由他们提提意见。在意见梳理的基础上，由学校相应的行政管理部门，形成第一稿（讨论稿）。特别注意的是，在这个阶段，还不宜吸收专任教师参与，各个二级学院的梳理工作以及第一稿的撰写工作，应该由校级层面的行政管理部门来完成。其理由在于，这里的观点必定五花八门，而这个初稿，在很大程度上正是学校决策部门的意见。

出台第一稿（讨论稿）之后，学校可以吸收相应的专任教师参加。在此，专任教师的作用便是代表各个学院或者学科的利益，充分发表意见，不断完善初稿。作为专任教师中的代表，他们要经过学院或者学科的推荐甚至选举，体现一定的民主程序。针对第一稿的讨论，可事先由各位代表将文稿带回去，听取多方意见，然后学校再集中安排时间与地点组织论证。对于创业型大学的创业政策，应该少而精，又要少而全。在笔者看来，如果各种创业激励机制能够进入教师评价机制，是最好的；各种教师评价机制，纳入到统一的一个教师考评体系中，那是最好的。每一个政策文件的正式出台，或许要经历几次自上而下、自下而上的讨论与修改，这既是政策文件完善的必要环节，也是高校民主治理的重要体现。

当政策文件正式发布之后，学校还要开展宣讲活动。作为如此重要的一项政策文件，绝不能仅仅将发布作为终结，而应该是理论宣讲之后的又一轮热火朝天的创业宣讲，甚至比理论宣讲更为重要，更为紧迫。这次宣传，不能过多地强化任务，以免增添教师无形的精神压力，而是应该突出方向，使教师看到，学术成果转化不仅能够带来精神世界的充盈，而且会增加教师更多的物质财富。总之，在和平时期，任何一次改革，都尽量不要牺牲教师既定的幸福，而是应该在现有幸福平台上的更高追求。至于这种改革在创业型大学中如何实现，在后面的评价机制中会有论述。

（三）要把案例宣讲作为亮点

创业型大学的宣讲活动，不仅要有理论解读，还要有政策讲解，更不能忽略案例宣传。理论宣讲是创业型大学开启创业动员活动的起点，政策文件是创业型大学宣讲活动的重点，典型案例则是展示创业型大学建设成效的重要窗口，自然要把各种成功的创业案例做成亮点加以推广开来。这三种不同内容与角度的宣传，代表了学校创业宣传的三个不同发展阶段，相互依存，有机统一，构成了创业型大学有效宣传的三驾马车。从当前创业型大学的案例宣讲活动来说，创业教育中关于学生创业典型的比较多，而教师成功创业的宣传比较少；作为先进事迹介绍的比较多，注重经验总结、示范表率的宣传比较少；停留在短期的宣传效应上，远远没有作为长期的办学资源来发掘。

我国的创业型大学建设，往往容易走向某个极端。例如，要么偏重创业教育，甚至看不到教师推动成果转化对于创造性人才培养的重要性；要么偏重学术成果转化，根本看不到创业型大学存在与发展的基础正是培养创造性人才。这在案例宣传活动上，同样如此。当然，从目前来看，注重案例宣传的创业型大学，还只关注到学生的创业上。事实上，无论学生还是教师，在一所创业型大学中，都有成功的典范。甚至可以说，越是学术创业显得不那么突出的主体，越要注重典型的塑造与宣传。在我们看来，创业型大学的案例宣传，当以分专题进行。例如，可以从学生与教师两个主体分专题进行宣讲，学生专题要突出鼓舞性，教师专题要突出创造性；可以在教师主体中分文科与理科两个专题进行宣讲，文科教师是如何走上学术创业的经验，显得非常珍贵，需要好好发掘。

宣传典型的目的，不是为了造就明星，而是为了鼓励大众。从而，案例宣传的侧重点就要落实到典型示范者的精神价值与成功经验上来。在此，试以教师案例为例来谈谈宣讲策略。作为成功典型的教师创业，首先应该是该教师利用学术成果开展的学术创业，从而在宣讲上，就要如何突出其成果的先进性，力争将成果向外界再度展现出来，这对教师的方向引导作用是非常强的。同时，如果学校想突出某个方面对于教师创业的重要性，那么，我们就要发掘该教师成功创业的某些因素，将两者有效地连接起来进行宣传。例如，如果想说明某项创业政策对于该教师成功创业的重要影响，而且确实有一定的推动作用，那么，在宣讲该教师的创业业绩时，就要从这个点来设计内容，达到预期效果。又如，如果想说明教师的主观努力、顽强拼搏、不畏失败、屡败屡战等在学术创业中的重要性，而且该教师在创业过程中确定表现了非凡的毅力、走过了坎坷的旅途，那么，我们同样可以从个性魅力的角度来设计内容，达到精神感召的效应。

案例宣讲的目的，虽然着眼于推广应用，实现带头示范的意义，但无形中也提升了创业者个人的声誉与影响，甚至对他们的学术成果与产品产生更大的正面效益。应该说，这也是创业型大学应该有意识地予以关注的重要方面。在笔者看来，创业型大学应该在案例宣讲活动的基础上，分门别类地将各种创业典范整理并汇编成册，作为学校的交流学习资料与创业历史档案。同时，再选择一批更有亮点的创业者，有意识地向社会推广，既是宣传学校，也是宣传创业者个人，推动他们发展得更好。创业型大学应该以一种长远的战略眼光来看待这些创业者，尽最大可能支持他们成为学校的亮丽名片与宝贵财富。可以说，未来的大学，谁赢得了校友，谁就赢得了世界。

三　关注贡献是培育教师创业观念的重要指针

当前，在我国推进创业型大学建设，与完善传统型高校的那些改革不同，这里需要尽可能地统一声音，面向真实的世界，从保守封闭的高等教育世界中走出来。在创业型大学创建的第一个发展阶段，要让教师统一声音，在价值观上支持学术创业，除了在教师的选聘上把好入口关、在前文所说的各种宣传以及下文将要分析的评价机制等方面把好过程关外，还有一点特别重要却又不易被关注的是，在培育教师学术创业的观念时，要注重社会贡献的引领。也就是说，无论是在各种宣传活动中，还是针对教师的评聘标准，都要将教师的贡献度作为重要指针。文化是慢慢形成的，以此来引领教师，并不可能一下子改变浮躁的大学学术文化，但是，无论怎样，这是社会发展的最终走向。世界尤其中国只有往这个方向发展，才可能越来越美好，否则，那种过度追求享受与虚荣的竞争会将我们带入人间地狱甚至毁灭。此话绝非危言耸听，仅就大学内部，都已经严重走偏。在此，试从指引教师发展的现状、强调贡献度的理由以及落实贡献度的策略三个方面进行论述。

（一）指引教师发展的现状

世界是统一的，任何学科知识都是相通的。若不能跳出教育问题来研究教育，则必定是盲人摸象，以偏概全，或者头痛医头，脚痛医脚。研究大学的发展，自然是以教师的发展为内线；研究教师的发展，不得不研究人性。教师与其他个体一样，都是普普通通的社会人。激励他们前进的，就是那种利益指针，亦即今天在大学中的各种教师考评标准。因为从这里出发，他们能够获得比同事更好的物质待遇、学术地位乃至精神享受。指针指向哪，人就扑向哪。这是一种动物本能，在人这种最高级的动物身上，如果过于利用与追求，则带来的后果是非常可怕的，绝非动物世界中的自然生态平衡。标准、政策与制度的设计，正是针对普遍的人性。超凡脱俗、高风亮节的个体，毕竟是少数。

那么，当前的大学教师考评现状如何呢？对此，前文都有论及，下文还会专门阐述。在此，根据论述需要，仅作简要介绍。应该说，每所大学都有自己的教师考评体系，而且有多种不同内容的教师考评。但是，无论哪一所大学的教师考评，无论哪一种类型的教师考评，大都围绕着学术业绩而定。虽然也有教学育人优秀奖、师德先进个人奖之类的，但一旦上升到更高层面，在所谓公平竞争的前提下，同样以学术业绩作为区分度与显示度。学术业绩是什么呢？那是将在不同级别刊物发表的论文、在不同出版社出版的论著以及从不同层次获得的课题与奖项等，各自折算成分数，汇总后所得的分值就是学术业绩。无论是教师职称的提升，还是年度的学术奖励，乃至各级人才工程的入选，都从学术业绩中来。可以说，学术业绩决定了大学教师的成败荣辱，是大学教师发展最重要的指针。

在这样的大学学术环境中，教师自然要为学术业绩而奋斗。从而，我们就会只关注数字，忽视数字背后到底是什么东西；只关注论文发表在什么刊物上，而不会关注论文到底讲了什么内容；只关注课题的级别与金额，根本不关注这个课题有多大意义；只看到各种耀眼的国家级人才称号，根本不会在乎这些称号是怎么获取的……于是，“八仙过海，各显神通”，“靠山吃山，靠水吃水”，各种乱象暗流涌动，撑起了表面的学术繁荣。例如，就教育研究来说，每年出来这么多的学术论著，又有多少能产生正向影响？有多少教育改革的启动或者教育政策的出台，是来源于各种学术期刊中的教育著述？有多少教育著作等身的知名学者，其宏论有如社会知名人士几句教育常识那么让人产生震撼，受到认同？总之，这是一种虚假的学术繁荣，带来的社会后果相当可怕。有人说它浪费了国家资源，有人说它破坏了学术秩序，有人说它放弃了人才培养，笔者认为，它最大的负面影响反而是扰乱了人心。在培养人才、净化社会的大学中，学生还没有走出校园，教师还没有承担社会责任，他们就都变得唯利是图、急功近利了。如果将这种观念带入创业型大学，则会为商业经济注入一股浊流，不仅难以推动成果转化，而且玷污了大学，再次重创了大学的“人文性和教育性”①。

（二）强调贡献度的理由

在传统型大学，以学术业绩作为指针，都已经产生了严重后果。在创业型大学，若以经济指标作为指针，在现有社会大环境下，则会产生更加严重的后果。因为经济指标比学术指标具有更强烈、更直观的功利性。可以说，当前大学中的学术业绩，功利色彩明显，普遍指向经济指标，最后体现在物质收入的增加上。但是，无论如何，这里有一个中间环节，或者说缓冲地带，无论是学者们还是其他社会人，在讨论教师的发展方向时，都能将指针委婉地称之为学术业绩。因此，以学术业绩作为指针，尽管其背后已经是赤裸裸的金钱问题、权力问题，但毕竟要文明得多。到了创业型大学，成果转化业绩是以经济数值作为重要指标的，从而难以避免地突出了经济指标，将大学学术毫无保留地抬到了经济价值的桌面上了。在这种情况下，关注大学教师的贡献度，培育教师的创业观念，就显得极为重要了。

事实上，经济指标本身并不可怕，可怕的是“唯经济指标”，以此作为唯一方向，一切都围绕数字打转转。就像分析前文的学术业绩一样，看不到学术业绩背后的东西，将数量上的业绩作为最大的追求。我们批判经

① 王建华：《我们需要什么样的大学》，《高等教育研究》2014 年第 2 期。

济至上的功利行为，正是从这个角度出发的，否则，那些正向的积极的经济至上价值观，不仅符合人性，而且会指引社会的发展。例如，卓越的企业，我们绝不能说他们以赚钱作为最大目标，或许他们是将为人类提供优质服务作为最高追求。再想想，那些卓越企业的存在，为我们提供了这么多好的产品，大大提高了我们的生活质量，促进了社会的发展，他人或者其他企业当前又无法做到，难道掏钱购买他们的东西，还以为他们剥削了我们？他们赢利行为比服务贡献更可恶吗？缺乏这种思维，正是造成反大学学术创业文化、反大学市场化的重要原因之一。因此，我们不能从单一的营利动机看待企业，看待经济指标，看待大学学术创业，更要从其背后来分析其价值、服务、贡献与社会满意度。

在强化创业型大学教师创业观念之际，若从贡献度的角度来培育，则可以在文化氛围上缓减大学的功利色彩，增强教师服务社会的创业观念。或者有人会说，许多贡献度，最终还是以经济价值体现出来。只有数字，才可测量，可比较，好宣传。确实，许多学者的学术创业贡献，要以经济指标展现出来。例如，某某研究让自己获利多少万元，让多少农民受益，为社会创造了多少亿元的社会财富等。但是，从贡献度的角度来谈其社会价值，总比赤裸裸的数字指标要更去功利化，更体现成果的学术性。更重要的是，这是在培育教师的创业观念，而不是评估教师的创业业绩。在指引教师前进的方向上，若将经济数字作为一个奋斗目标，总比那种模糊的但可评价的社会贡献度，要让人浮躁得多。例如，如果一所医院的院领导在年初工作大会上说，今年工作要再上一个新台阶，力争比去年创收增加了多少亿元，给我们的感觉是什么呢？假如他换一种说法，说今年工作要再上一个新台阶，提高医疗服务水平与力度，力争比去年救治更多的病人，具体达到多少人次，则会是完全不一样的心境。

（三）落实贡献度的策略

在学术创业过程中，怎样增强教师服务社会的意识，淡化一下他们逐利的欲念，主要还是取决于社会大环境。正如“双色论”的人性观所言：要改良人性，首先要改良环境。① 虽然我们个人或者一所创业型大学一时无法改变环境，但我们可以从我们自己做起。当一个一个的个

① 详见付八军《理想的人生——人生编号论》，中国言实出版社 2015 年版，第 19—22 页。

体变好了，这个环境也就变好了，人性也就变好了。因此，在这个人类历史上至今最为根深蒂固的两难问题面前，我们仍然要有信心，从身边做起，从自己做起，在强化竞争的方向上降低个人私欲，在追逐利益的驱动下彰显社会贡献。对于具体的创业型大学来说，至少在以下几个方面有所作为。

其一，在评价机制上矫正恶性膨胀的逐利动机。《道德经》如是说："不尚贤，使民不争；不贵难得之货，使民不为盗；不见可欲，使民心不乱。是以圣人之治：虚其心，实其腹，弱其志，强其骨。常使民无知无欲，使夫智者不敢为也。为无为，则无不治。"其意是：不崇尚贤才异能，使人民不至于炫技逞能而争名逐利。不看重稀贵之物，使人民不做盗贼。不显露足以引起贪欲的物事，使人民的心思不至于被扰乱。因此，圣人治理天下的原则是：排弃充斥于人民心中的各种成见，满足人民的温饱需求，软化人民的犟执趋求，提高人民的自立自足能力。通常使人民不执成见、不生贪欲，使那些"智者"不敢为所欲为。从事于无所成为的作为，即可以得到全面的治理。我国古圣先贤老子的无为思想，虽表露出某些消极的思想，但蕴含着非常科学与有效的管理智慧，那就是降低人们的私欲，同时，外界也不要制造各种诱惑，以免弄乱人心。如果我们能够把"人心"引向正义、正向的社会贡献上来，那么，人们仍然有努力奋斗的方向，不会陷于毫无竞争的死寂状态。达此目标的最佳手段，仍然是教师评价机制。由于在下文会专门论及，故在此不再论述。

其二，淡化数字业绩的宣传，突出社会贡献的介绍。一所大学的文化，需要依赖于学校的制度文化，植根于师生的精神面貌，但在很大程度上受制于学校的各种宣传与介绍。这就像世界各国历史上每次重大的社会运动一样，什么样的内容宣传多少，社会就变成什么了，个体也慢慢变成这样了，若是一种不良的政治运动，需要扭转过来，则依赖一批智勇双全的人物。对于创业型大学的宣传工作也是一样，如果无论是学校的工作报告，还是优秀个体的业绩介绍，都在凸显那些冷冰冰的数字，没有关注到数字后面真正的成绩、贡献与价值，那么，这就会形成一种只关注数字业绩的办学文化，每个人都只瞄准数字目标，手段与方式都不重要，只要能够达到目标即可。可以说，那些没有把经济指标挂在嘴上的学者们，并不意味着他们必定以社会贡献度作为学术创业的指针，但是，那些把经济指标不时挂在嘴边的学者们，十之八九会坚持数字业绩的学术创业方向。这类似于“一个不说粗话、脏话、下流话的人不一定品行端正，但那些老说粗话、脏话、下流话的人，其品性大都有问题”一样。说这些或许还比较抽象，我们不免通过一个例子来说明。例如，我国高校在招生宣传介绍时，研究型大学特别强调有多少个国家级重点学科、多少个一级学科博士点、多少院士等，地方院校特别强调有多少国家级平台、多少个博士或者硕士学位点、多少教授与博士等；然而，美国高校在介绍自己时，则突出学校有哪些专业，他们是如何培养学生的，学生能够在学校获得哪些素质的提高等。这两种不同的介绍方式，体现了两种不同的思维方式，也体现了两种不同的价值取向。

其三，从长远利益对待大学的学术创业，让利于师。要求教师不要急功近利，鼓励他们勇于拼搏又要降低个人私欲，从社会贡献的角度寻找人生价值，创业型大学自身首先必须去功利化。只有一所平和安静的大学，才能留住平和安静的教师，培养出平和安静的学生，创造出造福人类的成果。当前德国社会的形象，就是未来理想大学的影子。在这样的大学中，每个人都很努力地工作，但却又不那么浮华，显得极为低调与平和，他们在相互竞争，似乎不是为了分配更多的蛋糕，而是为社会创造更多的财富，为人类做出更大的贡献。这样的大学，再如何强调学术创业，都不会那么浮躁，不会那么喧嚣。我们需要的创业型大学，就是这样的大学。这样的大学，不会将教师作为学校的赚钱机器，而是为教师服务社会的一个平台。从而，在教师推动成果转化上，学校不会从中盈利，而是尽可能地让利于教师。当一所大学真正成为大家共同的家园之后，校友们会尽己所能地关心与支持学校的建设与发展。对此，我们从世界名校的办学经费来源渠道就可获知。就以被学界推崇备至的创业型大学典范——MIT 与斯坦福大学，他们并没有从教师的学术创业中直接获取利润，而是从校友们的捐赠那里获得了 1/4 左右的大学运转资金。正因为此，以致有文提出：以新兴大学为主体、以社会需求为出发点、单一的学校文化和自上而下的公司化经营战略是创业型大学的主要特征。相形之下，诸如 MIT、斯坦福等美国研究型大学不能被认为是创业型大学，而是具有学术创业精神的大学。①

① 陈霞玲、马陆亭：《创业型大学的兴起与内涵——大学组织技术变迁的视角》，《大学教育科学》2012 年第 5 期。

第二节　评价机制的完善是教师转型的关键

方向的确定，要自上而下；改革的推进，要自下而上。从基层出发转变教师的观念，就是形成大学文化自觉的前提。可以肯定地说，一所高校的教师大都具有学术创业的思想观念，就不愁该所大学缺乏学术创业的办学文化。但是，如何转变教师的观念，形成学术创业文化，除了前文提到的教师选聘、有效宣传等外，最关键的还是完善教师的评价机制。事实上，在实践中，推动传统型教师转向创业型教师，最关键的路径也正是评价机制。上一章，主要分析了创业型大学现行的教师评价机制及其问题。在此，本章重点探讨创业型大学应该采取什么样的教师评价机制。

一　实行教师双轨评价机制

评价机制是一根非常有效的指挥棒，其对于教师的转型、创业型大学建设起着方向性与激励性的作用。其方向性体现在创业型大学建设基本目标的实现，其激励性体现在加快创业型大学建设目标的实现。创业型大学的建设目标主要有两个：培养创造性人才与推动成果转化。至于其他的目标，都属于阶段性目标，都服务于这两个目标。因此，推动教师转型，加快创业型大学建设，就必须从这两个目标出发，实行双轨制的教师评价机制。

（一）双轨制评价的含义

其实，教师评价的双轨制并不是一个新概念，只不过不同的学者基于不同的轨道，形成了不同内容指向的双轨制。例如，笔者以前曾提出，基于两个中心的冲突与共存，基于教师个体的差异与分工，应将大学教师评价模式由现行的综合评价，转变为教学与科研的双轨道评价。[①] 在本章中，双轨制意味着教师要从两个方面来考评。一是看其在创造性人才培养中的业绩与贡献，可以称之为教学育人轨；二是看其在推动成果转化上的业绩与贡献，可以称之为成果转化轨。在传统型高校中，不少高校将人才培养、科学研究乃至社会服务统合在一起评价，各自折算成分数，最后统计总分。但在本书中的双轨制，则是分轨而不是合轨评价。同时，相对于

---

① 付八军：《大学教师评价的双轨制》，《辽宁教育研究》2008 年第 6 期。

笔者以前提出的双轨制，从表面来看，只是将原来传统型大学的科研轨，替换成创业型大学的成果转化轨，似乎属于原来双轨制的继续与发展。不过，这种发展已经实现了质的变化，远远不能简单地套用原来的评价体系。例如，笔者以前针对传统型大学教师考评提出的双轨制，仍然主张数字化测量，强调学术业绩，强调量化评价；而本书的双轨制评价虽然同样属于分轨评价，但是突出社会贡献，倾向模糊评价。

（二）实行双轨制的缘由

其一，两者属于不同性质的活动，体现不同的价值指向，很难实现折分换算。良师必为学者，但学者未必是良师。这就表明，教师职业具有自己的技能要求，不是任何科学家都能胜任的。更重要的理由在于，培养人才往往属于重复性的劳动，工作业绩主要体现在学生的成长与发展上，而不是个人成果的累积与显现；然而推动研究成果转化则不一样，这是一个不断探索性的工作，在科学研究的基础上，努力转化成果，重复性的劳动少，而且成果积累属于教师个人所有。这样的两种工作，我们是很难科学合理地进行等价交换的。在传统型大学，常常将一个科研业绩点折算多少个课时，其质疑声与反对声就没有停止过，现如今要在创业型大学将一个学术成果转化的业绩点折算成多少个课时，其难度不知要增加多少倍，讨伐声自然更加强烈。

其二，有利于激励教师关注自己的两大主要责任，警示自己不能顾此失彼。在传统型高校的综合性评价标准中，完全量化的科研业绩占有绝对优势，往往遮盖了教学育人的业绩，这正是导致高校重研轻教的重要原因。在创业型大学中，人们最担心的问题之一，正是教学育人工作的疲软。确实，那些传统型高校，人才培养在实践中都难以受到重视，更何况创业型大学。这是因为，创业型大学教师将有三大中心任务：教学育人、科学研究与成果转化。虽然科学研究没有成为创业型大学的建设目标，但它实质上包括在成果转化之中，属于学术创业、成果转化的应有之义。于是，创业型大学教师的任务，更加繁重，更加复杂，更容易将“干好干坏一个样”的教学育人工作抛之脑后。因此，在创业型大学，必须从培养创造性人才与实现成果转化两条轨道出发，分轨评价，互不替代，齐头并进。

其三，有利于相应的职能部门方便管理，并为教师评价机制的理论研究提供丰富的现实素材。管理不是目的，但方便且有效的管理却是推进工作必不可少的手段。创业型大学教师的双轨评价，正是一种方便且有效的管理手段。学校将教书育人与成果转化分成两个目标领域，分别由相应的职能部门独立地进行评价，互不干扰。在此需要特别指出的是，在创业型大学，本课题组不主张设置独立的科研管理部门，其与成果转化平台合而为一了。对此，下文另有论述。在长期跟踪研究的基础上，这种双轨制能为我们不断完善教师的评价机制积累丰富的经验。

其四，有利于按照既定的目标，加快教师的转型，从而有效地推进创业型大学建设。两点之间，直线最近。从教师评价到创业型大学建设，若是目标指向完全一致，则可谓在两者之间画了一条直线，是推进创业型大学最短的路径。前面的理论研究表明，创业型大学的建设目标有两个：培养创造性人才与实现成果转化。如果教师评价正是从这两个方向出发，毫无疑问可以最大限度地减少中间环节。

（三）双轨制的操作规程

创业型大学教师双轨制评价在实践中的应用，主要体现在教师年终考评、职称评聘、综合性的评先评优等方面。现以职称评聘为例，试对双轨制评价的操作规程简要说明。

第一步：资格认定。在创业型大学评定职称，不会再像过去一样，谁的科研业绩越多，谁就最有资格。可以说，创业型大学的高级职称，既是一种学术荣誉，也是一种学术责任。就是针对学术荣誉，也不是数字业绩的理论成果，而是难以精确量化的社会贡献。可见，在最后的评判环节，不会像以前职称评聘一样，可以按照分数从第一名排到最后一名。正因为如此，在创业型大学中评职称，教师的资格审查非常重要。可以说，凡是通过资格审查的，基本上都达到了相应职称的最低标准。那么，以教授职称评定为例，资格审查主要关注哪些方面呢？其一，学历要求。这在不同层次的学校，会有不同的要求。不过，从现有本科层次的创业型大学来看，都应该具有本学科最高的学历学位要求。其二，年限要求。正常晋级为五年一级。特别优秀者，可以破格任用。目前，职称评定权普遍下放给高校，为创业型大学开展教师评聘创造了自由的环境。其三，教学育人工作量及质的要求。参评教师必须达到基本的教学育人工作量，且学生评教良好以上。其四，代表性的理论成果。不是成果越多越好，而是只需提供代表性的学术成果。而且，这些业绩在最后的考评环节中，仅仅只是参考。

第二步：分轨评价。通过资格审查的教师名单，要从教学育人轨与成果应用轨两个目标领域独立进行评价。当前，在某些研究型大学，教师的评审权不需要放在学校层面，仅在二级学院层面即可。不过，本课题认为，从目前创业型大学的发展阶段来说，针对教授级别的职称评聘，由学校层面统一组织较为适宜。只不过，根据年度名额指标，结合二级学院的规模与层次，有针对性地在二级学院之间进行分配。需要注意的是，在这个评价阶段，教学育人轨不要关注教学工作量的计算，重点考评其在培养创造性人才方面所表现出来的才干与贡献，最后不仅出示等级评价，而且给出主观性评语；成果应用轨不需要关注其科学研究成果，重点评价其科研成果应用情况。

第三步：专家评审。由高校人力资源管理部门，将分轨评价的结论汇总起来，聘请专家进行最后评审。在这里，必然涉及两条轨道的综合问题，但这属于模糊评价，针对每条轨道的排名情况与主观评语，由考评专家民主决定，体现评价的权威性。本书认为，符合基本资格条件的教师，只要能够转化或者应用一项科研成果，在职称上都应该大力支持。评职称的目标，正是激励他们为社会做出更多的成绩。而且，将参报名额交给各个二级学院之后，在资格审查环节，已经体现了学术业绩的要求。从未来看，高校的教授名额，不应该再从编制与层次的角度按比例进行严格限制。

细心体会，我们会发现，当前这种双轨制评价注重引导教师推动成果转化，但并没有放弃体现教师学术能力的理论要求。也就是说，学术论著等是教师履行职责、开展成果转化的前提条件，虽然不被学校作为目标追求，但在职称评聘等学术能力的评价中，仍然属于条件性要素，只不过，仅需提供代表性成果即可，且不以量取胜。显然，这种双轨制评价，并没有全盘否定传统的教师评价机制，较为适合我国当前正处在建设初期创业型大学。由于本节下文探讨的问题，都是对这种评价机制的具体说明，故在此不再展开论述。

二　淡化科学研究业绩奖励

当前，无论是在传统型高校，还是创业型大学，科研奖励都是高校的一块重要工作，甚至成为激励教师从事科学研究的重要推动力。只不过，不同层次的高校，奖励的范围和额度不一样。这种物质刺激的科研政策，给大学学术带来了很大的负面影响。在创业型大学，要推进学术创业，鼓励成果转化，推进双轨制教师评价，就必须淡化学术业绩奖励。

（一）科研业绩奖励的含义

所谓科研业绩奖励，就是学校对教师的学术成果进行额外的经济奖励。这种奖励的成果范围包括公开发表的学术论文、出版的论著、主持的纵向甚至横向课题、获得的各级政府奖项、取得的各种专利等。当前高校的操作程序，一般是在年终由各个二级学院上报给学校科研管理部门，在审核后，根据学校发布的科研奖励标准，对不同的学术成果予以不同额度的奖励。越是高水平的大学，对科研业绩奖励的层次要求越高。当前我国创业型大学，由于遵循传统型高校的科研管理办法，这种科研奖励仍然是年终全校教师最为关切的环节之一。

（二）淡化科研奖励的原因

对待科研奖励政策，当前高校有这么几种趋势：一是继续全面加大学术奖励，提高学校的科研总排名，力推学校在某些排行榜上上台阶；二是将学术奖励投放在某些重点领域及重点成果，放弃对于一般的学术奖励；三是放弃对于某些成果类型的奖励，加大对另一些成果类型的奖励，例如某校不断加大对政府奖项、重大课题等的奖励，而逐渐淡化对专利、专著等的奖励。推进创业型大学，应该淡化学术业绩奖励，尤其不能对形而上的理论进行大肆奖励。至于其原因，至少有以下四点：

其一，这种让教师把目光瞄准科研奖励的政策，带来了很严重的后果，如前所述，将大学学术引入一个只看数字业绩不重实际价值的境地。在传统型的教师考评中，最突出的表现、最突出的问题都在于对科学研究过度功利性的奖励。科学研究的生命力，主要在于兴趣，在安居乐业的基础上辅之一定的激励，就是最佳的推动策略。如果让学者们只看到奖励而忘记了研究的目的，那么这种激励就过头了。可以说，任何一位学者，如果他对金钱的痴迷高过对于探索的乐趣，那么，他很难在科学研究上做出成就。如果要有，那就是依靠关系、凭借权力、用人之智，或者弄虚作假、投机取巧、虚张声势换来的。因此，对于专任教师尤其创业型大学的教师来说，不能仅仅为了科研奖励而发表论著；对于高校领导来说，更不能利用人力来谋个人的学术业绩。

其二，科学研究的业绩奖励，在高校中往往属于重复奖励。长期以来，教学育人被视为“走上坡路”，推也推不动；科学研究被视为“走下坡路”，不用推也走得快。至于其原因，正与科学研究被赋予了多重功能、带来多重利益有关。在此，以教师发表一篇符合学校奖励标准的学术论文为例说明之。这篇文章，他在年终可以获得科研奖励；这篇文章，他在职称的评定或者聘岗中会用到，从而在工资津贴中兑现了待遇；这篇文章，还可以用来评奖，申报课题等，并且又一次得到了学术奖励，可谓重复之重复；这篇文章，体现了他在学术界的参与度，个人的学术影响正是依靠这些学术成果；这篇文章，他以后申报各级人才工程，仍然需要这些学术成果，可以再一次参与获得奖励；等等。这么多的收获与奖励，怎么能不刺激广大教师，使出浑身解数，在学术商战中一展身手？

其三，教师的科研业绩已经在许多方面得到了回报，若在年终再利用学校公共经费对此进行大力奖励，实际上对那些默默无闻地从事管理工作、人才培养工作的教师是不公正的。我们首先要肯定，科研业绩是学校升级的核心力量，那些学者的贡献要大得多，也不是人人都可以成为一名伟大的学者。从而，这些学者理应受到全校师生的尊敬，理应比其他工作人员获得更多的待遇与回报。但是，学术业绩不仅为教师带来各种收入，而且成果归个人所有，可谓名利双收。然而行政管理工作，琐碎的事务难显业绩，对于那些没有在行政仕途上有较大升迁的教师来说，可谓付出一分劳动赚取一个铜板，除此以外，别无其他。对于行政管理人员来说，要在繁杂的事务堆中挤出时间来开展研究，是非常不容易的。当然，对于那些利用行政管理平台、以所谓合作和团队的名义来攫取他人智慧并“创造”了大量科研成果的领导者，是另外一回事情了。同理，不少从事大量公共课程、基础课程教学的教师，在学术研究上的投入同样相应减少。然而，他们与专任教师一样，同样属于学校改革与发展的主体。在本已获得多种回报上的基础上，若再用公共经费来奖励那些学术业绩，就显得不公平了。更重要的是，过强学术激励政策会导致我们忘记当初为什么要开展科学研究。

其四，对于创业型大学来说，学术成果的价值在于应用，学者们的学术贡献可以在成果转化中得以实现。纯粹理论的研究，同样为社会所需要。对此，前文已有分析。但是，对于创业型大学来说，在有限的办学资源中，主要瞄准科研成果转化。何况，从实践出发，从应用出发，从产品出发，同样可以倒推出许多重要的原理、规律与科学。因此，创业型大学教师的科研成果，必须以应用性研究作为主导方向。而且，这些成果要力争转化。一位大学教师，若能转化一项重大的科研成果，就为社会做出了重大贡献。至于这些成果的回报，不仅体现在职称评聘、评优评先等方面，也体现在成果转化的物质回报上。

（三）传统科研部门的存废

全国高校的校内行政管理机构，大体相差不大，而且与政府机关保持高度一致。事实上，我国高校内部的机构设置权力已经下放给了高校。对于创业型大学来说，在此大有作为。然而，在我国的创业型大学，对此并没有太大的创新，就连最显创业型大学组织特性的科研管理部门，至今没有转型，仍然与传统型大学一样，停留在成果报送、业绩统计等初级管理阶段。显然，这不适应创业型大学科研管理的需要。创业型大学的科研管理，应该以推动成果转化为目的，原有的职责只是最为基础的工作。

那么，创业型大学的科研管理部门，到底如何设置呢？在本课题看来，当前有些创业型大学在传统的科研管理部门基础上，另行设立成果转化平台，这种做法并不妥当。一是不利于节约办学成本，二是造成科研的双重管理，三是不利于明确办学目的。那么，在传统的科研管理部门内，增设一至两个岗位，增加成果转化的职能，体现创业型大学的组织特性，是否可取呢？应该说，这种做法同样不妥，可谓本末倒置。如果撤销原来的科研管理部门，重新设置成果转化服务部门，然后在这个部门中增设少量岗位，履行传统科研管理部门应该承担的成果报送、业绩统计等职责，这样才符合创业型大学建设的需要。针对传统的职责，在很大程度上需要二级学院的科研秘书做好基础性工作，校级的科研服务部门更多地发挥信息发布、数据维护、二次审核、对外联络等作用。

（四）淡化科研奖励的补注

淡化创业型大学的科研业绩奖励，特别需要重视这么两件事情：一是科研业绩的统计仍然非常重要，这是以后教师职称晋升、人才工程评选等获得参评资格的重要依据之一，只不过，创业型大学应该建立教师学术业绩档案，减轻教师以后报送材料等相应负担，不用每次都要求教师重新递交业绩证明。因此，我们不能因为重视科研成果的转化，而减轻对于学术业绩的重视程度，或者放弃对于不具有转化前景科研成果的统计。科研管理出色的创业型大学，既能充分利用现有人力，做好各种科研业绩的统计，保证学术成果的繁荣，又能从中发现有转化价值的科研，积极推动其转化。二是提高教师的待遇。大学教师的入职门槛较高，而且博士研究生毕业之际，年龄普遍都在而立左右，安居结婚生育赡养骤然而至，生活压力突然增大。这个时候，往往是教师最需要物质支持的时候。可见，在日本，学历是工资收入的主要依据之一，这是有依据的。从而，对于我国高校入职初期的大学教师来说，工作待遇不能太低，学校应该力争让他们能过上较为体面的生活，这既是激励优秀人才从事学术工作的动力，也是实现大学教师安心从事教育事业的基本需要。或许我们会说，在创业型大学，教师的竞争性收入，虽然不再体现在学术业绩的奖励中，却可以体现在学术成果转化的收入上。但是，这毕竟需要一个过程，且不是人人都能轻易获取。事实上，如果创业型大学将学术成果转让出去，由第三方来开发，并不会体现太多的物质回报，更多的是一种社会贡献。

三　突出学术成果应用价值

在创业型大学教师的双轨制评价体系中，仅设有教学育人轨与成果转化轨，连科学研究都未曾在此体现，这就表明，这种评价机制不关注纯粹的理论研究，而极为重视能够实现转化的应用研究。那么，这种应用性研究及其成果到底包括哪些内容呢？在教师评价实践中主要体现在哪些方面呢？是否意味着我们放弃对基础性研究的重视与支持？创业型大学中最受欢迎的应用性成果是什么呢？对于这些问题，本书在此试作回答。

（一）应用性成果的含义

从不同角度看，可以将科学研究分成不同的类型。我们常常按过程来分，将科学研究分为基础研究、应用研究和开发研究。应用性成果，通常包括应用研究乃至开发研究的成果。从而，理解了应用研究、开发研究，也就理解了应用性研究成果。对此，都离不开对基础研究、应用研究、开发研究三者的分析与比较。在许多时候，我们也常常仅提基础研究与应用研究，而将开发研究自然纳入到应用研究。

一般而言，基础研究是为了认识现象，并获取关于现象和事实的基本原理的知识，而不考虑其直接应用目的的一种研究。这种研究，没有特定商业目标，以发现或者创造新知识、新原理为目的。应用研究则是指为获得新知识、新原理的应用而进行方法、路径、模型、技术等探索的一种研究，主要针对某一特定的实际目的或者目标。开发研究又称技术开发，可分为理论开发和技术开发两种，是对科学和技术进行更深入、细致的验证、扩展和推广的研究。由此观之，所谓应用性成果，是指向应用的研究成果，内涵极为丰富，外延非常广泛，不仅包括为了解决宏观现实问题的理论、方案等，还包括为了解决具体操作问题的单一工艺、技术等。

不过，基础研究、应用研究和开发研究三者是相对的，在许多情况下，往往难以区别。例如，我们研究宇宙，研究天体运动，往往被认为属于基础研究，不以应用作为直接目的，可是，连地球都不存在，哪还有我们的美好生活？从而，这种研究或许应该被列为最大的应用研究。例如，我们研究新材料、新能源，往往被认为属于应用研究甚至开发研究，但是，在某些时候，我们主要从宏观层面、一般规律的角度来研究他们，没有明确商业用途，没有意识到具体用在哪些方面，反而应该被纳入基础研究范畴。另外，在许多学者那里，将基础研究分为基础理论研究与应用理论研究。那么，应用理论研究难道就不属于应用研究范畴？我们就不能将应用研究分为应用理论研究与应用开发研究？至于应用研究与开发研究的关系，则具有更多的交叠与模糊地带。可见，三者是相对的，只是为了我们区别研究的过程与阶段，重点关注的环节与对象，而人为地创造出来的一种研究分类方法。

（二）突出应用性成果的体现

创业型大学的组织特性，正是学术成果转化。从而我们不难理解，在创业型大学教师的双轨制评价体系中，专设了凸显应用性成果地位的成果转化评价轨道，以此来宣告创业型大学的科研取向，那就是要从成果应用的角度来看待科学研究的价值。那么，这种突出应用性成果的价值观，在创业型大学的教师评价中，主要体现在哪几个方面呢？应该说，至少在以下三个方面可以体现出来：

其一，在职称评聘等教师考评中，学术成果应用情况所占的比重明显增大。如前所述，在前面创业型大学教师双轨制评价的介绍中，教师的职称评聘主要分资格认定、分轨评价与专家评审三个环节。通过资格认定之后，教师能否在竞争中胜出，不再取决于传统意义上的理论成果，而是两条轨道上的人才培养与成果转化业绩，分轨评价只对这两种业绩进行评价，专家评审环节也注重教师在这两个方面的贡献。就在资格认定环节，虽然从传统意义上的研究成果来进行第一轮把关与筛选，但是，若其理论研究成果，与自己的成果转化业绩密切相关，那么，无论是在第一个环节，还是第二尤其第三个环节，都是最有利的，可以大大增强组织者、审核者尤其评审专家对科研成果的满意度。由此可见，在传统型大学的教师考评，我们偏重理论性的学术论文、论著、课题、获奖等；在创业型大学教师的双轨制考评中，这些理论的学术成果作为参考，而成果的转化与应用情况则是重点。这种教师考评机制，不可能像以前那样，把不同级别的科研成果变成分数，而是在一定基本业绩的基础上侧重看其科研成果对社会的影响与贡献。最体现一所大学价值取向的地方，就是教师评价尤其是教师职称评聘的标准，这是指引教师拼搏奋斗的行动指向，从而也是引领学校改革与发展的前进方向。如果在教师职称评聘中都体现了成果转化的地位与分量，那么，该校就在将整个学校往成果转化的方向牵引了。

其二，在针对创业型大学以及教师的各种宣传介绍中，不再将科研业绩作为一个亮点展现出来，而是突出教师的社会服务与效益，辅之以理论化的总结与介绍。无论是一个国家，还是一个单位，其宣传工作是非常重要的。这正是培育文化环境、引领社会风气的重要途径。走进一个新的环境，首先迎面而来的正是其静态的宣传，包括各种橱窗文化、横幅标语、师资介绍等，它们就是一些无声语言，悄无声息地告诉你这是一个什么样的环境，有一些什么样的人物，希望你做一些什么样的事情。至于那些动态宣传，以其直接的引导性、强大的感染性，力争把你拉入到他们的阵营中来，慢慢地、潜移默化地，你就变成了他们中的一分子。创业型大学的宣传工作，同样如此。我们从不同的角度来宣传创业型大学，就是把我们引入到创业型大学的不同方向，也是把创业型大学自身引向不同方向。对于坚持双轨制评价的创业型大学，就会在各种宣传中，突出学校或者教师的成果贡献，而不是成果的数量。例如，要介绍某教授在某权威期刊上发表了一篇已经实现成果转化的学术论文，传统型大学可能会将期刊作为最显眼的内容，然后才是论文题目，至于研究的内容与价值则可有可无了，但在创业型大学，应该先将该成果的具体贡献介绍出来，然后再顺便提及该理论成果发表在什么样的刊物。这样的学术成果介绍，将内容摆在第一位，凸显了成果的社会贡献，转移了人们对其学术业绩的关注点。

其三，减少学术期刊过多的等级差别。在前文中，本书已经提到，传统型高校乃至创业型大学，将学术期刊分成了许多等级，有些高校竟然可达七个层级。过多的期刊等级，人为地制造了学术金字塔，容易将人们的关注点引向期刊本身，而不是科学研究内容及其价值，自然降低了应用性成果的价值与分量。而且，这也正是制造学术腐败的温床。可以说，层次越高的学术期刊，其论文总体上要比发表在层次较低的学术期刊上的论文好一点，但是，层次较低的学术期刊，其中不少论文要远远好过众多发表在层次较高的学术期刊上的论文。论文水平的高低，应由学界同行自己来认定，不是根据期刊而直接判断。这就像一个人的能力与水平，不取决于其所在的地位与平台。如果都从后者来判断，仔细想想，那么这个社会是很可怕的，容易形成专制与集权。实践是检验真理的唯一标准，学术成果的检验最终也要依靠实践。只不过，这种实践，要么是那种应用性成果的转化业绩，要么是那种基础理论成果的学者口碑。从当前较具可操作性的现实策略来看，创业型大学所认定的合法学术期刊分成三级即可。

（三）基础研究与应用研究互为前提

按照传统的研究思路，基础研究是应用研究的根本与前提。从当前某些关于应用研究的定义来看，也可以体现这种思路。例如，在国家各级课题申报说明中普遍指出，“应用研究是为了确定基础研究成果可能的用途，或是为达到预定的目标探索应采取的新方法（原理性）或新途径”。从这种释义中，就表明了基础研究是第一位的，应用研究是在基础研究之上发展而来的。确实，我们可以从各种现象、事实出发，不带有任何实用目标，力求从中发现某种新知识、新事物、新规律。在此基础上，应用研究就会慢慢发生。例如，科学家发现了某种新元素，并对这种元素的基本特性进行了充分的分析，在此之前没有任何使用价值的目标。但是，当我们认识这种元素及其特性之后，我们可能通过应用研究将它运用到实践生产中来。

但是，我们也要看到，应用研究也是基础研究的根本与前提。在许多情况下，应用研究也可以带动基础研究的开展，甚至推导到重大的知识发现、规律揭示。对此，这远远不是基础研究与应用研究的相对性问题，而是两者互为前提的逻辑关系问题。尤其是在当代科技日新月异发展的背景下，我们能够看到，许多技术问题完全在脱离基础理论的支撑下蓬勃发展起来。当理论学家们还在研究的时候，许多由技术变革而引发的基础理论已经出来了。由此可见，创业型大学重视应用性成果，注重成果转化，并不意味着这样的大学及其教师产生不了基础理论，更不能说他们不重视基础研究。如果要说区别，主要在于创业型大学教师选择研究的起点不一样而已。这就如德育多端性一样，培养学生德行的起点，可以从“知”开始，可以从“情”开始，可以从“意”开始，也可以从“行”开始。

（四）创业型大学最理想的应用性研究成果

如前所述，基础研究与应用研究是相对的，而且两者互为前提。这就表明，从应用研究出发，可以推导出基础理论成果，而且针对这些基础理论成果的研究工作，还可以纳入到广义的应用性研究范畴。绕来绕去，最终说明创业型大学的研究，在很多时候是不分基础研究与应用研究的，只要是有利于成果转化、基于成果转化、为了成果转化，所有的研究都可以视为应用性研究，其成果都可称之为应用性研究成果。

那么，创业型大学最理想的应用性成果是什么呢？本书认为，创业型大学教师可以先去探索普遍的科学规律或者发现既定的客观事物，以此形成学术成果予以公开发表，然后再来将之应用到社会实践中来，当能将理论成果指向实践意图之后，这些理论成果即应用性的成果。但是，创业型大学教师最理想的研究路途，应该是先从社会实践中乃至自然世界里发现问题或者现象，然后带有明确目的性的“解答”意图去研究，在这种研究过程中，各种各样的理论、规律等都会呈现出来，或许他们等着我们去学习或者去揭示，在这个过程中，我们就可以产生许多理论性的论著。不过，笔者最推崇的应用性成果，应该是教师在最后“解答”既定的某个问题或者现象之后，将“解答”的动因、过程、方法、观点以及展望从一种理论化、一般性的视角梳理出来，成为一篇学术论文，予以公开发表。当然，对于某些核心指标，涉及保密层面，自然可以隐蔽，这一点也不影响其成果的权威性。这是因为，该理论成果的产品摆在那儿，属于已被实践检验的真理了。例如，某位学者梦想将废料变成燃油，如果他将这种设想变成了现实，那么，他再来撰写学术论文，就是最有可信度的论文。创业型大学，最欢迎这样的学术论文。

许多人或许以为，这种研究范式只适应于理工科，不太适合于文科。应该说，这种认识是不恰当的。本书关于创业型大学的许多理论见解，同样针对文科教师，只不过，理工科更有显示度。其实，文科领域中应用性倾向明显的研究，更多地要采取问题导向、实践导向与政策导向，然后在此基础上指向基础理论研究。例如，法律研究是一个纯粹的文科范畴，在具体的司法实践中，一个个鲜活的案例才是最好的素材。针对某一个具体的官司，一位学者不仅从中触及了许多已成条文的法学知识、原理甚至法理精神，也可能会从中感悟出许多尚未被法律界关注或者重视的重大法律疏漏，从而将之转化为一般性、普遍化的法律观点或者条文。英美法系的判例法，从某个角度来看，或许正是从应用研究中走出来的基础研究，从实践中、案例中、问题中走出来的法律条文。

四　强化人才培养中心地位

有许多话题，说得太多了，反而大家麻木了。尽管深刻地揭露了其危害，也能看到各种不合理的乱象，但大家就只忙着说，而不付诸行动。对于高校重研轻教的问题，或许就是这样的一个问题。尤其在我国推进创业型大学建设，那种注重成果转化的研究取向以及行动指南，更容易让大学以及教师忘记自己的第一个使命正是人才培养。前面在探讨创业型大学培养创造性人才时，对于人才培养的中心地位以及创造性人才培养的中心环节有过论述，在此主要针对创业型大学在推行双轨制评价过程中，如何进一步强化创造性人才培养的中心地位。具体而言，除了基本的教学任务外，考评创业型大学教师的教学质量强调以下四个“突出”。

（一）突出课程资源开发

长期以来，无论是我国的基础教育还是高等教育，普遍不太重视教师的课程资源开发能力，某些地方院校甚至将大学教师编写教材视为不务正业。至于其原因，或许与我国过度整齐划一的教材使用情况有关，同时学校不太相信自己的教师能够编好教材，从而在文件上规定必须使用国家级的统编教材。在从传统型高校转型而来的创业型大学，当前在教材管理以及使用上并无区别，显然不适应培养创造性人才的需要。可是，创业型大学没有既定的国家统编教材，只能依靠自己去开发与编制。事实上，在国外不少高校，课程资源的开发能力与业绩，正是考评教师的重要依据之一。这就不难理解，美国那些顶尖大学拥有丰富多彩、质量上乘的数千门课程。

创业型大学教师开发课程资源，方向有三个：一是对于那些国家明确规定的必修课程，教师应该注重教学方法的创新、教学内容的呈现。例如，高校“两课”，这是国家统一要求的，目前无论学校还是教师，都不能在课程本身上有多大变革，但是，可以改进教学方法，发掘课程内容背后的故事与现实，力争将教学内容以更加可信、有力、生动的方式呈现出来。二是对于那些具有统一教学考试大纲的必修类基础课程，教师可以在提高课程教学效率的基础上增添鲜活的实践素材。例如《无机化学》属于理学的一门基础课程，虽然不同高校使用了不同版本的教材，但有着统一的教学要求，创业型大学的教师就应该在贯彻教学要求的前提下，提高理论的实践指向性，增强学生们理论学习的自觉性。这种课程的改革，或许在文科课程表现力度更加明显。例如，《教育学》作为师范生的一门基础课程，教师完全可以压缩理论教学时间，把相当一部分时间用在理论与实践相结合的阐释上，针对每一个基本知识点或者说理论观点，都能通过可以感知的实例激活它们。当然，要真正上好一门课、上活一堂课，最关键的还是取决于教师对这门课程学问掌握的量度、深度与厚度。三是对于大量那些可由学生们选择的课程，教师完全可以结合自身特长、学生发展及社会发展需要大胆创新。例如，笔者近年来计划开发一门针对大学生人生导航的课程，属于大学人生课程资源的开发。在笔者看来，我们既要把人类数千年积累下来科学技术文化知识传承给学生，也要把人类数千年或者说成人数十年积累的各种人生智慧传承给学生。对于许多学富五车的失败人士来说，他们不是败在事业本身上，而是败在生活上。总之，对于创业型大学的教师来说，既要关注前面两类课程资源的完善，也要重视这类课程的开发。其总的目标就是，创业型大学的课程资源比传统型高校更加丰富，更加有效，更加活跃，更加吸引学生。

（二）突出教师职业态度

职业道德、学科研究和教学专业，是高校教师专业化建设的三个方向。① 然而，在教师考评中，职业道德往往被虚化，可谓一个可有可无的评价指标。不少高校虽然贯彻师德一票否决制，但只针对那些被定性为违规违纪者，而且这样的教师每年也很难出现一个。现实的问题是，那些职业态度不端正却又难以被定性的教师，人数还真不少。例如，某教师 M 在课堂上对学生们说，“我是某某学院整个教师中最有钱的，创办了一个公司，手下有十多个员工，来这里上课仅仅玩玩而已……在大学中是学不到什么东西的，你们现在学的这些内容，都没有啥用，真正提高你们能力的，还得在你们参加工作之后的社会实践……”这种言语属于极不负责的行为，教师自己可能都还没有意识到，就已经对学生的健康成长产生了极大的负面影响。更可怕的是，这样的教师居然还能在学生评教中获得好评。这又是谁之过呢？最有智慧、最为成熟的人，都会首先反思自己的错。对于创业型大学来说，那些真正有趣而且对学生有正向帮助的课程资源太少了，从而这类“插科打诨”式的教学反而受到学生的欢迎，这正是大学的过错。

---

① 付八军：《评价机制：高校教师专业化的最佳路径》，《现代教育科学》2009 年第 6 期。

可以说，一位对教学育人没有真正投入感情的教师，是一位没有职业操守、社会公德与社会使命感的教师，绝对不可能从社会贡献的角度开展学术创业与成果转化工作。或许他们会说，成果转化更重要，对学校的平台提升更有积极意义。可是，成果转化又是为了什么呢？在本书界定的创业型大学内涵中，成果转化不是为了提高学校的办学收入，而是着眼于社会的发展，最终目的正是人们的幸福。一位大学教师，在学校面对学生时，连活生生的人都没有看到，哪还能想到去关注那些无法具体感知的社会大众呢？连学生眼前成长与进步的需要都没有看到，哪里还能想到社会的进步与人类的幸福呢？因此，放弃教学育人的基本职责，而一味地美化成果转化的社会意义，从那种人文关怀、终极关怀角度来宣扬创业型大学的历史使命，那是自欺欺人、自相矛盾，最后必然又回到传统型大学的原点，只看到数字化的业绩，看不到成长中的学生。

在教师考评中突出职业态度，就要特别关注教师的言行，同时引导学生们正确与准确地评价教师。与我国许多社会问题一样，教师评价问题也容易走向两个极端，很难找到一条大体平衡的路径。例如，若是过于关注量化考评，那么类似于师德之类的许多不具有统计性的内容难以进入，最后考评结论极不合理；若不关注量化指标，那么人情关系肆虐横行，最后考评结论极不客观。创业型大学的双轨制评价，既有量化评价，更有质性评价，在评价教师职业态度时，尽量体现出一定的区分度。例如，各个二级学院在评价教师培养创造性人才业绩时，就可以针对职业态度撰写符合实际却又个性各异的结论，而不是惯常的套用在任何一位教师身上的老生常谈。事实上，只要二级学院领导以及教师稍微留意，身边的教师有着什么样的职业态度，大体都能如实把握。

（三）突出学生主观评价

在我国，大学教师的教学质量，到底由谁说了算，这一直是一个有争议的问题。在笔者看来，教学质量的评价，当然专家或者同行最为准确。但是，我们评价大学教师的教学情况，往往不是评价教学质量，而是评价教学效果。因为教学的目的不是为了教师，而是为了学生。从而，评价大学课堂教学，只能从学生的学习效果出发。而且应该以学生作为评价主体，甚至由学生说了算。至于其理由，除了以上原因外，更重要的是学生完整地听取了教师的一门课程，而专家学者们往往只听取了教师的一堂课，两者是完全不能相提并论的。可以说，那些教学态度不端正、专业功底不扎实但口头表达能力还不错的教师，要上好一堂课并不困难，但要上好一门课程则是难以想象的。

近些年来，大学生日益参与到教师的教学评价中来，在不少高校已经成为教学评价的主体。但是，在评价标准的设置上，基本上都是客观试题；同时，高校也很少组织人员去了解学生眼中的好教师好在哪、差教师差在哪。最后，学生给教师打出的这些分数，根本没有多大实际价值。因为，得分最高的一批教师，或许是他们对学生要求较松、课程极为重要或者教学内容偏向娱乐等原因造成的，其他教师都不服气；得分最低的一批教师，或许是老师对学生要求太严厉、课程内容多而难等原因造成的，他们自己也不认可。由于不满意声音太多太强烈，由学生打出来的这些分数普遍都没有真正应用到教师评价中来，每年或者每个学期只是习惯地简单重复着这一项工作，弄得学生们都草率给分，教师也习以为常。

怎样利用学生评教，以此完善教师教学工作，达到提高人才培养质量的目的？笔者认为，在学生评教结束之后，学校一定要让教师个人知道自己教学的优点与不足各是什么。正向的评价，是一种动力，激励教师继续努力；负面的评价，是一面镜子，引导教师认真反思。因此，在组织学生评教时，创业型大学应该通过多种方式，听到学生们主观性的评价结论。事实上，评价某位大学教师某门课程的教学效果，听听该班到课率较高的几位学生的意见，就能大体评出高低与优缺。同时，学生的意见，就是我们课程不断改进与完善的重要方向，对于一位追求教学进步的教师，可以自我调查一下学生的评价。例如，我曾有一门课程，开设几周后，个人感觉学生的兴趣不高，于是，我设计了三个题目：一是付老师上课的可取之处；二是付老师上课的不足之处；三是对付老师上课的建议。不要求学生署名，鼓励学生写出自己最真实的想法。将学生们的意见收上来之后，我才发现，我在课程目标、内容安排、课程管理、教学形式等许多方面，确实存在问题。应该说，对于这门课程的学生评价与自我反思，让我收获多多，进步多多。

（四）突出人才培养实效

创业型大学双轨制评价，从培养创造性人才的评价轨道来看，总体方向正是突出教师在人才培养方面的实际效果。这既是创业型大学贯彻人才培养中心地位的指导方针，也是教师开展教学育人工作的基本准则。应该说，以上各项评价指标都是为了提高人才培养实效。除此以外，无论是创业型大学还是教师个体，都应该特别关注优秀学生的跟踪与推介。例如，作为专任教师的班主任或者本科生导师，应该建立班级学生的档案，在学生毕业之后都能随时互通有无，并将那些在社会上崭露头角的优秀校友发掘出来，从榜样示范与校友推广的角度加以宣传；对于创业型大学来说，更应该重视校友资源，从一种长远规划的角度建立校友信息库，将优秀的校友当成学校一张张最为闪亮的名片。

创业型大学之所以需要如此重视优秀校友的归档与宣传，至少有这么几个方面的原因：其一，榜样的力量是无穷的，优秀的校友对于在校学生的激励作用是巨大的；其二，在市场经济时代，生源决定学校的存亡，优秀的学生就是最好的广告；其三，随着社会经济的繁荣与大学公益属性的彰显，未来大学办学经费的依靠力量，或许有很大的比例要来源于校友；其四，加强校友之间的联络，有利于创业型大学精神同盟的确立，推动更多传统型高校走向创业型大学；其五，创办大学的直接目的就是为了培养人才，从而彰显优秀的校友正是体现人才培养质量最有说服力的证据。可见，从大学的本义来看，优秀校友的归档与宣传是大学的基本工作。应该说，最重要的理由，不是以上原因，而是在于：我国创业型大学建设，较多地关注成果转化，忽略了人才培养；而且，在不少学者看来，创业型大学只忙于赚钱而忘记了学生的存在，只忙于瞄准市场需要而放弃了学生发展需要。对于那些有理想、有信心、有规划的创业型大学，就应该充分发掘与推出优秀校友资源，尤其要从教育增量的质量观角度出发，突出创业型大学在人才培养方面的巨大成就。可以说，创业型大学在这一点上胜利了，哪怕在成果转化上不尽如人意，学界乃至社会上再也很难有如此尖锐的讨伐之声。

第三节 创业平台的建设是教师转型的保证

推动传统型教师转向创业型教师，创业型大学不仅要为这种转向提供动力，也要为教师的转向提供基本的条件。其动力主要体现在各种评价激励机制，其条件则主要体现在各种平台建设。研究其平台，我们可以从现有创业型大学的实践出发，梳理与归纳出相应的创业平台，也可以从理论研究与逻辑推理出发，寻找更有效率且更为便捷的转化平台。不过，本书在遵从以上两种研究思路的基础上，特别注重从一位教师的转型出发，即一位教师在创业文化氛围浓厚、创业政策激励强烈的基础上，要开展应用性研究、推动成果转化、注重学术创业，还需要学校提供哪些公共的必须的条件。从学术成果转化的过程来看，有以下三种平台建设极为重要。

一 学术生产平台

从社会的视角来看，整个大学就是一个学术生产平台。不过，不同创业模式的大学，其学术创业的心脏地带并不完全一致，亦即最为核心的学术生产平台不完全一致。例如，有文章[①]曾将我国创业型大学建设分成五种模式：①服务区域经济社会发展模式，以福州大学为代表；②学术创业模式，以浙江农林大学为代表；③专业创业模式，以齐齐哈尔工程学院为代表，该学院要求每办一个专业都兴办一个企业，并于2004年出台了《专业法人条例》，确立了“开一个专业、办一个实体、兴一份产业、创一个品牌”的专业建设原则；④创业教育模式，以浙江万里学院、浙江工贸职业技术学院、义乌工商职业技术学院等为代表；⑤企业经营模式，以民办高校为代表，它们95%以上的收入来自学费。应该说，在不同的创业型大学，往往都是以学术成果来获取社会资源，或者服务社会发展，只不过各自的发展重点不一样而已，从而所依托的学术生产平台不完全一致。但是，对于理想的创业型大学来说，则应该是多领域的学术创业模式、全方位的学术生产平台。例如，本书第一章介绍的福州大学，在通过学术创业、成果转化来服务区域经济发展的基础上，当前特别重视创业教育，甚至将此作为推进创业型大学最为突出的亮点。因此，针对不同发展阶段的创业型大学，我们可以将它们分为不同的发展模式，但前进的方向则是要以整个学校作为学术生产平台，全面激活创业型大学。在笔者看来，创业型大学首先要激活学院、激活学科与激活专业。

（一）激活学院

我国普通本科院校在推进创业型大学建设过程中，普遍关注到了激活学术心脏地带。但是，不少高校将其地带局限于学科，甚至在现有的学院、学科之外，另行建立许多跨学科实体机构，而对原有的学院架构毫无变动。可以说，这种改革极不可取。其一，在“大学—学院—学系”的

---

① 详见陈霞玲《创业型大学组织变革路径研究》，北京理工大学出版社2015年版，第128—136页。

大学架构中，学院是大学最为重要、最为基本的学术单位，往往属于不会轻易发生变化的二级办学实体，连学院都没有激活，一所大学的活力绝对体现不出来；其二，我国大学尤其是地方高校，普遍并不富裕，然而办学资源总是有限的，将大量的办学资金投入在学院之外的学术生产平台，势必削弱二级学院的发展；其三，在学院之外大量组建跨学科研究中心等实体性学术生产平台，其人员主要还是来自各个学院，这对于这些实体的主要领导或者学科带头人个体来说，影响不大，感觉不到有什么不妥，但是对学院领导以及其他实体的研究人员来说，会带来许多不顺，若能换位思考一下，或许会有惊人的发现；其四，每所大学的二级学院本身就相当于一所“小大学”，自身蕴藏着巨大的能量与空间，能够在学院平台的基础上，达到许多创业型大学所期望改变的，例如组建跨学科研究中心、吸收院外乃至校外学术成员等；其五，淡化行政级别是高等教育变革的重要趋势之一，创业型大学不能以为将某些实体机构提高到校级层面，就是提高了其学术地位，增强了其研究活力，事实上，只要转变了观念，理顺了体制，一个跨学科研究平台无论是置于校级层面，还是放在以主干学科为基础的所在学院，都是一样的。因此，推进创业型大学建设，最忌讳的事情之一就是无视学院，另建实体，将学术心脏地带局限于新设的实体，造成一所大学的整体分裂。事实上，最优秀的设计师一定会尊重传统与现实，在此基础上描绘蓝图并推进改革，而不是按照自己心目中的理想模式，另起炉灶，强力推进。

那么，如何激活学院呢？在笔者看来，地方本科院校推进创业型大学建设，第一步，便是要规划学院架构。总体而言，我国大学的学院设置，往往依据其国家确立的学科分类而定。但是，在创业型大学，既可以按学科分类来设置不同的二级学院，也可以按照社会行业或者自身准备重点发展的领域来命名二级学院。应该说，按照后者来命名，更体现创业型大学的办学特色，而且也能够体现学科标准。因为任何一项实业生产，都可以划入到某一种学科领域中来。对于一些提供公共教学服务的学院，应该大力提升其办学层次，尤其是增强其课程资源的丰富性与生命力，不仅能够提高在校生的学习积极性，也可以走出校园，面向市场，开放办学。社会上各种主题的大众畅销书籍以及经典著作，应该有这些学院教师的身影。第二步，组建各种研究中心。如果说，规划学院架构属于学校层面的事情，那么，组建各种实体研究中心则是学院的事情。一个学院往往涉及几个学科，从而学院本身就属于跨学科的实体机构。只不过，传统的二级学院，以组织教学为主，研究是教师个体自己的事情，没有得到学校以及学院的特别重视。在创业型大学，各个学院可以根据学院特色、优势与追求，大量设置实体性的各种研究中心。这些中心，既可以为学院提供学术支撑与平台，生产各种学术成果包括课程，还可以大大改善教师的工作环境，增强教师的归宿感，提升学院的学术向心力。事实上，教学服务也是一种学术生产型服务，传统型的教研室应该转型为此类研究中心，实现教学育人与科学研究的一体化，提升二级学院的办学活力。至于具体策略，在拙文《从功能发挥看高校教研室的改革与发展——兼论我国高校基层学术组织的架构》一文①中有分析，在此不再赘述。第三步，营造良好的学术氛围。应该说，这种行动贯彻于工作的全过程，也需要学校与学院的共同努力。在创业型大学，要努力贯彻“管理便是服务”的办学理念，淡化学院与学科的行政级别，让所有人将关注点与兴趣点投放在推进学院发展、提升学术品质、增强社会贡献率上来，而不是较量谁的权力更大、职务更高。这些老生常谈的话题看起来平平淡淡，但如果没有达到此种境界，则在创业型大学各个二级学院组建各种研究中心，仍然属于形同虚设，达不到激活学院的目的。

（二）激活学科

学科与学院并不是一回事，但却有着密切的联系。学科是一种知识体系的分类标准，学院则是一种教学科研的实体组织，但这种实体组织的学术重点领域，往往体现了一定的学科特色。可见，激活了学院，从某个角度来说，也就是激活了学科。本书所倡导的创业型大学学科发展模式，就是将学科融入学院实体组织中，而不是在学院建设之外重建实体性的学科组织。具体而言，当前创业型大学激活学科，应该关注到以下几点。

第一，重新规划学院架构时，就应该已经做好了学科发展规划。要重点发展哪些学科、不同的学科各有什么样的功能与定位、哪几个学科主要依托哪个学院等，都应该早早地达成清晰的共识。为了应对上级政府的相应政策、适应社会按学科评价大学等，在不少高校，学院的发展与学科的发展往往成为两条线。如果将学科做虚，只是针对学术平台申报、项目研

① 详见付八军《大学与人生——献给那些在大学中追梦的人》，湘潭大学出版社 2013 年版，第 35—56 页。

究需要以及学科业绩统计等，那么这样做的负面影响还不会太多。但是，如果将学科做实了，甚至变成了上文所说的校级学术研究中心，那么，问题就很大了。例如，某一所创业型大学，计划将学科做成实体，变成各种各样的跨学科研究中心，成为学术成果的生产中心，而学院仅仅提供课程，承担教学育人的职责，表面看来，蕴含理论创新，但在实践执行过程中，势必政出多头，管理混乱。如果一所高校具有足够的办学经费，或许其消极作用还不会太突出，但是在一所办学经费非常紧张的高校，则是重复建设、资源浪费的表现。

第二，创业型大学重点发展的一些学科，尽量在各个学院的研究中心或者研究院体现出来。一个学院设立了各种研究中心，每个中心实际上以某个学科为主，同时跨越了相关的若干学科。有些时候，一些学院的几个研究中心，彼此又相互依存，共同支撑一个一级学科。在这样的条件下，一个学院在很大程度上实现了学院与学科的统一，专任教师与学科研究人员的统一，能够以最小的能耗肩负多种任务，达到教学育人、科学研究、学术创业的高度统一。

第三，专业建设依存于学科建设，课程资源来自学科研究。当学院的每个研究中心成为学科的实体机构之后，教师就既是学院的专任教师，自然也是研究中心的研究人员。这些研究中心，不仅成为产出应用性成果、推动成果转化的生产平台，也是加快专业建设、开发课程资源的研究平台。没有学科依托的专业，往往缺乏足够的办学实力。学科建设水平上层次了，专业品牌的塑造自然能够走出来，优质的课程资源也随之而来。因此，创业型大学的学科建设，既高于学院架构，又植根于二级学院。

第四，学科建设的活力，来源于学校的相应政策。当学科建设与各个学院的研究中心统一之后，要避免各个学院的行政权力凌驾于学科权力之上，充分调动各种学科的积极性，让他们成为大学深入社会与市场的触角。显然，这就需要良好的政策保障与学术氛围。例如，在人员引用、兼职研究员的聘任、学科方向凝练、学科建设经费使用等方面，每个研究中心的负责人有比学院行政领导更大的决策权。从某个层面来说，学院实际上成了各学科、研究中心的共享平台、协调与服务机构。

（三）激活专业

学科衍生专业，专业组成学院，激活了学院与学科，也必定会激活专业。从世界范围的高等教育来看，我们还没有发现哪所高校的学科建设水平上去了，而相应的专业仍然不尽如人意的现象。也就是说，学科实力强，则专业水平就容易发展起来。学科建设与专业建设都做得好的学院，其学院综合实力自然强。可见，激活专业，我们还是必须首先激活学科。对于职业技术学院的专业建设来说，之所以至今不尽如人意，重要内因之一正是学科建设水平低。事实上，职业技术学院瞄准创业型大学建设，着眼于某个行业某项技能，深入研究，同样可以走出一条高水平的学科研究之路。

激活专业，除了加强学科建设外，还特别要重视课程资源的开发与优秀人才的培养，这是体现专业建设水准的重要依据。一般认为，专业培养人才，学科做好研究。这虽然片面将专业建设与学科建设割裂开来，但在很大程度上体现了当前高等教育改革与发展的现状。在许多高校，一提到专业，就会自然地联系到人才培养；一提到学科，就会自然地联系到科学研究。从而，优秀的专业，必定要培养优秀的人才，开发出优秀的课程。可以说，如果一所创业型大学的某门课程能够走出校园，在一定社会区域产生广泛影响，那么，以这门课程作为核心课程的相关专业就有了走向市场的基础。如果在此基础上，还能造就一批卓越的优秀人才，那么该专业就能够产生较大的社会声誉。创业型大学的专业建设，就应该面向市场，开放办学，不仅为校内学生提供优质的课程资源，还要能够为社会大众提供教学服务。事实上，这往往体现了学科建设的成效。由此可见，在创业型大学，学科建设与专业建设往往是统一的，最终都是利用学术成果，走向市场，服务社会。

二　科研管理平台

在创业型大学，同时设立传统的科研管理部门与新型的技术开发中心，只是一种过渡状态。因为，一所推动科研成果转化的大学，在进行成果统计、上报与评价的过程中，也就是在甄选优秀成果、发布成果供需信息、推动成果转化。如果将这样本来密不可分的工作，或者说现代科研管理的整体工作，分裂开来，交给两个相对独立的组织，那么，这就大大浪费了高校的人力、物力与财力，降低了科技成果的管理、转化与应用效率。当成果统计等传统职能与成果鉴定、转化等新型职能两者统一起来之后，创业型大学的科研管理平台到底如何具体运作，对此，前文已从存在问题等角度进行了一定的分析，在此再从操作层面进行说明。事实上，这里的科研管理平台，从某个角度来说，其内涵已经发展成为科研服务平台。从科研服务涉及的几个主要工作来看，创业型大学应该加快并完善以下几个平台的建设，将它们统一到科研管理平台之中来。

（一）成果统计平台

传统的高校科研管理部门，实际就相当于一个成果统计平台。到了创业型大学，这项职能并没有消失，只不过其重要性已经让位于成果转化，不再成为大学开展科学研究的主要目标。由于在获得外部认同、开展学术交流、激励教师基于学术创业等方面，该项职能的意义非常重大。因此，在创业型大学既要做好科研成果的统计工作，又要以此来激励教师生产应用性成果，力争推动成果转化。从而，创业型大学必须进一步完善成果的统计平台。

一项成果是否具有应用价值、在哪些产业领域具有市场前景等，成果生产者本人是最清楚的。从而，当创业型大学教师在申报成果时，对于那些具有市场前景的科研成果，应该另行说明成果的基本内容以及应用范围，这实际上正是自我披露成果的应用信息。至于其信息披露的规范性表格，应该由科研管理部门统一设计，以便在学校的成果供需平台上发布。从而，这就表明，创业型大学在进行科研成果统计时，不只是开展成果的登记与审核，还要特别关注成果的应用性披露。尤其在统计专利技术成果时，更要较好地指导教师完成应用性说明表格的填报。

许多人认为，对于社科成果的登记，应用性说明难度很大。应该说，凡属于应用性社科研究成果，同样具有应用情况披露的可能性与重要性。事实上，将某位教师的某项社科成果披露出来，重点突出其成果的应用价值与独特之处，在很大程度上宣传该教师的社会服务领域，不仅有利于推动成果转化，而且有利于让这样的教师被相应的实践领域获悉、接受乃至推崇。这也有利于激励教师专注于一个领域，加强研究的应用性，打通学术与产业的通道。

或许有人认为，许多成果的基本信息披露出来之后，容易被别人窃取，从而其成果转化的价值也就没有了。确实，不少成果在披露出来之后，别人就能从中获取自己所需要的信息，在此基础上进行研发，甚至直接利用这些成果进行转化。应该说，对于公开发表的论著，这样的问题难以避免。从而，创业型大学教师的应用性成果，正如前文所言，最好从成果转化后的成功经验或者教训出发，来进行总结与分析，保留关键环节，在成功的实践面前，这样的论文同样具有重大的科研价值。但是，创业型大学成果转化的重要目的，正是服务社会，其转化本身就是最大的目标。因此，创业型大学不应该局限于过于保守与狭隘的学术生产观，若经披露后能被社会利用，教师的这项成果将同样视同为实现了转化的成果。

（二）成果供需平台

在成果统计的基础上，创业型大学科研管理部门要重点建设成果供需平台。这个平台，一方面要把教师拥有的应用性成果信息及时发布到展示平台，尤其是专利产品的披露，让社会各界主动与学校科研管理部门或者教师取得联系，力推成果转化为现实生产力；另一方面，要将社会各界与本校科技领域相关的研发需求，包括其他科技服务平台的信息尤其直接委托的信息，及时介绍给学校各个学院的研究中心和科研人员。正如有文指出的，通过构建服务平台，有效整合各方信息，对内协调资源，介绍市场和需求趋势；对外推荐学校，并将高校的科技成果以及企业的技术难题及时地进行沟通，如此才有可能实现供求资讯的共享，进而建立科技成果供求的快速对接窗口，自然而然地促进了科技成果的产业化应用。①

创业型大学在建构成果供需平台时，要特别注意到这样两个问题：其一，充分利用政府等各种社会组织搭建的平台，这里同样是创业型大学吸收与发布相关信息的重要渠道。例如，在实施“蓝火计划”、谋划“海桥计划”的同时，教育部科技发展中心正在设计和准备实施建设“全国高校产学研公共服务平台”（简称“两计划一平台”）。② 其二，这个平台应该是动态的、有活力的，不只是简单的信息交换平台，而是要对内对外主动出击，并且跟踪服务，加强深度调查研究，为各个研究中心以及学校决策提供信息或者政策咨询。在考评这个平台的工作业绩时，关键要看各个学院的教师对其的满意度以及平台发布信息的有效性、实效性。

（三）成果鉴定平台

创业型大学要不要以学校的名义创办企业，这是一个很敏感的话题。除了政策上的因素之外，还有一个重要的因素就是不少人士认为公办性质的企业普遍缺乏效益，典型的例子就是国有企业乃至校办企业的惨淡经

① 李丹、张杰：《浅谈高校科技成果转化中的服务平台建设》，《云南科技管理》2013 年第 6 期。

② 李建聪：《建设“两计划一平台”推进高校科技成果转化》，《中国科技产业》2015 年第 7 期。

营。但是，有些单科性的行业大学，从学校的层面来创办一个最具有学校办学特色的企业，也不是完全不可能的。何况，当学校确认某项科研成果具有极大的市场前景，对学校学术平台的提升、社会声誉的扩展、创造性人才的培养等都具有极大的积极意义时，学校虽然不直接创办企业，但可以以创业基金的名义给教师进行资助。因此，创业型大学要对某些科研成果进行鉴定，以便由学校直接转化或者给予资助等。

成果鉴定平台，更多的只是一个组织与协调部门。但是，这与国内众多的政府课题发布部门一样，往往成为权力的枢纽，受到众人的瞩目。创业型大学的创业基金，往往是一笔不菲的经费，势必成为教师在校内最重要的角逐目标之一。如果投放不当，处理不公，影响到了教师的情绪，反而会对学术创业产生更大的负面影响。例如，一位教师正在申请某市政府的一笔科技创业基金，但其目的不是要去做出业绩，服务社会，而只是为了获得这笔基金，以作他用。如果高校同样出现大量类似的创业基金申请者，那么，最后学校的创业基金就可能沦为福利蛋糕，而且是不能公平公正享受的利益均沾。因此，创业型大学在组织专家另行鉴定重大应用性科研成果时，必须客观公正，宁缺毋滥，监控经费使用进程，密切关注转化动向。

对于那些获得创业基金的科研成果，孵化基地仍然在各个学院的研究中心；但是，对于由学校另行组织力量进行孵化的科研成果，则需要建设新的组织，或者将原有的研究中心从学院转移到学校层面。不过，由学校直接孵化的科研成果，应该是非常少见的。对于理想的创业型大学来说，学术创业的着眼点不在于筹措办学经费，而是推动学术成果转化，服务社会经济发展。从而，哪种方式有利于实现成果转化，创业型大学就应该采取哪种方式。从普遍性的规律来看，私营性质的企业比国营性质的企业要有效率得多，从而学术成果由生产者直接转化要比由学校集体转化有效率得多。

（四）财务管理平台

创业型大学的科研管理平台，虽然不能同时设立一个等同于学校财务处一样的财务部门，但确实具有许多由财务部门难以轻松应对的财务问题，必须拥有一个与学校财务部门对接的财务管理平台。学校的科研管理平台，只是校内的一个二级机构，没有独立的财务决策权。从而，其平台内设的财务管理平台更多地只具有风险分析、预算评估、上传下达等功能。只不过，这些功能是学校财务部门难以胜任的。同时，设立财务管理平台，也是因为学术成果转化属于创业型大学的两大中心任务之一，而成果转化必然涉及经费问题。例如，某位教师将自己的科研成果转让出去，委托学校科研管理部门寻找需方并评估其转让价值，这种工作就落实到该部门中财务管理平台，体现了一定的专业性与专职性。

创业型大学在创建初期，或许财务管理平台的重要性体现不出来，零碎的相应工作要么在科研管理部门的其他岗位中同时承担，要么在学校的财务部门中直接进行。但是，当创业型大学真正成熟起来，越来越多的大学教师能够转化自己的学术成果，越来越多的社会组织向学校寻找科研支撑，那么，财务管理平台的重要性就会凸显出来。事实上，对于创业基金的投资风险监控与过程监督，基本上属于财务管理平台的职责。

（五）法律服务平台

创业型大学主要是利用自己的学术成果服务社会，从市场上获得学术进一步发展的各种资源，因此，知识产权问题将成为创业型大学的重要问题。一方面，创业型大学要维护教师的利益，保护他们的知识产权不受到侵犯，并能为他们被侵权后进行正当的维权；另一方面，创业型大学也要注意到教师生产的科研成果，有没有存在侵犯别人的利益，如果教师利用别人改头换面的成果来获取成果转化业绩，那么，这同样是我们所不能允许的，尤其在后果发生之后，创业型大学既要从法律角度为教师提供帮助，又要在一定程度上给予相应的处理。

在高校司法案例越来越多的背景下，不少高校聘请了法律顾问。那么，创业型大学的法律服务平台是作为科研管理部门的一个常设机构，还是与其他机构合而为一，或者不作为实体而存在，这得视情况而定。一般而言，创业型大学设立的法律服务平台，远远不只是以上内容，还需要为科研管理部门提供坚强的法律支撑和保障。例如，建立健全相关管理制度，梳理相关的服务流程；为重大决策提供法律咨询服务，确保决策有法可依；解决法律纠纷，代理诉讼和仲裁事务等。从这里来看，创业型大学在科研管理部门中设置法律服务平台，亦是非常有必要的。

（六）信息咨询平台

一所传统型高校转型为创业型大学，若将科学研究的中心地位转换为学术成果转化，那么，必定有大量的教师前来咨询转化情况。在这种情况下，创业型大学就有必要设置专门的信息咨询平台了。但是，无论哪位管理人员，都不可能对成果转化的所有问题都了如指掌。只有那些属于自己业务范围的工作，他们才能给予最为确切的答案。因此，最好的咨询服务，还是由相应的业务人员来完全。

那么，如何达此目标呢？显然，这不是要去建立一个独立的部门，也不可能重新建立一个部门。就像某些高校设置的学生事务中心一样，其本意是想在作为管理职责的学工处之外，再设立这样一个体现服务职责、淡化官本位的学生事务中心，主要承担信息咨询等事务，最后证明不是一种理想的机构设置方案。创业型大学的这种信息咨询平台，就设立在科研管理部门的综合办公室。当有教师前来咨询时，如果他们不能解答，则再由办公室的人员引导他们找到相应的工作人员。

三　科技园区平台

科技成果转化需要平台支撑，[①] 从传统型高校初步转型为创业型大学的教师开展学术创业，更需要平台支撑。这些平台，不仅包括具有良好导向与激励机制的科研生产平台，还包括具有专业水准与优质服务的科研管理平台。在此基础上，有条件的创业型大学，还可以创办科技园区平台，让更多的教师在园区里直接开展学术创业。一所创业型大学，如果教师对推动学术转化、力争获得社会支持的重视程度与投入力度，远远胜过在各种学术期刊上发表理论文章，那么，这所创业型大学的学术创业活力就激发出来了；如果教师既可以放心地将自己的科研成果放在学校的科研信息平台，以便尽可能快速地转化为生产力，又可以在学校主办的科技园区直接创立或者以技术入股成为企业的一员，实现科学研究与学术创业的统一，那么，这所创业型大学就具有走向卓越的平台环境了。至于如何办出富有成效的科技园区，本书认为以下四点非常重要。

（一）突出特色办园

从不同的角度，不少学者将科技园区分成不同的类型。例如，有文从国际发展状况出发，认为广义的科技园可以分成三类：第一类是在创新环境基础上建立的众多高技术企业的产业及科技开发综合体，它把研究、开发和制造联系起来，是新产业空间的真正的指挥中心，如本书第一章中介绍的美国硅谷和波士顿128号公路园区；第二类是科学城、大学城或科技

---

① 乔均录：《科技成果转化需要平台支撑》，《北京观察》2014年第6期。

中心，它主要是科学研究的综合体，同时从事科技开发，成果的应用、转化和孵化，如日本筑波大学城、韩国大德科学城及俄罗斯西伯利亚科学城等；第三类为研究园区、科技园区等，它是在大学、研究机构附近利用其科技创新成果及人才优势，对科技成果进行转化和孵化，建立小型科技企业的技术园区、研究园区、科技园区或大学科技园等，如英国的剑桥科技园区，中国的清华大学科技园等。狭义的科技园，仅指上述第三类。① 确实，每所创业型大学，都可以结合自己的实力、位置以及定位，办出不同类型的科技园。但是，本书认为，中国明确高举创业型大学大旗的普通本科院校，往往是那些综合实力中等、准备寻找特色发展与跨越式发展的高校，它们在创办科技园区时不应该走多产业多领域之路，而应该根据学校的学科优势，走出一条特色发展之路。

事实上，一所创业型大学重点发展某个学科领域，其他的学科都作为支撑学科，甚至有些支撑性的课程可以从校外聘请教师，以便全力凸显一个学科高峰，从而在建设科技园区时同样只凸显相应的产业领域，将这个产业做强、做大、做全，这都是地方普通本科院校走向创业型大学的明智之举。或许有人会认为，这个学科领域以及相应产业领域非常有限，既无法承载如此多的在校学生，又无法满足社会市场的广泛需要。应该说，这种考虑是多余的。从人才培养角度来说，那些支撑学科，都可以在往特色学科倾斜的基础上建立专业，培养学生，何况从特色学科出发，还可以衍生出相关的各种学科与专业，让整个学校的学科与专业都能建立联系。从产业发展角度来说，专注于一个领域，足以发展出许多类型的产品与服务，足以产生一所高校倾其全部力量都难以满足的市场。创办科技园区，许多人首先想到的便是高科技电子产品。也有文认为，当前大学特别是研究型大学参与科技园区建设，应该重点发展两个方向：一是以突出大学与技术优势的高新技术；二是投资少、见效快，应用性强的现代服务业中的核心主导产业，例如信息服务、软件通信、咨询服务、专业服务和技术服务等，这两方面是大学所从事的非常有前景的产业方向。② 事实上，任何一个领域都可以走出科技园区。

---

① 何晋秋：《博采众长　创优质大学科技园区——国内外科技园发展比较与借鉴》，《中国高校科技与产业化》2006 年第 3 期。

② 陈万里：《国内外大学科技园区发展追溯》，《经济研究导刊》2010 年第 33 期。

在此，试从农学的角度来分析。

一所致力于农学的创业型大学，在学科专业的发展上，其下面的九个一级学科都足以分别举办出一所万人以上规模的大学，与农学相关的文科领域，同样都可以办出与“农”相关的特色学科专业。例如，法律研究侧重农民、农村、农业等“三农”问题；外语研究侧重国外“三农”问题；历史研究侧重中外“三农”变迁与走向；等等。至于以“农”为特色的产业发展，那就更加宽泛了，甚至还需要该所创业型大学再度缩小产业领域，体现更强的产业特色。例如，从一级学科“林学”下的二级学科“090706 园林植物与观赏园艺”出发，都可以创办一个规模宏大、产品众多、科技胜出、特色鲜明的科技园区。仅就各种各样的观赏性盆景来说，其需求主体不仅来源于城市建设、单位文化，还包括潜在的更大客户——每家每户。我们能说这些盆景没有科技含量吗？如果再添加健康元素，其科技含量就更加明显了。例如，笔者在评审大学生挑战杯课外科技作品竞赛时，有些学生设计了一种放在办公桌上的学习灯，其特色是该灯具上栽种了某种小植物，只需要少量水与灯光就可以长期存活，集合了时尚、健康与科技等多种元素。

或许有人会说，以文科为主的创业型大学，难以办出有影响力度的科技园区。其实，不论什么类型的大学，只要具有市场需求，都可以办出一流的创业型大学，都可以创办出一流的科技园区。只不过，这个园区的名称，或许不会称之为科技园区，而是改为其他园区。例如，一所以文科作为特色学科的高校走上创业型大学之路，若要创办一个科技园区，它不应该发展电子产业、农产品产业、信息产业等，但可以大力发展文化产业。例如，这样的大学可以创办一个命名雅致的文化产业园区，致力于出版、广告、歌剧表演、艺术设计等众多的产业领域，与自己学科专业结合在一起，实现科学研究、人才培养与学术创业的统一。在笔者看来，世界的发展走向，从来就是综合走向分化，然后又在分化的基础上实现综合，以后跨界发展的必然性、可能性会越来越明显。

（二）形成产业链条

发育成熟的大学科技园区，既能凸显特色产业，又能形成一个完整的产业链。只不过，不同的科技园区，其产业链上会有不同的内容。例如，从运行机制来说，学界普遍认为大学科技园区创业平台包括培育机制、管理机制、成果转化机制和风险投资机制四种机制，每一种运行机制都会涵盖许多工作内容，培育机制作为大学科技园区创业平台最基本的运行机制，就包括培育科技企业、培育科技人才、培育技术创新能力三大工作内容。① 毫无疑问，每一项工作内容，都会涉及许多组织与人力。还有文从科技成果转化流程（详见图5－1）② 来看，一个成熟的大学科技园区，涵盖中试、孵化、胚胎企业、包装、引资、产业化等多种程序与环节，每一个程序与环节上都需要众多的企业与人员。

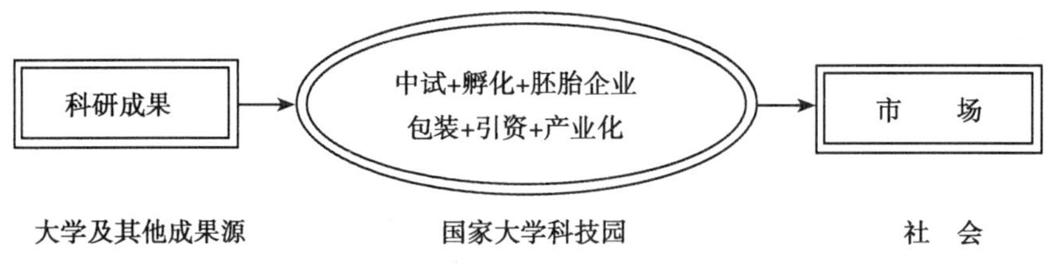

图5－1 大学、科技园与市场的关系

大学科技园区产业链的形成，还体现在配套服务产业的完整性上。在不少科技园区，不用走出来，就能在该园区内享受工作、生活、娱乐、购物一条龙服务，而且，这些行业之间还具有较高的关联度。例如，哈尔滨理工大学科技园区创业平台，为创业企业提供了良好的服务体系，包括以下六种服务③。（1）入门服务。例如代办工商注册前置审批、协助办理工商注册登记，提供验资、变更和年检咨询及代办服务；协助企业办理组织机构代码证登记和税务登记，提供年检、变更咨询和代办服务；协助企业联系开户银行和投资合作方。（2）物业服务。委托学校后勤集团为入园企业实行专业化、规范化和精细化物业服务。例如配有门禁监控系统，确保入园企业环境安全；配有专业保安员，确保入园企业的财产安全；配有专职保洁员实行日常的保洁，提供标准化保洁服务；配有专职水、电维修人员，保证园区水、电、气和各种设备的安全正常运转；配有专职网管员，为入园企业提供网络维护和通信服务。（3）商务服务。商务中心提供铁路票务预售、打字、复印、传真等文印服务。（4）租赁服务。中心为各入驻基地内的企业提供会务场地及设施，主要用于入驻企业的贵宾接

① 郝红军、刘洋：《大学科技园区创业平台机理研究》，《科技与管理》2013年第2期。

② 刘国超：《发挥高校优势 建好科技园区——关于国家大学科技园建设与发展的若干思考》，《科学学与科学技术管理》2001年第2期。

③ 详见郝红军、刘洋《大学科技园区创业平台机理研究》，《科技与管理》2013年第2期。

待，商务洽谈，内部会议，员工培训等。事实上，现在不少公司只需预备一间办公室，作为公司通信地址，以便收发包裹、业务洽谈等，而且其中许多工作，都需要其他人协助服务，自己则只是不定期地前来处理相关业务。（5）网络服务。园区创业平台拥有良好的网络设施，可以为入驻企业提供高速、低成本的网络服务；为企业提供 Internet 接入，校园网及电信宽带，也可以根据客户要求提供固定 IP 服务。（6）中介服务。园区创业平台利用各种渠道，通过自建和联合中介机构的方式，为入孵企业提供经营策划、市场营销咨询、融资、财务金融评估、知识产权保护及法律咨询等相关中介服务。

总之，一个成熟的大学科技园区，不仅富有鲜明的产业特色，体现了大学的学科优势，而且形成了完整的产业链条，发展成为一个产业群落。在此基础上，科技园区结合自己的地理位置以及产业发展需要，甚至还会发展出全面而又优质的配套服务。例如，一个致力于副食品领域的大学科技园区，不仅可以凸显以面粉作为原料的食品特色，还可以举办各种食品制作的手艺培训班，也可以通过现代科技展示某种食品发展历程或者放大食品特性，甚至可以将这个科技园区打造成一个兼科学研究、产品销售、人才培训与旅游观光于一体文化产业园区。

（三）打造人才基地

大学科技园区，必须坚持以高校作为办园的主体，充分体现园区的创业特性与教育属性。也就是说，大学科技园区的学术创业，着眼于科研成果的转化，着眼于社会价值的创造，在此基础上体现创业者的贡献、回报与意义；大学科技园区的学术创业，还要关注到创造性人才的培养，在学术创业的过程中培养人、锻炼人，甚至将园区打造成一个人才实训基地，充分体现大学科技园的教育属性。事实上，真正的创新与创造活力，来源于青年人。在不少研究型大学，许多重大的发明与发现，正是年轻的学生在导师的指引下获得的。一届一届的年轻学生，为园区注入了新鲜的血液。可见，将园区打造成人才培养基地，从某个角度上也是有利于园区可持续发展的。正如有文指出的，大学科技园还承担培养创新创业人才的任务，没有大学的参与就不能成为大学科技园。[①] 还有文从定义上指出，大

---

① 何晋秋：《博采众长　创优质大学科技园区——国内外科技园发展比较与借鉴》，《中国高校科技与产业化》2006 年第 3 期。

学科技园区创业平台是促进产学研、科技成果转化、培养创新创业人才的平台，是高新技术企业的孵化器。① 但是，要让大学科技园活跃起来，必须直面市场，在竞争中取胜，如果科技园区肩负着过多基础性的人才培养重任，且又没有从中获得市场收益，那么园区的市场竞争力就会大打折扣。

既要成为人才培训的重要基地，又要保持市场竞争活力，创业型大学的科技园区应该发扬以下四个鼓励。其一，鼓励学生在园区创业。大学生成功创业的案例，数不胜数。例如，前文介绍的硅谷，就有学生成功创业的典范。创业型大学培育创业精神与创业能力，要特别引导学生基于社会服务去创业，基于社会贡献去创业。最伟大、最成功、最持久的创业，必定建立在社会发展与人类进步的需要上。创业越成功，对社会的贡献应该越大，而不是相反。其二，鼓励学生加入教师的创业实践。在不少传统型高校甚至创业型大学，对于教师无偿或者低价聘请学生在自己企业做工的行为，有一种不成文的抵制与责备。事实上，这正是学生获得社会经验、提升自己才干的重要舞台。对于创业型大学来说，就是应该鼓励在创业园区创办实体的教师，吸收自己的学生加入，甚至要以此折抵社会实践课时。其三，鼓励园区其他企业吸收在校学生参与社会实践。学校可以采取多种途径，尝试多种办法，既可以通过经费资助的方式，也可以在企业入园之际的合同上签署相应条款，其目的就是让园区各个企业都能成为大学生社会实践的基地。当然，学校要注意保护学生的安全。当前不少大学生，防范意识淡漠，显得极为单纯，他们在走向社会之后，必定会遭遇各种挫折与伤害。为此，大学应该开展积极的入职引导与人生教育，让他们走出象牙塔，走出温室，以一种认识现实陷阱但又能主动驾驭自我的姿态来迎接各种挑战。其四，鼓励教师将实践课堂搬进园区。每位大学教师，都有自己的社会资源。有些教师，或许自己在园区创办了实体，或者有自己的好友在园区建立了公司，在这种条件下，若因课程教学需要，他们可以将学生带入园区，开展实践教学。对于大学生来说，课程教学是否富有实效，他们自己应该是清楚的。否则，这样的学生走出社会，同样适应不了社会。最后需要特别指出的，在政府与社会的支持下，创业型大学的科

① 刘洋：《大学科技园区创业平台运行机制研究》，硕士学位论文，哈尔滨理工大学，2013 年。

技园区虽然具有相应的优惠政策，但应该对校内校外所有创业者一视同仁。因为，这是一个着眼于科技进步与社会发展的平台，高校也应该吸收社会的智慧与活力，唯有如此，才能真正体现大学之“大”，体现创业型大学的组织特性在于实现成果转化。否则，这又会变成一群师生向市场争夺社会财富、谋取社会资源的另一种象牙塔。

结　语

这是一部研究创业型大学理论、推动创业型大学建设的学术著作。但是，该书不是从常规的宏观层面来展开论述，而是选择教师转型的视角，从小处切入，以小见大，以点见面，以具体推及抽象，逐步触及创业型大学建设的核心路径。总体而言，本书首先从现象出发，分析了中西创业型大学的南橘北枳现象；其次，为寻找解答此种现象的钥匙，本书确定了从教师转型这个视角切入，并从理论上奠定了这个视角的学理基础与研究价值；再次，在“教师转型与大学转型一一对应”的理论指导下，本书从应然层面分析了创业型大学建设的基本目标，从而自然推出创业型大学教师转型的基本方向；复次，从实践调研出发，理顺中国创业型大学教师转型如此艰难的主要原因所在，本书之所以从调查教师转型困难来获知创业型大学推进困难，那是因为，要寻找传统型教师向创业型教师转型困难的原因，比发掘传统型大学向创业型大学转型困难的原因，复杂得多，棘手得多；最后，在学理分析与实践调研的基础上，本书总结并论证了创业型大学教师顺利转型的三条核心路径，从而自然推导出创业型大学顺利推进的三条有效举措。总之，教师转型与大学转型具有天然关系，只有教师的转型才能带来大学的转型，更直白地说，“有什么样的大学教师，就有什么样的大学”，这是本书的理论基石，也是本书的理论视角，更是本书区别于其他关于创业型大学论著的创新之处，这正是本书不惜笔墨、较多地论述两者关系的原因之所在。

除了理论视角的创新，本书至少还有以下几点，颇有创见：其一，明确了创业型大学建设的两个基本目标：实现成果转化与培养创造性人才；其二，论证了创业型大学的组织特性，不是学术资本主义，而是学术资本转化；其三，从教师坚守学术本位的合理性与必要性出发，推导出创业型大学只是高等教育的一种类型，而不是一个更高的层次；其四，从某些教师低劣的成果不能转化出发，推导出创业型大学不只是一种主观选择，更是一种能力展现；其五，从教师转型与大学转型一一对应的关系出发，推导出了创业型大学建设的有效举措主要有三：评价机制的完善、创业平台的建设与创业观念的确立。

特别需要指出的是，在创业观念的论述中，本书强调了“关注贡献是培育教师创业观念的重要指针”。这意味着，创业型大学的诞生，不是基于赚钱的，而是基于一种历史使命与社会责任。这种理念，与本书揭示创业型大学的组织特性等许多基本问题，思想是一致的。这种理念，告诉我们许多道理：其一，创业型大学着眼于推动成果转化与培养创造性人才，只要从这两个目标出发，都是我们所推崇的创业型大学，也必定是具有发展前途的大学；其二，当一所大学的经费较为宽裕之际，为了鼓励教师更好地推动成果转化与培养创造性人才，就应该最大限度地让利给教师，就像 MIT 与斯坦福大学一样，甚至将百分之百的利润让给教师；其三，当一所大学的经费较为紧张之际，为了学校的可持续与超常规发展，可以将该校全体教师变成一个整体而投入到市场经济中来，只要是基于将自己的学术成果推广出去以及尽可能培养更多的创造性人才，以便更大范围与更大限度地服务社会，这样的大学都可谓创业型大学，例如创办之初的华威大学，其成果转化主要体现在教学学术的转化；其四，只要创业型大学从历史使命与社会责任出发，大学教师从历史使命与社会责任出发，我们的大学就不会变得如此浮躁，推而广之，社会也不会变得如此浮躁，人们就会从贡献中找到人生的快乐、价值与意义，虽然这看起来显得虚无缥缈甚至纯属幻想，但这是大学、人类与社会变革的方向，也是大学、人类与社会发展的走向。

认识到这个层面，我们会对创业型大学的理论纷争，有一种豁然开朗的感觉。长期以来，对于何谓创业型大学，争论不休。除了正文中各种具体的不同观点外，甚至还有人说，MIT 等研究型大学都不属于创业型大学，创业型大学也不能归为一种办学类型，等等。这些，都源于创业型大学的概念之争。当认识到创业型大学的生命力在于其历史使命与社会责任后，我觉得这些争论都不重要，甚至这个概念都不重要，重要的是我们要知道大学需要承担这样的历史使命与社会责任，要从贡献的角度、高度与气度上贴上自己的标签，彰显自己的个性。只不过，我们暂时还没有找到一个更好的概念来称呼这样的大学，暂且就用亨利·埃兹科维茨与伯顿·

克拉克两位学者提出的这个概念。何况，埃兹科维茨正是从学术资本转化的历史使命与社会责任角度而提出这个概念的。因此，于我而言，创业型大学这只挺进辽阔草原的雄狮，让我心驰神往地观摩它，视它为重建草原逻辑的新生力量。

附　录

创业型大学教师转型情况调查问卷

各位教师：

您好！作为身处在创业型大学中的教师，您有着什么样的感受呢？本课题组正是为了了解创业型大学教师转型现状、困惑与希望，特意设计了一个简约的问卷，仅供研究所用。本次调查为匿名调查，您的个人信息和观点将受到严格保密。填写问卷大约需要 10 分钟，希望您能抽出宝贵时间，如实填写信息。十分感谢您的支持和合作！

答题说明：

请在您认为合适的选项上打“✓”；如选“其他”选项，请说明。本问卷未注明多选的，均为单选。填写问卷时，请不要与他人商量。

一　基本情况

1. 您的性别（　）

A. 男　　　　　　　　B. 女

2. 您的年龄阶段（　）

A. 35 周岁（含 35 周岁）以下

B. 35—48 周岁（含 48 周岁）

C. 48 周岁以上

3. 您的最高学历（　）

A. 本科　　B. 硕士研究生　　C. 博士研究生（含博士后）

D. 其他

4. 您所属的学科领域（　　）

A. 理工科（含理学、工学、农学、医学等）

B. 文科（含哲学、经济学、法学、教育学、文学、历史学、管理学、艺术学等）

5. 您的职称（　）

A. 高级　B. 中级　C. 初级　D. 未定级

二　感知与评价

6. 您对创业型大学了解多少？（　）

A. 非常了解　B. 一般了解

C. 听说过，但不关注　D. 从没听说过

7. 您对创业型大学发展前途的感知是？（　）

A. 非常有前途　B. 比较有前途

C. 难有前途　D. 根本就是大学的异类

8. 您认为贵校在创业型大学建设上，取得的成效如何？（　）

A. 非常有成效　B. 成效一般

C. 没有成效　D. 不仅毫无成效，而且带来了负面影响

9. 贵校在推进创业型大学建设上，出台了不少政策文件，您对这些文件了解吗？（　）

A. 非常了解　B. 一般了解

C. 听说过，但不关注　D. 从没听说过

10. 传统型高校转型为创业型大学，最关键的是教师要由传统型教师转型为创业型教师，对此，您认为自己有没有转型为创业型教师呢？（　）

A. 已经成功转型　B. 正在转型中

C. 希望转型，但现在没有转型，仍与原来一样

D. 不希望转型，也不可能转型

11. 您认为推进创业型大学建设，其最主要的目的是为了什么？（　）

A. 推动学术成果转化　B. 培养创造性人才

C. 筹措办学经费　D. 彰显办学特色

E. 体现领导意志

F. 其他：______________（请填写具体内容）

12. 在学校鼓励学术创业之后，您认为自己以及身边的教师，在教学育人上有什么样的变化？（　）

A. 与以前差不多　B. 投入减少，教学质量下降

C. 投入减少，但教学质量反而更好

D. 投入增加，教学质量提升

13. 您认为教师个人应该从学术创业中获得多大比例的收益提成？（　）

A. 100%　　B. 80%以上

C. 50%—80%　　D. 50%以下

14. 实现传统型教师转型为创业型教师，您认为最重要的是（最多选三项）（　）

A. 实现教师来源多元　　B. 转变教师评价机制

C. 提供成果转化平台　　D. 加强教师培训

E. 完善教师基层学术组织　　F. 提供创业启动资金

G. 其他：____________（请填写具体内容）

三　压力与困惑

15. 学校迈上创业型大学的道路，您感到有压力吗？（　）

A. 很大的压力　　B. 有一些压力

C. 没有什么压力　　D. 根本无所谓

16. 您觉得贵校推进创业型大学建设，对您产生的最大压力是什么？（　）

A. 教学育人要求更高　　B. 科学研究任务更重

C. 社会服务比例增加　　D. 市场参与难度加大

17. 在学校迈入创业型大学建设道路之后，相较于以前，您感觉个人发展有什么样的变化吗？（　）

A. 方向更加明确，工作更有干劲

B. 没有太多变化，与以前差不多

C. 方向更加迷茫，不知何去何从

D. 各方压力增大，尤其成果转化

18. 如果学校要求您在推动成果转化上做出成绩，您觉得您最大的困惑是什么？（　）

A. 缺乏应用性的成果，找不到市场需求

B. 缺乏真正鼓励教师创业的政策，导致教学科研任务太重

C. 缺乏成果转化平台，学校没有有效地帮助教师们转化成果

D. 担心创业失败，又影响自己的教学科研工作

E. 其他：____________（请填写具体内容）

19. 如果学校要求您在培养创造性人才上做出更大成绩，您觉得您最大的困惑是什么？（ ）

A. 学习关键靠自己，教师的作用真的很小

B. 学校偏重科研的激励政策，导致教师们普遍重研轻教

C. 课堂教学改革难有创新，个人不敢突破常规

D. 学术积累与业务能力有限

E. 其他：____________（请填写具体内容）

20. 如果学校要求您在成果转化与培养人才上双管齐下，齐头并进，您相信自己能做好吗？（ ）

A. 两者本身不会存在冲突，但是本人能力有限

B. 两者本身不会存在冲突，只是需要有效政策

C. 两者本身不会存在冲突，本人可以同时做好

D. 两者根本就是一对矛盾，必定只能顾此失彼

四　意愿与期待

21. 作为一名大学教师，您对自己的职业满意吗？（ ）

A. 非常满意　　B. 基本满意

C. 不太满意　　D. 极不满意

22. 作为一名大学教师，在没有学校政策引导的前提下，您会积极转化自己的成果吗？（ ）

A. 只要有机会，便会寻找转化途径

B. 不会，教师们的职责在于创造知识，应用知识是别人的事情

23. 假如您主动或者被动地走上了学术创业的道路，您从事学术创业的第一动力是来自（ ）

A. 晋升职称职务　　B. 增加收入

C. 服务社会　　D. 提升个人声望

E. 兴趣爱好　　F. 学校的硬性要求

G. 其他：____________（请填写具体内容）

24. 您对自己未来的学术创业，信心如何（ ）

A. 充满信心　　B. 信心一般

C. 没有信心　　D. 不仅没有信心，而且极为反感

再次感谢您的支持与配合！

参考文献

[1] [美] 伯顿·克拉克:《建立创业型大学:组织上转型的途径》,王承绪译,人民教育出版社 2007 年版。

[2] [美] 亨利·埃兹科维茨:《麻省理工学院与创业科学的兴起》,王孙禺、袁本涛等译,清华大学出版社 2007 年版。

[3] [美] 希拉·斯劳特、拉里·莱斯利:《学术资本主义——政治、政策和创业型大学》,梁骁、黎丽译,北京大学出版社 2008 年版。

[4] [美] 丽贝卡·S. 洛温:《创建冷战大学——斯坦福大学的转型》,叶赋桂、罗燕译,清华大学出版社 2007 年版。

[5] [美] 亨利·埃兹科维茨:《三螺旋:大学·产业·政府三元一体的创新战略》,周春彦译,东方出版社 2005 年版。

[6] 陈霞玲:《创业型大学组织变革路径研究》,北京理工大学出版社 2015 年版。

[7] [美] 伯顿·克拉克:《大学的持续变革:创业型大学新案例与新概念》,王承绪译,人民教育出版社 2008 年版。

[8] 温正胞:《大学创业与创业型大学的兴起》,浙江大学出版社 2011 年版。

[9] 付八军:《纵论创业型大学建设》,浙江工商大学出版社 2014 年版。

[10] 宣勇、张鹏:《激活学术心脏地带——创业型大学学术系统的运行与管理》,高等教育出版社 2013 年版。

[11] 付八军:《大学教师的培养与成长》,中国社会科学出版社 2010 年版。

[12] 付八军:《高等教育属性论——教育政策对高等教育属性选择的新视角》,江西人民出版社 2008 年版。

[13] 付八军:《大学理性——一位大学中层干部的教育随笔》,湘潭大学

出版社 2013 年版。

[14] 付八军：《走进大学——献给那些关注大学天空的人》，湘潭大学出版社 2013 年版。

[15] 付八军：《大学与人生——献给那些在大学中追梦的人》，湘潭大学出版社 2013 年版。

[16] [美] 弗兰克·罗德斯：《创造未来：美国大学的作用》，王晓阳等译，清华大学出版社 2007 年版。

[17] 付八军：《理想的人生——人生编号论》，中国言实出版社 2015 年版。

[18] 付八军：《理想的大学——教育学术信札》，浙江工商大学出版社 2015 年版。

[19] [英] 纽曼：《大学的理想》，徐辉、顾建新、何曙荣译，浙江教育出版社 2003 年版。

[20] 王小梅：《教育理念创新与建设高等教育强国——2010 年高等教育国际论坛文集》，苏州大学出版社 2011 年版。

[21] 庄寿强：《普通（行为）创造学》，中国矿业大学出版社 2006 年版。

[22] 易高峰：《崛起中的创业型大学——基于研究型大学模式变革的视角》，上海交通大学出版社 2011 年版。

[23] 眭依凡：《大学的使命与责任》，教育科学出版社 2008 年版。

[24] 钟小彬：《美国斯坦福大学创业教育研究》，硕士学位论文，华南理工大学，2013 年。

[25] 王雁：《创业型大学：美国研究型大学模式变革的研究》，博士学位论文，浙江大学，2005 年。

[26] 樊亚明：《英国华威大学走向卓越的内因分析》，硕士学位论文，沈阳师范大学，2014 年。

[27] 雷茹：《经营大学：一个新的大学管理理念——以英国沃里克大学为例》，硕士学位论文，西北师范大学，2007 年。

[28] 万萍：《沃里克大学治理结构的有效性研究》，硕士学位论文，中南大学，2010 年。

[29] 温正胞：《创业型大学：比较与启示》，博士后研究工作报告，华东师范大学，2008 年。

[30] 刘叶：《建立创业型大学：管理上转型的路径》，博士学位论文，华

中科技大学，2010 年。

[31] 王钟斌：《创业型大学发展的成功经验及启示》，硕士学位论文，浙江工业大学，2012 年。

[32] 宋晓云：《欧洲中世纪大学教师与大学精神》，硕士学位论文，江西师范大学，2004 年。

[33] 杨光富：《美国赠地学院发展研究》，硕士学位论文，华东师范大学，2004 年。

[34] 王伟清：《创造性人才培养的课程资源条件保障问题研究》，博士学位论文，华中师范大学，2012 年。

[35] 刘洋：《大学科技园区创业平台运行机制研究》，硕士学位论文，哈尔滨理工大学，2013 年。

[36] 曾晓娟：《大学教师工作压力研究》，博士学位论文，大学理工大学，2010 年。

[37] 张凤贤：《美国高校教师聘用评价机制研究及启示》，硕士学位论文，河北大学，2007 年。

[38] 张俊超：《大学场域的游离部落——研究型大学青年教师发展现状及应对策略研究》，博士学位论文，华中科技大学，2008 年。

[39] 黄容霞：《全球化时代的大学变革（1980—2010）：组织转型的制度根源》，博士学位论文，华中科技大学，2012 年。

[40] 王立：《美国大学教师发展研究：历史的视角》，博士学位论文，华东师范大学，2012 年。

[41] 张森：《MIT 创业型大学发展史研究》，博士学位论文，河北大学，2012 年。

[42] 别敦荣、李晓婷：《麻省理工学院的发展历程、教育理念及其启示》，《高等理科教育》2011 年第 2 期。

[43] 何振海、杨桂梅：《MIT 本科教育特色及其启示》，《比较教育研究》2013 年第 7 期。

[44] 王孙禺等：《20 世纪上半叶 MIT 校长们的教育与人才培养观念》，《高等工程教育研究》2013 年第 4 期。

[45] 杨聚鹏、王志强：《创业型大学校企合作模式及其经验借鉴》，《职业技术教育》2012 年第 34 期。

[46] 肖玲等：《高校科技创新创业的典范——美国斯坦福大学案例分

析》，《淮阴师范学院学报》（哲学社会科学版）2005 年第 4 期。

[47] 徐旭东：《斯坦福大学成为世界一流大学的形成研究》，《现代教育科学》2005 年第 1 期。

[48] 熊华军、岳芩：《斯坦福大学创业教育的内涵及启示》，《比较教育研究》2011 年第 11 期。

[49] 郑刚、郭艳婷：《世界一流大学如何打造创业教育生态系统——斯坦福大学的经验与启示》，《比较教育研究》2014 年第 9 期。

[50] 赵淑梅：《斯坦福大学的创业教育及其启示》，《现代教育科学》（高教研究）2004 年第 6 期。

[51] 毛庆等：《探寻“斯坦福式”创业型大学建设之路》，《南京日报》2012 年 2 月 22 日。

[52] 顾征、李文：《创业型大学知识产权管理经典模式》，《高等工程教育研究》2011 年第 6 期。

[53] 郑宇明：《斯坦福大学的创业分析》，《经济研究导刊》2011 年第 12 期。

[54] 朱艳、王晓玲：《华威大学的办学理念及其启示》，《煤炭高等教育》2011 年第 3 期。

[55] 罗丹：《突出“课程”要素保障教学质量——华威大学教学质量内部保障体系研究》，《高等工程教育研究》2007 年第 2 期。

[56] 周江林：《英国华威大学成功的内在“基因”及启示》，《井冈山大学学报》（社会科学版）2011 年第 3 期。

[57] 洪成文：《企业家精神与沃里克大学的崛起》，《比较教育研究》2001 年第 2 期。

[58] 刘叶：《创业型大学的发展之道：以沃里克大学为例》，《高教发展与评估》2010 年第 5 期。

[59] 李勇、闵维方：《美国研究型大学经费来源与支出结构的特征分析与启示》，《中国高教研究》2004 年第 3 期。

[60] 高明：《斯坦福大学——美国研究型大学向创业型大学转型的典范》，《当代教育科学》2011 年第 19 期。

[61] 陈超：《从学术革命透视美国研究型大学崛起的内在力量》，《清华大学教育研究》2012 年。

[62] 黄扬杰、邹晓东、侯平：《学术创业研究新趋势：概念、特征和影

响因素》,《自然辩证法研究》2013 年第 1 期。
[63] 王雁、李晓强:《创业型大学的典型特征和基本标准》,《科学学研究》2011 年第 2 期。
[64] 陈霞玲、马陆亭:《创业型大学的兴起与内涵——大学组织技术变迁的视角》,《大学教育科学》2012 年第 5 期。
[65] 罗泽意:《创业型大学的生成理路与实现》,《湖南科技大学学报》(社会科学版) 2012 年第 3 期。
[66] 王雁、孔寒冰、王沛民:《创业型大学:研究型大学的挑战和机遇》,《高等教育研究》2003 年第 5 期。
[67] 胡丽莎:《知识生产的新模式与创业型大学的兴起》,《教育学术月刊》2012 年第 3 期。
[68] 彭宜新、邹珊刚:《从研究到创业——大学职能的演变》,《自然辩证法研究》2003 年第 4 期。
[69] 王建华:《我们需要什么样的大学》,《高等教育研究》2014 年第 2 期。
[70] 钱佩忠、翁默斯、郭石明:《学术与市场价值冲突视角下创业型大学的创建》,《浙江工业大学学报》(社会科学版) 2012 年第 1 期。
[71] 程广文:《创业型大学:走出象牙塔后的范式》,《泉州师范学院学报》(社会科学版) 2010 年第 3 期。
[72] 李世超、苏竣:《大学变革的趋——从研究研大学到创业型大学》,《科学学研究》2006 年第 4 期。
[73] 王雁、孔寒冰、王沛民:《两次学术革命与大学的两次转型》,《浙江大学学报》(人文社会科学版) 2005 年第 3 期。
[74] 冒澄、操太圣:《走出象牙塔:西方创业型大学的实践及启示》,《全球教育展望》2009 年第 3 期。
[75] 杨德广:《应将部分研究型大学转变为创业型大学——从"失衡的金字塔"谈起》,《高等理科教育》2010 年第 2 期。
[76] 黄子文、程广文:《论创业型大学》,《临沂师范学院学报》2009 年第 1 期。
[77] 顾坤华、赵惠莉:《高职院校向创业型大学转型的探索》,《职业技术教育》2010 年第 19 期。
[78] 王坤、蒋国平:《基于创业型大学的高校组织转型障碍问题》,《现

代教育管理》2010 年第 8 期。

[79] 朱永跃、马志强：《创业型大学视野下我国高校师资队伍建设新探》，《中国科技论坛》2010 年第 1 期。

[80] 陈汉聪、邹晓东：《发展中的创业型大学：国际视野与实施策略》，《比较教育研究》2011 年第 9 期。

[81] 吴伟、邹晓东、陈汉聪：《德国创业型大学人才培养模式探析——以慕尼黑工业大学为例》，《高教探索》2011 年第 1 期。

[82] 吴伟、石变梅、余晓：《欧美创业型大学的异化发展、趋同演变及其意蕴》，《现代教育管理》2012 年第 2 期。

[83] 许霆：《新建本科院校转型与创业文化建设》，《高等教育研究》2012 年第 4 期。

[84] 张鹏、宣勇：《创业型大学学术运行机制的构建》，《教育发展研究》2011 年第 9 期。

[85] 苏晓华等：《创业型大学市场化生存机制及启示》，《外国教育研究》2011 年第 1 期。

[86] 王琳玮、周丽华：《创业型大学建设的政府保障机制研究》，《科技创业月刊》2013 年第 2 期。

[87] 王孝坤：《面向创业型经济社会的创业型大学建设——以浙江万里学院为例》，《浙江万里学院学报》2011 年第 3 期。

[88] 荣军、李岩：《澳大利亚创业型大学的建立及对我国的启示》，《现代教育管理》2011 年第 5 期。

[89] 张维亚、严伟：《创业型大学：应用型本科院校发展模式选择之一种》，《文教资料》2013 年第 28 期。

[90] 丁志同：《高校教师转型的内涵及其动力机制析论》，《理论导刊》2014 年第 9 期。

[91] 龚春芬、李志峰：《创业型大学教师发展：目标选择与实现途径》，《黑龙江高教研究》2008 年第 11 期。

[92] 冒荣、赵群：《两次学术革命与研究型大学的发展》，《高等教育研究》2003 年第 1 期。

[93] 田静琳：《中世纪大学教学研究》，《科教文汇》2010 年第 12 期。

[94] 陈超：《从学术革命透视美国研究型大学崛起的内在力量》，《清华大学教育研究》2012 年第 4 期。

[95] 付八军：《论大学教师的职业特性》，《理工高教研究》2009 年第 6 期。

[96] 熊华军：《中世纪大学教学价值的取向：在理性中寻求信仰》，《江苏高教》2007 年第 6 期。

[97] 胡微微：《解构美国大学技术转移的 MIT 模式》，《高等工程教育研究》2012 年第 3 期。

[98] 潘黎、侯剑华：《国际高等教育研究的热点主题和研究前沿——基于 8 种 SSCI 高等教育学期刊 2000—2011 年文献共被引网络图谱的分析》，《教育研究》2012 年第 6 期。

[99] 金美福：《实现教师转型与学校教育改善的同期互动——论“科研兴校”作为教师管理策略的基本原理》，《外国教育研究》2001 年第 6 期。

[100] 温正胞、谢芳芳：《学术资本主义：创业型大学的组织特性》，《教育发展研究》2009 年第 5 期。

[101] 高明：《创业型大学兴起的背景研究》，《现代教育科学·高教研究》2010 年第 6 期。

[102] 宣勇、张鹏：《论创业型大学的价值取向》，《教育研究》2012 年第 4 期。

[103] 姚春梅、刘春花、朱强：《创业教育向创业型大学发展的四个维度》，《学校党建与思想教育》2010 年第 7 期。

[104] 宣勇、付八军：《创业型大学的文化冲突与融合——基于学术资本转化的维度》，《中国高教研究》2013 年第 9 期。

[105] 高飞：《组织学视野下的创业型大学转型研究》，《现代教育管理》2011 年第 9 期。

[106] 李木洲：《学术资本主义：全球化背景下大学面临的变革》，《四川师范大学学报》（社会科学版）2011 年第 2 期。

[107] 苏晓华、李剑湘、张耀辉：《创业型大学市场化生存机制及启示》，《外国教育研究》2011 年第 1 期。

[108] 董志霞：《国外创业型大学与营利性大学异同辨析》，《高校教育管理》2013 年第 6 期。

[109] 陈汉聪、邹晓东：《发展中的创业型大学：国际视野与实施策略》，《比较教育研究》2011 年第 9 期。

[110] 赵文华、易高峰：《创业型大学发展模式研究：基于研究型大学模式创新的视角》，《高教探索》2011 年第 2 期。

[111] 刘永芳：《创业型大学视角下的高校资产公司：国际比较与政策选择》，《高等教育研究》2009 年第 9 期。

[112] 龚晓嵘：《创业型大学中教师角色分析》，《中国成人教育》2012 年第 8 期。

[113] 付淑琼：《忆王承绪先生与创业型大学研究》，《外国教育研究》2014 年第 4 期。

[114] 张鹏、宣勇：《创业型大学学术运行机制的构建》，《教育发展研究》2011 年第 9 期。

[115] 肖绍聪：《创业型大学：市场经济时代大学的出路？——读〈学术资本主义〉》，《教育学术月刊》2012 年第 5 期。

[116] 付八军：《激活学术心脏地带：创业型大学学科建设的图景分析》，《教育发展研究》2014 年第 7 期。

[117] 付八军：《从教师转型看创业型大学建设的三个命题》，《教育发展研究》2015 年第 9 期。

[118] 陈超：《从学术革命透视美国研究型大学崛起的内在力量》，《清华大学教育研究》2012 年第 4 期。

[119] 高明、史万兵：《麻省理工学院的创业型大学之路及对我国的启示》，《东北大学学报》（社会科学版）2012 年第 3 期。

[120] 王健华、周勇：《关于创造性人才培养的思考与实践》，《清华大学教育研究》2002 年第 6 期。

[121] 林崇德：《创造性人才　创造性教育　创造性学习》，《中国教育学刊》2000 年第 1 期。

[122] 刘道玉：《论大学创造性人才培养体系的构建》，《高教探索》2011 年第 1 期。

[123] 于翔：《我国社会科学研究成果转化的困境与机遇》，《前沿》2015 年第 5 期。

[124] 万慧颖、张辉：《高校科技成果转化创新模式探讨》，《中国高校科技》2015 年第 5 期。

[125] 吴顺恩：《如何破解高校科技成果转化的瓶颈》，《中国高校科技》2015 年第 5 期。

［126］刘叶：《建立学术导向的创业型大学——兼论洪堡理想与学术资本主义合的途径》，《高等工程教育研究》2011 年第 1 期。
［127］易军、李太福、葛继科：《大学生参与科研课题的探索与实践》，《重庆科技学院学报》（社会科学版）2011 年第 18 期。
［128］陈爱萍、王玉祥：《探讨大学生参与科研训练的意义》，《教育教学论坛》2013 年第 10 期。
［129］于畅：《基于分类管理的高校教师考核评价机制》，《沈阳师范大学学报》（社会科学版）2015 年第 2 期。
［130］张浩：《高校教师评价机制的创新》，《教育评论》2014 年第 9 期。
［131］吕淑青、问筱平、秦兴方：《美国大学教师评价机制及其启示——以加利福尼亚州立大学富乐敦分校为例》，《扬州大学学报》（高教研究版）2014 年第 6 期。
［132］左文龙：《我国高校教师评价机制的主要问题和几点建议》，《电子科技大学学报》2007 年第 3 期。
［133］陈颖、李勤耕、刘新：《论高校科技成果转化》，《重庆工商大学学报》（社会科学版）2006 年第 1 期。
［134］任青青、叶深溪、陈焕新：《打造高效的高校科技成果转化平台》，《科学与管理》2009 年第 2 期。
［135］李丹、张杰：《浅谈高校科技成果转化中的服务平台建设》，《云南科技管理》2013 年第 6 期。
［136］李建聪：《建设“两计划一平台”推进高校科技成果转化》，《中国科技产业》2015 年第 7 期。
［137］乔均录：《科技成果转化需要平台支撑》，《北京观察》2014 年第 6 期。
［138］何晋秋：《博采众长　创优质大学科技园区——国内外科技园发展比较与借鉴》，《中国高校科技与产业化》2006 年第 3 期。
［139］陈万里：《国内外大学科技园区发展追溯》，《经济研究导刊》2010 年第 33 期。
［140］郝红军、刘洋：《大学科技园区创业平台机理研究》，《科技与管理》2013 年第 2 期。
［141］刘国超：《发挥高校优势　建好科技园区——关于国家大学科技园建设与发展的若干思考》，《科学学与科学技术管理》2001 年第

2 期。

[142] 蔡袁强：《地方大学的使命：服务区域经济社会发展》，《教育研究》2012 年第 2 期。

[143] 张虹：《广东特色高层次科技成果转化平台构建初探》，《广东科技》2012 年第 11 期。

[144] 李海芳：《论大学教师教育观念的建构途径》，《山西高等学校社会科学学报》2013 年第 12 期。

[145] 戴维奇：《创业型大学是如何组织创业教育的？——以荷兰特温特大学为例》，《比较教育研究》2014 年第 2 期。

[146] 舒志定：《大学教师学术观念的哲学思考》，《大连理工大学学报》（社会科学版）2001 年第 2 期。

[147] 林锈戎：《我国地方高校实践创业型大学之路的若干探索》，《福建教育学院学报》2012 年第 5 期。

[148] 眭依凡：《关于现代大学制度设计的几点思考》，《探索与争鸣》2013 年第 6 期。

[149] 徐小洲：《知识创新与创业教育》，《国际学术动态》2008 年第 6 期。

[150] 付八军：《创业型大学的外部着力点在于实现成果转化》，《中国教育报》2012 年 4 月 30 日。

[151] 付八军：《创业型大学的内部着力点在于培养创造性人才》，《中国教育报》2012 年 3 月 6 日。

[152] 毕玉才：《东北大学：50% 以上的学生参与科研》，《光明日报》2012 年 12 月 10 日。

[153] 李平、宫恩威：《行业特色大学宜向创业型大学转型》，《黑龙江日报》2010 年 4 月 12 日。

[154] 李平：《从行业特色型大学向创业型大学转型》，《中国社会科学报》2011 年 10 月 20 日。

[155] 王军胜：《建设创新型国家需要创业型大学》，《光明日报》2013 年 3 月 31 日。

[156] 司洪昌、茶世俊：《培养创造性人才着力点何在——“创新型国家建设与创造性人才培养”论坛综述》，《中国教育报》2007 年 6 月 22 日。

[157] 钟文:《努力把专题教育成果转化为深化国资国企改革发展的强大动力》,《成都日报》2015 年 6 月 30 日。

[158] 本报评论员:《把讨论成果转化为创新发展的动力》,《绍兴日报》2015 年 6 月 29 日。

[159] 焦占伟、曹佩:《把党建成果转化为司法审判实效》,《山西法制报》2015 年 6 月 29 日。

[160] 陈笃彬、吴敏生:《创建创业型大学 服务海峡西岸经济区》,《福建日报》(求是版)2008 年 4 月 1 日。

[161] 高建进:《福州大学:创业教育成为学生发展助推器》,《光明日报》2014 年 12 月 10 日。

[162] 周玲玲:《福州大学以建设“创业型大学”为引领促进大学生高质量就业》,2014 年 12 月 18 日,http://www.jyb.cn/high/zjzz/201412/t20141218_607932.html(2015 年 4 月 20 日)。

[163] 王忆希:《福大要闻:福大召开 2014 年大学生创业工作会议》,2011 年 11 月 26 日,http://news.fzu.edu.cn/html/fdyw/2014/11/26/fd49f807-8538-458a-8634-f1d70bbe4c78.html(2015 年 4 月 20 日)。

[164] 王德明:《解放思想凝心聚力协同创新跨越发展开启建设“综合性、研究型、全球化”高水平大学的新征程——在中国共产党南京工业大学第三次党员代表大会上的报告》,2013 年 9 月 1 日,http://njut.cuepa.cn/show_more.php?doc_id=845307(2015 年 5 月 4 日)。

[165] 黄维:《改革统领全局 以创新推动发展 以团结凝聚力量 以实干成就事业——在 2014 年新学期全校工作会议上的讲话》,2014 年 3 月 5 日,http://tyb.njtech.edu.cn/view.asp?id=5735&class=929(2015 年 5 月 4 日)。

[166] 佚名:《研究称硅谷的竞争优势正在被取而代之》,2010 年 2 月 11 日,http://tech.163.com/10/0211/20/5V92R1J7000915BD.html(2015 年 5 月 19 日)。

[167] 李菊容:《高校筹资的重要来源——社会捐赠》,2012 年 12 月 4 日,http://www.xzbu.com/1/view-3731189.htm(2015 年 5 月 19 日)。

[168] 佚名:《英国市场营销名校解析》,2015 年 3 月 1 日,http://liux-

ue. xdf. cn/wuhan/wzy/zx/755099. shtml（2015 年 5 月 29 日）。

[169] 陈统奎：《复旦：又一次华丽转身》，2005 年 9 月 21 日，http：//news. sohu. com/20050921/n227021310. shtml（2012 年 3 月 1 日）。

[170] 陈笃彬：《走进福州大学：创建创业型大学》，2008 年 10 月 23 日，http：//www. gmw. cn/content/2008-10/23/content _ 863253. htm（2015 年 4 月 20 日）。

[171] 佚名：《600 多所本科高校将转向职业教育　150 多所地方院校已报名转型》，2014 年 5 月 11 日，http：//news. 163. com/14/0511/11/9RV90JQD00014Q4P. html（2015 年 6 月 25 日）。

[172] 中华人民共和国教育部：《各级各类学校校数、教职工、专任教师情况》，2014 年 12 月 30 日，http：//www. moe. edu. cn/publicfiles/business/htmlfiles/moe/s8493/201412/181591. html（2015 年 6 月 25 日）。

[173] 单挑中的小傻叉：《为什么我一直在说福大大氛围浮躁》，2013 年 7 月 16 日，http：//tieba. baidu. com/p/2461866540（2015 年 8 月 15 日）。

[174] 葛剑雄：《中国的教育问题？教育的中国问题?》，2014 年 12 月 18 日，http：//news. xinhuanet. com/2014-01/06/c _ 125963538. htm（2015 年 8 月 21 日）。

[175] 李向光：《南京工业大学的“斯坦福之路”》，2014 年 12 月 22 日，http：//cqt. njtech. edu. cn/xcb/Artcle_ view. asp? id = 16673（2015 年 5 月 4 日）。

[176] Stuart, W. Leslie, *The Cold War and American Science: The Military – Industrial – Academic Complex at MIT and Stanford*, New York: Columbia University Press, 1994.

[177] Shane, S., *Academic Entrepreneurship: University Spinoffs and Wealth Creation*, Edward Elgar, 2004.

[178] Bienkowska, D., “Klofsten M. Creating Entrepreneurial Networks: Academic Entrepreneurship, Mobility and Collaboration During Phd Education”, *Higher Education*, 2012, 64 (2): 207 – 222.

[179] Pazos, D. R., Lopez, S. F., Sandias, A. R., et al., “Financing Research as a Key to Academic Entrepreneurship: Analysis of University

Patents", *Revista De Educacion*, 2012 (357): 203 – 229.

[180] Henry Etzkowitz, "Research Groups as 'Quasi – firms': the Invention of the Entrepreneurial University", *Research Policy*, 2003, 32: 109 – 121.

后　记

2011年，由于孩子的一起医疗事故，我离开了井冈山大学。那时，我本想去浙江某所大学，有机会担任博士生导师。几乎在同一时间，恩师向我推荐了浙江农林大学，最后也选择了浙江农林大学。为何选择浙江农林大学呢？原因很简单，那就是当时我还没满35岁，能够担任大学的正处级干部，符合自己人生规划的第一条路线。但是，在2014年的中层干部换届聘任中，我选择离开了浙江农林大学，来到绍兴文理学院安安心心当一名专任教师。静坐案前，回望过去，我发现这几年一路坎坷，皆非个人意志所能轻易转移。例如，倘若家庭条件尚可，博士毕业肯定留在教育部直属单位，而不会去井冈山大学；假如来浙江工作时满了35岁，我肯定不会去浙江农林大学，而会果敢地选择第二条路线。人生路上，没有如果，只有结果，或者后果。于是，我只得借用孟子“天将降大任于斯人也，必先苦其心志”聊以自慰。幸运的是，在井冈山大学的5年，跟随张泰城校长直接体验了一所地方高校的转型、改革与发展，为我研究高等教育开启了一扇通透的天窗；在浙江农林大学的3年，让我对创业型大学有了切身的体会、深入的观察与系统的思考，为做好这个国家课题提供了得天独厚的实践基础。

正如本书研究指出的，创业型大学的组织特性，在于学术资本的转化，即强调科学研究成果的应用。可是，自己不在创业型大学工作了，甚至不在学校管理岗位上工作了，研究这些东西能够应用吗？一个人的时间与精力总是有限的，我能不能集中全部力量，研究一个可以由自己来独立应用的领域呢？能否从专任教师的角度，结合自己的发展志向，将教学育人、科学研究与市场应用三者结合起来呢？应该说，我找到了那样的一个研究领域，那就是高校人生课程资源的开发研究。但是，在完成这部专著之后，我还是决定：不放弃自己的研究专长——大学教师的培养与成长，也不放弃这个研究增长点——创业型大学的理论与实践。当然，如果学有余力，我还会继续关注“从师范院校到综合院校的教师教育研究”。至于理由，主要有以下几点：

第一，开辟一个新的研究领域，既感到孤独，又感到无助。国内有几所高校开设了人生课程？又有多少大学教师，像我一样拥有如此丰富的人生体验，并能够将他们转化为教学资源？或许有人会说，我们的“两课”、心理健康教育课程等，都属于人生课程。应该说，这远远不能囊括人生课程的内容，甚至没有触及人生课程的实质与核心。例如，“两课”中的理想主义教育，偏重国家与社会的理想，忽略了这种理想是以个人理想作为基础的；又如，心理健康教育课程，强调了学生中的问题以及问题中的学生，难以为学生们积极向上、幸福生活提供普适性的方案。可以说，正因为人生课程在高校没有受到普遍重视，才使得某一所高校或者某一位老师想重视，都显得非常孤独。对于我来说，倒不是因为害怕孤独而放弃，而是因为眼前责任而放弃。开辟这样一个新的领域，在短期内，不能在科学研究上带来收益，甚至连课题、论文、奖励都很难拿到，在当前大学的学术考评制度下，掂量自己肩上的家庭责任，我只能妥协，不将人生课程资源作为一个新的学科研究领域开辟出来。

第二，在人生课程资源的开发与利用上，一门课程与系列著作足以表明我的社会贡献。每位学有所成的大学教师，都有自己的学科研究领域。我不再将人生课程资源的开发作为自己的学科研究领域，但不表明我不能对此进行纵深的开垦。当前，我已经开出了一门课程“大学生成长专题”，并出版该门课程的教材《理想的人生——人生编号论》（中国言实出版社 2015 年版）。据说，哈佛大学有一门最受学生欢迎的课，不是时髦的经济课程，也不是实用的法律课程，而是泰勒博士的幸福课。若能将我这门课程打造成为较受学生欢迎的课程，那么我在人生课程资源开发研究上的贡献也就呈现出来了。同时，几年之后，待我能在基本的岗位工作之余挤出时间撰写小说，我将把自己脑海中构思好的几部人生大书，以每年一部的速度开发出来，争取在天命之年能够看到他们全部出版。只要我还健康地活着，一定要完成这几部小说。我认为，这将是个人对社会的最大贡献。

第三，创业型大学这个名字或许会变，但这种发展方向不会改变。我不喜欢研究那些热闹一时的话题，而只关注那些永恒或者长远的事情。哪怕我写小说，也不是为了个人消遣，更不是为了迎合市场去赚钱。例如，我撰写人生小说，并不是要渲染一个感人肺腑的故事，也不是要制造一些扣人心弦的悲剧，而是要通过小说带出一些具有普遍性的人生经验甚或规律。在体现教师岗位工作的学科研究领域上，本人现有的两个研究方向，我认为都带有根本性、永恒性以及方向性。例如，办大学，其实就是抓师资。有什么样的大学教师，就有什么样的大学。从而，“大学教师的培养与成长”这个研究方向，毫无疑问可以成为一位学者的终身研究课题。何况自己就是一名大学教师，研究这个课题也正是研究自己，并不一定要在高校担任什么领导职务。“创业型大学的理论与实践”这个研究方向，也是一样的。学术的生命力在于应用，大学的社会性就是企业。哪怕哲学研究，注重心智训练，或者音乐鉴赏，注重高雅享受，谁能否定这些研究成果的应用性？研究各种自然物质，这些难道不是为日后的应用研究做准备？研究天体运动规律，难道不是人类最大的应用性成果？试想，连地球都没有了，宇宙都没有了，在可预见的将来，哪里还有人类？再说，大学没有政府的文凭保护与财政支持，能够在市场经济中真正独立起来吗？总之，我越来越觉得，本书界定的创业型大学模式，代表了高等教育变革与发展的方向。创业型大学这个名称可能变，但这种发展方向不会改变。作为一名学者，我关注的是大学应该这样，而不用关注如何使大学这样。这是学者的职责，与行政岗位无关。假如有一天，创业型大学这个名称退出历史舞台了，那么，我以前所研究的也可以说不是创业型大学，而是高等教育发展的最理想状态。因此，在能够利用闲暇另寻途径开发人生课程资源的同时，我还得将岗位工作时间消耗在以前认真做过且非常值得去做的研究领域上，包括“从师范院校到综合院校的教师教育研究”。

或许有些人会说，自己的这些想法，为什么要告诉别人呢？在我看来，自己的想法对一些人应该有启发。既然有启发，我为什么不能告诉别人呢？一个人对于别人而言，还有什么不可告人的秘密呢？一眼看出，无论圣贤还是俗人，都是透透彻彻的：为了生存，为了发展，为了名利，为了享受，为了较量，甚或为了意义……只不过每个人有不同的侧重，依不同的个性有不同的体现。以后，我就要尽力做一个透明的人，因为我认为我本质上是一个好人。更重要的理由在于，一本书的后记，是一个自由的情感区域。也只有在这个区域，才可能将自己创作过程的感受，真情实感地记述下来，想写什么就写什么。谁曾想到，在撰写这部著作的过程中，我未来的研究方向要不要有所调整，还有着如此复杂与激烈的思想斗争？现如今，有了这番思想梳理，并且形成了计划方案，岂不是这本著作的又一个重要成果？这些东西，留在这里，岂不甚好！

还需要特别指出的，原计划，这是一部体现自己学术风格的论著，就像引言中所说的，按照人们普遍的认知逻辑，深入浅出地讲述出来。应该说，这在第一章、第五章都能有所体现。但是，限于一本学术论著的规范性以及文献资料的丰富性，本书最后还是未能如愿以偿，在许多地方陷入深入深出的文风而难以抽身。我特别欣赏那种一气呵成、自由洒脱、可读性强而又逻辑严明、有理有据、思想深刻的论著。毫无疑问，这本著作离自己的期望还有很长的距离，尤其在设想将人生课程资源的开发，当成自己唯一的学科研究领域之际，我还一度为了写作而写作。当然，无论如何，在“大众创业，万众创新”的新时期，该书倡导的独特视角以及不少理论新见，对于我国创业型大学的理论研究与实践改革，不乏积极的指导作用与借鉴意义，尤其从历史使命与社会责任的角度来看待创业型大学的推进，在很大程度上引领大学的变革、人类的发展与社会的进步。当前，在明确继续将这个课题作为自己的研究方向之后，我相信，后续的研究会更加深入和精细。

不过，也许我的某些观点还会发生变化，或者说，进一步修正与完善。例如，以前我认为，你想发财，就不要当大学教师，接受了创业型大学理论之后，我发现，大学教师同样能够也应该发财，即学术创业。又如，在拙文《论大学教师的职业特性》（载《理工高教研究》2009 年第 12 期）中，我那时还认为，规定不同职称的教师从社会上拿一定量的横向经费，是中国特色，不合大学文化，现在才发现，这在斯坦福等创业型大学那里，早有这种文化了。1994 年《高等教育年鉴》（*Chronicle of Higher Education*）报道，哈纳曼（Hahnemann）大学已经“威胁要解雇任何教师，如果它吸引的研究基金达不到其工资的 50%—100%。”看来，随着时间的推进岁月的增长，我的一些观点也会发生变化。但是，我相信，变化的只是我的认识，不变的则是事物的规律，或者说事物的本来面貌。

后记，除了记录创作的心路历程，一般还会栽种心灵深处的感谢之言。我是一个不太喜欢把感谢挂在嘴上的人，但是，这并不表明我没有感恩之心。在我这里，越是受到大恩大德，越是不会轻易言谢。我喜欢把感谢种植在心田，心田的土地有多肥沃，这种感谢之树就有多茂盛。不过，这里要感谢的人，实在太多了，难以在此一一尽列。为此，这里仅列举一些到今天为止对这个课题这本著作有直接帮助的前辈、朋友与师生们。

首先，我要感谢浙江师范大学教科院院长眭依凡教授。无论是在前期的课题设计还是后来的开题论证，尽管眭老师对我关于创业型大学的某些观点并不认同，但是，他一直在鼓励并支持我开展研究。眭老师担任过江西师范大学的校长，有着丰富的高等教育实践经验，当我在为以后自己选择什么样的研究方向踌躇不前之际，眭老师的一句话就让我豁然开朗。对于眭老师的感谢与敬重，在我的许多书信中，均已有所表达。例如，拙著《理想的大学——教育学术信札》（浙江工商大学出版社 2015 年版）第一篇文章“理想的大学”，就是给眭老师撰写的一封信。

其次，我要感谢教育部教育发展研究中心马陆亭先生、浙江梅轮电梯股份有限公司董事长钱雪林先生。你们两位分别在“大众创业、万众创新”的理论与实践领域，向社会交出了一份满意的答卷，体现了你们各自的社会价值；而且，当我请求两位为本书作序时，你们欣然应允，可谓为本书装上了两只远眺的眼睛。

然后，我要感谢绍兴文理学院校长叶飞帆教授。在 2013 年全国性的创业型大学建设高峰论坛上，叶校长指出，要培养创业型人才，有一个前提，就是培养的创业型人才在学术领域上要跟社会需求一致，亦即我们常说的专业对口。这个观点，对我在研究创造性人才培养时，具有积极的指导意义。始料不及的是，在 2014 年调动工作时，我从浙江农林大学来到了绍兴文理学院。那次会议期间的见面交流，算是我来绍兴文理学院正式报到上班之前，与叶校长唯一的一次面对面交流。在没有任何心理准备的情况下，在很短的时间内仓促调动工作，我非常感谢叶校长、王建力副校长、华小洋副校长、纪委邱卫东书记以及研究生处魏小琳处长、人事处陈均土处长、科研处李益民处长、教育学院周建平院长等，没有你们的信任、理解与支持，或许我就在别的学校工作了。其实，绍兴文理学院正是浙江省七所“创业型大学”教育体制改革试点高校之一，当前正在加快应用性本科院校的建设。从而，在绍兴文理学院从事教学科研工作，为我研究创业型大学提供了另一种新的土壤。说到这里，这又让我想起井冈山大学校长张泰城教授，没见几次面，我也没说几句话，一位如此自信而又有思想的他就对我说，“八军，你有两个优点：很勤奋，有思想”。在孩子的医疗事故上，我理解张校长，一个几万名师生在那里看病的大学附属三甲医院，自己不便出面协商解决，只能相信医院提出的通过法律诉讼途径解决。又让我想到我的导师厦门大学副校长邬大光教授，无论是他先后推荐我去中国教育报、浙江农林大学工作，还是在我博士毕业之际他给深圳市教育局领导写的那两封信，都让我感受到导师对我的充分信任、深切关心与大力支持。

接下来，我还得感谢中国高教学会副秘书长叶之红女士、浙江省教育厅法规处陈峰处长，浙江农林大学党委书记宣勇教授、浙江大学党委副书记邹晓东教授、浙江大学教育学院院长徐小洲教授、浙江万里学院党委书记兼执行校长陈厥祥教授、浙江工贸职业技术学院党委书记何向荣教授、浙江农林大学创业管理处处长刘志坤教授、浙江农林大学战略管理处侯平教授、义乌工商职业技术学院创业学院院长朱华兵教授、武汉大学经济与管理学院夏清华教授、国家教育行政学院陈霞玲博士，你们在创业型大学高峰论坛中为本课题以及书稿提供了许多宝贵的资料；感谢华中科技大学原党委副书记刘献君教授、苏州大学教育学院原院长周川教授、中国教育科学研究院卢彩晨博士、中国高教学会学术部副部长高晓杰博士、上海教育科学研究院《教育发展研究》编辑部主任林岚女士以及资深编辑翁伟斌先生、南京工业大学秦卫明先生、福州大学发展规划处林锈戎先生与钟春玲女士、杭州师范大学教育学院温正胞教授、同济大学高教所王雁博士，还有大批组织或者参与访谈、调研的同事、朋友、老师与学生，你们都对本课题的顺利推进起了重要的作用。

最后，我还要再次感谢中国社会科学出版社及任明主任。5 年前，我曾在这里出版过教育部人文社科课题成果《大学教师的培养与成长》一书，任老师扶持晚生的关切之情历历在目。当这本专著完成之后，在众多的国家级出版社名单中，我第一时间想到的还是中国社会科学出版社以及任主任。

我坚信，创业型大学这个名字或许会变，但这种发展方向不会改变！

付八军

2015 年 11 月 20 日于风则江畔